昔日人力修滩

人工推盐

集坨

人工扒盐

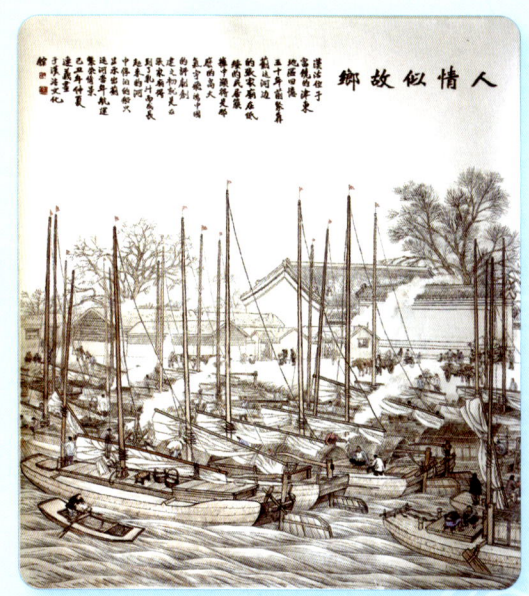

本土画家笔下的百里盐滩

纳潮风车

长篇小说《盐民游击队》

驳盐船

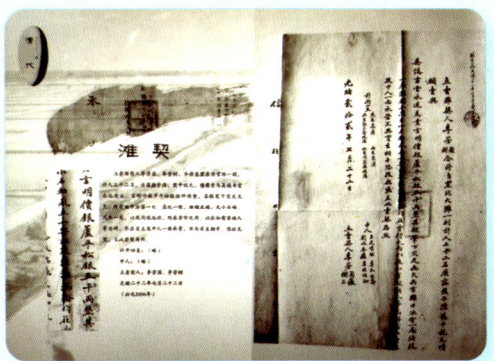
清代滩契

1962年谭家港京剧团合影

机械化集坨

古盐田分布图

扒盐

滨海汉沽盐渔史话

王雅鸣　李子胜　刘翠波　编著

北方文艺出版社

图书在版编目（CIP）数据

滨海汉沽盐渔史话 / 王雅鸣，李子胜，刘翠波编著
 -- 哈尔滨：北方文艺出版社，2021.9
 ISBN 978-7-5317-5194-6

Ⅰ. ①滨… Ⅱ. ①王… ②李… ③刘… Ⅲ. ①盐业史－汉沽区②渔业经济－经济史－汉沽区 Ⅳ. ①F426.82 ②F326.49

中国版本图书馆CIP数据核字(2021)第147875号

滨海汉沽盐渔史话
BINHAI HANGU YANYU SHIHUA

编　著/王雅鸣　李子胜　刘翠波	
责任编辑/王　爽	特约编辑/陈长明
装帧设计/汇蓝文化	
出版发行/北方文艺出版社	邮　编/150008
发行电话/（0451）86825533	经　销/新华书店
地　址/哈尔滨市南岗区宣庆小区1号楼	网　址/www.bfwy.com
印　刷/济南精致印务有限公司	开　本/787×1092　1/16
字　数/300千字	印　张/20.5
版　次/2021年9月第1版	印　次/2021年9月第1次印刷
书　号/ISBN978-7-5317-5194-6	定　价/88.00元

序

王雅鸣

滨海汉沽，历史久远，底蕴厚重。

自古以来，我们的先民就在这片盐灶地上繁衍、生息。无论是从原始的煎盐煮灶开始，还是择坨后"瓢扎活虾棒打鱼"的耕海牧渔生活，都创造着值得大书特书的历史奇迹。而艰辛的创业壮举，让他们承载着绮丽的梦想和追求，激励着一代代滨海人披荆斩棘、百折不挠、砥砺而行，在新的世纪又开创着新的辉煌。

滨海汉沽物华天宝，人杰地灵。

本书以时间为经，以史话为纬，钩沉历史，观照现实；回望过往，娓娓道来。以汉沽人文史话为贯穿主线，着力以"话"相串联，以史实为导引，纵横交错，穿插有序。上至古代海盐历史衍变，下至滨海今朝沧海横流。时间跨度之大，经典史话之丰富，堪称为滨海汉沽历史上首册史话专著。在栏目设置上，亦古亦今，史典相融，远近观照，力求全方位、多维度地反映汉沽地区在漫长的历史发展演进之中的沿革变迁、地域风貌、人文历史、地方风物、传奇故事、乡贤人物，以此彰显汉沽丰富多彩的人文生活和地域特色。

历史的推进和发展，必然会留下许多难以计数的翔实而清晰的印迹。而我们作为后来者，更应自觉承担起一种责任和义务，为弘扬传统文化不遗余力，挖掘、整理、传承这些优秀的文化遗产。李子胜、王雅鸣、刘翠波、郑万友等一批优秀的本土艺术家，以传承滨海盐渔传统文化为己任，组建了保护滨海盐渔传统文化志愿者团队，为保护和传承传统盐渔文化殚精竭虑，奔走呼号，勇于担当，力见实效。本书的集成出版，就是他们辛勤努力的结晶之一。这种无私无畏和甘于奉献的可贵精神，正是滨海人成就事业、追求卓越的真实写照。面对我们先人在这片不毛之地所创造的灿烂文明之硕果，我们只有不懈地挖掘和整理、传承和发展，才不负时代的重托。

津沽记忆聚风雨，百年遗韵绽芳华。

依照团队的最初设想，年内出版《滨海汉沽盐渔史话》和《滨海汉沽渔家味道》姊妹集，从不同的侧面做足做好汉沽记忆的大文章。广大作者和志愿者，不辞辛苦，昼夜劳碌，在茫茫的海滩拣拾历史老人遗落的珍珠，去伪存真，不懈地淘漉、擦拭、精选，让散落经年的历史遗珠再次焕发出夺目的光芒。从这一层面上说，这是一笔宝贵的精神财富，值得我们用心去书写与关注，也是对我们历经千年的盐渔文化的敬畏与礼赞。

愿这本书成为一个窗口，再次洞见千年滨海的历史风烟；愿其成为一座平台，回望我们的先辈艰难跋涉的远去的身影！

在《滨海汉沽盐渔史话》和《滨海汉沽渔家味道》姊妹集付梓之际，谨以此文表达我们对关注、挖掘、传承、保护滨海盐渔文化的各界人士及志愿者的最崇高的敬意！

鸣谢长芦汉沽盐场盐业展览馆为本书提供的珍贵插图。

（作者系天津市滨海新区作家协会顾问、知名作家）

目录

海盐篇

汉沽古法制盐之煎煮法 …………………… 李子胜 /1
汉沽古法制盐之滩晒法 …………………… 李子胜 /4
芦台玉砂 ………………………………… 姜茂树 /7
发海人 …………………………………… 郑万友 /9
灶首 ……………………………………… 郑万友 /11
贡盐砖 …………………………………… 王雅鸣 /13
滩型各异话盐田 ………………………… 王雅鸣 /14
话说滩名 ………………………………… 王雅鸣 /16
歇后语中的盐分 ………………………… 王雅鸣 /18
盐滩上的"大将军" ……………………… 王雅鸣 /20
张家码头今何在 ………………………… 王雅鸣 /22
坨地的变迁 ……………………………… 王雅鸣 /24
海边的"棚"与"堡" …………………… 王雅鸣 /26
汉沽芦盐修滩惊动中央政务院 ………… 冯伟 /28
抱锨的 …………………………………… 薄献忠 /31

渔家篇

闲话潮汐 ………………………………… 刘翠波 /33
渔村蔡家堡 ……………………………… 刘翠波 /35
舱船 ……………………………………… 刘翠波 /37

不能失去的渔歌	刘翠波 /39
捞洋	刘翠波 /41
地撩网	刘翠波 /43
血网	王雅鸣 /45
大坨之上是故乡	王雅鸣 /47
渔村土语在说理	王雅鸣 /49
渔村歇后语	王雅鸣 /51
汉沽的船名	王雅鸣 /53
拾撩网	唐云好 /55
渔家飞镲	唐云好 /58
拉船	姜茂树 /61
绝户网	姜茂树 /63
张网	姜茂树 /65
墩箔	郑万友 /67
海道	郑万友 /69
渔人号子震天响	董志勇 /71
开春出河	董志勇 /73
打冷海儿	董志勇 /75
撩网	董志勇 /77
抢网	董志勇 /79
拖海蜇	董志勇 /81

民俗篇

汉沽婚俗今昔	李子胜 /83
欢乐渔家年	姜茂树 /88
渔家填仓节	姜茂树 /90
大神堂，二月二	姜茂树 /92
敬祖宗	姜茂树 /94
神郎赶鱼的传说	姜茂树 /96

渔家升纸 ……………………………… 刘翠波 /98

钩沉篇

汉沽寨上兴隆街风情 ……………………… 刘硕民 /100
作家崔椿蕃与《盐民游击队》 ……………… 郑万友 /106
第一部写盐工的电影 ……………………… 郑万友 /108
电影《海盐今昔》主题歌诞生记 …………… 郑万友 /110
盐民支队——汉沽盐区的英雄之师 ………… 郑万友 /112
远去的谭家港 ……………………………… 李子胜 /114
谭家港新生盐场京剧团 …………………… 李子胜 /119
谭家港的地震 ……………………………… 李子胜 /129
牌坊街的牌坊 ……………………………… 冯 伟 /140
昔日的蓟运河渡口 ………………………… 冯 伟 /143
昙花一现的汉沽京剧团 …………………… 冯 伟 /146
加工蚶子合 ………………………………… 冯 伟 /150
民族实业家李叔良与合记汉沽工厂 ………… 冯 伟 /152
蔡家堡挖泥船 ……………………………… 冯 伟 /154
汉沽解放后的第一个劳动节 ………………… 冯 伟 /156
泥房 ………………………………………… 姜茂树 /159
怀念火炕 …………………………………… 唐云好 /161
家乡的夯号 ………………………………… 唐云好 /163
寨上民立长芦小学堂 ……………………… 王雅鸣 /165
汉沽第一所私塾 …………………………… 王雅鸣 /167
话说蓟运河 ………………………………… 王雅鸣 /169
饥馑年代 …………………………………… 王雅鸣 /171
墼子房 ……………………………………… 王雅鸣 /173
小拖轮 ……………………………………… 王雅鸣 /175
择蚶子 ……………………………………… 王雅鸣 /177
放卤抓鱼 …………………………………… 李子胜 /179

风物篇

寨上的庙宇	王雅鸣	/182
营城的庙宇	王雅鸣	/184
昔时芦苇是宗宝	薄献忠	/185
汉沽的"泊"与"港"	薄献忠	/187
关于螃蟹的俗语	薄献忠	/189
忌讳	薄献忠	/190
婆婆瞅	薄献忠	/191
村名探秘	郑万友	/192
司家坨与思家坨	王雅鸣	/194
汉沽土语	王雅鸣	/195
冬天到神堂来看海	王雅鸣	/197
海上崛起鲤鱼门	王雅鸣	/199
葡萄美酒玫瑰香	李子胜	/201

旧契篇

汉沽的第一张滩契	王雅鸣	/204
官滩	王雅鸣	/207
帑滩	王雅鸣	/209
风车滩	王雅鸣	/211
滩契名称的变迁	王雅鸣	/213
滩契中的货币	王雅鸣	/215
滩契中的商号	王雅鸣	/217
分关单	王雅鸣	/219
典当契	王雅鸣	/221
过继契	王雅鸣	/223
草契	王雅鸣	/225

非遗篇

汉沽飞镲	王雅鸣	/227
汉沽评剧	付凤珍	/229
盐母与盐母庙的传说	郑万友	/231
汉沽八大馇制作工艺	王雅鸣	/233
逗龙	郑万友	/234
汉沽抢网高跷	王雅鸣	/235
汉沽形意拳	王雅鸣	/236
汉沽制盐传统工艺	王雅鸣	/238
大滩王的传说	李子胜	/240
大田豆腐制作工艺	刘庆霞	/243
雾抬寺的传说	刘庆霞	/245
船对	刘翠波	/247
渔家号子	刘翠波	/249
渔家谚语	刘翠波	/251
海鲇鱼的传说	王雅鸣	/252
八卦滩的传说	王雅鸣	/254
鱼骨庙的传说	姜茂树	/256

传奇篇

越上顺篷筋	王雅鸣	/258
远海打秋虾	王雅鸣	/260
勇砸安全帮	王雅鸣	/262
北塘河口钐大桅	王雅鸣	/264
舟山寻船	王雅鸣	/266
莱州湾收腰泥	王雅鸣	/268
海上漂泊十二天	王雅鸣	/270

赵三爷打起	王雅鸣	/272
石岛遇险	王雅鸣	/274
战海啸	王雅鸣	/276
海风中的那面旗	姜茂树	/278
雾海救险	姜茂树	/280
海上女英雄	姜茂树	/282
夜海救援	姜茂树	/284
冰海驰援	姜茂树	/286
激战大决口	姜茂树	/289
永远难忘那支枪	王雅鸣	/291

乡贤篇

知州刘灼	王雅鸣	/293
汉沽教育家崔以敬	王雅鸣	/295
江南副主考戴彬元	王雅鸣	/297
筑路诗人崔载荣	王雅鸣	/299
一代宗师李汉章	王雅鸣	/301
汉沽灶首张廷惠	王雅鸣	/303

海盐篇

汉沽古法制盐之煎煮法

李子胜

就像我们对母亲的了解更多的是慈爱、勤劳而对母亲的身世、经历知之甚少一样，我们对家乡的了解也是表象的、甚至片面的，缺乏对家乡历史的深入认知。在很多省市多年前就把古法制盐打造成旅游产品的背景下，滨海新区发展旅游业，绕不开盐业文化的主根脉，作为滨海人，我们有必要深入了解我们的文化之根——海盐文化。

据史料记载，距今约2500年的春秋时期，汉沽地区的海岸线分布在今日的高庄村、后大坨村、汉沽城区、后沽村一线。距今约2200年秦汉时期，海岸线已在高庄村、双桥子村、寨上镇、茶淀地区一线形成。距今约1300年的唐代时期，海岸又移到汉沽的营城地区以南。今天的海岸线是距今700—500年元代至明初成形。

据《宁河县志》记载："小盐河，即汉沽也。自潮河（今蓟运河）经汉沽庄北，东达尹家灶、毛家灶、张家码头诸古煎盐处，土缁赤色，锅痕犹存。星相家往往误指为有生气。父老云，潮河即曹孟德凿潞水通泉州渠，以入海者也。汉时，官给盐船自潮河运入，而盐自小河运出，汉无漕运，即潮河亦利运盐耳。"这段记载，反映了公元206年曹操征讨辽西乌桓的战争准备期间，开渠运盐的历史事件。

自古宁汉不分家。宁河与汉沽，无论从方言到民俗习惯，没有清晰的区别。距汉沽十余里的芦台镇，后唐时期形成规模宏大的制盐场——"芦台场"，汉沽、芦台周边区域曾经出土了大量秦、汉及战国时期文物古迹，这充分证明汉沽部分地区在汉代已经成陆，已经有先民再次从事制盐劳作。

在汉代，芦台已成为一个海滨重镇。可以称为北方的扬州。古人有"腰缠十万贯，骑鹤下扬州"的诗句，也有"北唐山南保定，不如芦台一五更（读jing）"说法，都是极言海盐业给地方带来的富庶。因煮盐业的发生，芦台也成为了当时的军事重镇和重要商埠。芦台这座千年古镇的发展，除了漕运之便，那就是滨海盐渔之利。

西汉时期，人们用芦苇作为燃料，用大锅取盐碱土，熬制海盐，营城地区和杨家泊区域的大片芦苇，到了深秋，可以任百姓樵采，因为燃料充足，煮盐业因此兴盛。海边煮盐为业的灶户，最初也称海边"炊子"。

进入东汉时期，曹操开凿小盐河，漕运汉沽以及杨家泊地区生产的原盐。小盐河的开凿，标志着汉沽以及汉沽海盐生产的发展已达到一定规模。小盐河是汉沽区域驳盐漕运的主要河道。

地方史的记载，反映了曹操在征讨辽西、乌桓的战争准备期间，曾开凿小盐河，把汉沽东南部盐灶产地的海盐运出来。小盐河这个由海盐和漕运而得名的地区就这样诞生了。"小盐河"改称汉沽，是因为古代人对小河道习惯称之为"沽"，大河道称为"水"。汉沽这一地名，就包含了朝代名称（汉朝）和河道名称（沽水）的双重元素。

芦台与汉沽相距十多里，从近几年来芦台附近出土的大量秦汉及战国时期文物证明，汉沽的杨家泊地区就是古代芦台海盐产地。

五代十国时期，因为战乱，灶户迁徙逃亡，古幽州地区盐业生产停滞，技术断代，贸易中断。在这样的历史条件下，这个曾经是古战场的芦台镇出现了盐圣母降临，教人煮盐的方法的各种传说，依据传说，当地人给盐圣母立庙，称"盐母庙"。

盐母娘娘从此成了中国第一个代表盐业的地方神，也开了海盐神话的先河。

到了明代，河流冲击成陆，汉沽地区有了大片的冲积平原，汉沽的其他产盐聚落开始诞生。汉沽地区存有两道贝壳堤。一道是双桥子贝壳堤。即清末时西起李家河子水门，再到双桥子网堡，继续向东至河北省丰南县的涧河村西，长约15公里，宽70~100米，高0.8~1.2米，民国年间已缩短；另一道是蛏头沽贝壳堤，即清末时西起蓟运河河口，向南延伸到青坨子村，再到蛏头沽村东，长约9公里，宽50~60米，高1~1.5米，民国年间已缩短。它是古海岸线典型的标志。

据《长芦汉沽盐志》记载，芦台场煎盐，自后唐同光三年(925年)置场，到清代康熙初年废煎改晒，历800年之久。芦合场煎盐使用铸铁大锅。清顺治十二年(1655年)有锅30面，雍正四年(1726年)减为5面。煎盐首先要制取原料卤水。制取的方法有两种：刮土淋卤及草木灰淋卤。

刮土淋卤：近海滩场天晴时结一层盐霜，以铁铲等器具刮取，聚集成堆，再以清水浇注堆顶，水与咸土之盐分融合成卤水从堆底淋出，将其收贮以备煎盐。

草木灰淋卤：将煎盐过的草木灰收藏于坑，待农历十一月浸以海水，翌年春，天晴日暖，取灰于亭场晾晒，至现出白光收起淋卤。

卤水入锅前，以石莲子或鸡蛋投入卤中，检验卤水浓度，石莲子或者鸡蛋沉入水下的为淡卤，半飘浮的为半淡卤，浮立于水面的为成卤，以成卤入锅煎盐省时节薪。

煎盐灶和灶房，均骑跨卤池而筑，每灶置锅三至五口，分煎锅与温锅（预热），煎锅置于灶火门，温锅排列于后。煎时，冷卤入温锅，温卤倒煎锅，由煎锅熬盐。芦合场明末清初煎盐灶设置在尹家灶、毛家灶（白庄）、张家码头等地。

煎盐以芦草为燃料，昼夜兼作，烧沸卤水，蒸发水分，随干随添，至满锅投皂夹或麻仁数片，卤即凝聚成盐。每昼夜为一火伏（从点火到熄灭为"一火伏"，约一天一夜），可熬盐6锅，每锅约得盐100斤。

古代的煎煮盐工艺，受到了当时生产力的局限，但也充分展现了古人的勤劳智慧。海盐业的发展，促进了中华文明的发展进程，以海盐为基础的饮食文化、民俗文化、渔盐文化，从此有了巨大的发展空间。

汉沽古法制盐之滩晒法

李子胜

一、滩晒史

汉沽地区制盐滩晒法，是由漫长的煎煮法经过长期实践积累、孕育、发展而成熟起来的。远至元二十八年（1291年），芦台盐使司在巡查汉沽煎盐区时祈祷盐圣母。雨后，发现芦台南至5公里外，大片灶地中结白盐10余顷，灶民开始认识到日光可以晒盐。

据史料记载，明嘉靖元年（1522年），有一位福建人来到长芦盐区海丰和海盈两煮盐场，查勘后，教两场灶民在河渠岸边，挑修一池，分隔成大、中、小3段，次递灌注海水于段内。12天，小段池内结盐冰。此法比照刮土淋煎制盐不仅简便，产量还高。相继，两场56家灶户争先择地修池，建滩地427处。所产之盐，或上纳入官，或卖于盐商。几十年后，芦台场汉沽盐区灶户按照此法结合多年积累的经验，在灶地上辟开滩地晒盐。此为滩晒盐之始，即"天日制盐法"。这就是汉沽地区盐田法制盐，也就是滩晒法的起源。

清初，汉沽盐区滩晒制盐工艺得到推广。因用二人柳斗提水灌池，称盐池为"斗子滩"。随着天主教传入我国，传教士又把意大利西西里岛利用日光、风力制盐法作了引进。于是，康熙皇帝对日光晒盐颇为重视，大力提倡。通令辽东和长芦沿海各盐区继续试办，并招民开滩，给予奖励。公元1678年，汉沽盐区已开置盐滩222副半，计地2034亩，均为小滩盐晒。公元1725年，丈清芦台场汉沽盐区灶地，在原有灶地537顷6亩余又新增数顷，遂"废煎兴晒"，但朝贡白盐必须煎煮。至公元1736-1795年，已有盐滩290副。据《宁河县志》记载，盐产量平收之年十数万包，丰收之年约30余万包（每包300斤）。

公元1796-1820年，清廷发放帑银（帑tǎng，帑银，即国库中的银子），贷款给灶民或村民开置盐滩或修滩。因是贷款的帑银，故所开的盐滩称之为"帑滩"。

公元1821-1850年，于蓟运河东岸兴建汉沽、寨上和营城三处官盐坨地，存储大量的滩晒盐。公元1826年，以字据为证，盐滩地正式归为灶户所有。公元1844年，宁河县知县教灶民使用水车用于盐滩提水，替代了二人柳斗打水。提水能力可提高10倍。

每次能提水近100亩，促进盐业生产的迅猛发展。

公元1875年，汉沽盐区始用8篷风车，利用风力带动水车提水，是原来水车提水的3倍，可为盐田提水300亩。时将其滩称之为"风车滩"。公元1876年，寨上李氏家族开垦新盐滩32副。公元1884年，后大坨人李芳园以"大滩王"（计地683亩）为首，开特大滩共22副。相继，寨上人张廷惠、吴佩声争先购买荒地，亦开置特大滩各10副。公元1904年，众灶户推选寨上人吴玉堂为第一任灶首。翌年，又增加灶首张廷惠。从此，汉沽盐区实行由灶首负责管理盐业生产和运销等"灶首制"。清末，汉沽盐区共有盐滩207副，其中南沟25副，中沟42副，北沟140副，盐产量达736,463包（每包480斤）。

公元1913年，芦台场署迁址汉沽，从此，汉沽和寨上成为盐商的大本营。正式成立"灶盐公所"。翌年，张文洲替代灶首张廷惠。公元1915年，共有盐滩214副，灶户106，工人1589名。公元1920年，盐产大丰收，而销量甚少，导致大量屯集。长芦盐运署明令限产，盐区每年限产200至300万担（每担100斤）。公元1932年改"灶盐公所"为"滩业公会"，会长张象言。公元1937年，汉沽盐区共有盐滩223副，计地82,036.94亩，亦停止限产。时日本人开始大肆掠夺盐业资源。公元1937-1945年，日本侵略者在洒金坨、大神堂、小神堂、海辛庄、蛏头沽等地开盐滩135副。日本投降后，汉沽盐区共有盐滩358副，计地168,844.64亩，工人3 515人。

其间，公元1940年，为保护盐滩，日本侵略者修筑大神堂至涧河海垱，计长8.7公里。其后，又修筑土桥子至蛏头沽2公里海垱。翌年，以"扶持民滩"为名，先后在土桥子、蔡家堡、赵家桥（永利汪子西）三地，各建60马力柴油机扬水站一座，始用机械代替风车扬水。日本投降后，荒废盐滩77副。

汉沽地区解放前夕，共有盐滩273副，滩户122家，工人3000余名，盐产量年251,879吨，有扬水风车269架，柴油马力机26台。

二、滩晒工艺

海盐滩晒工艺，可以分为修滩、纳潮、制卤、结晶、采集等共五个步骤。

修滩。为减少盐田的渗漏，提高蒸发量，盐民们不断探索、总结，积累了丰富的修滩经验。每年产盐季结束，要对结晶池进行泡池、除泥、挺晾、抢盐沟、轧碌、清扫等操作。一些结晶池地下水位高，侵蚀池板，形成泛淡区域，影响结晶盐产量。泛淡区域呈现黑色，俗称"黑脸地"。盐民们在泛淡地区用芦苇把子引导地下水渗入壕沟，保住了池板的坚韧。

纳潮。纳潮是晒盐的第一步。各个滩池都有通向大海的纳潮沟，沟头有挡水坝，大海涨潮时，把挡水坝挑开，让海水通过纳潮沟入滩，落潮时再把挡水坝合拢。后来，在挡水坝处设置了挡水的活动木板，活口朝向滩池，涨潮时，木板被海水涌开，自动纳潮进滩；落潮时，海面水位下降，闸板自动关闭。1940年后，开始动力纳潮，后又陆续推广了"破冰纳潮""长晴天纳潮头""雨天纳潮尾"的纳潮工艺。融冰期，海水浓度低，一般不纳潮。

制卤。俗称"导卤""赶卤"。解放前，导卤经验祖辈相传，技术保密，多用"勤赶薄煎"法。常见的有"晒板制卤法"，俗称"晒活盖"。这种方法灌卤要浅，以不露池板为宜，赶卤时步步见干，池子放干后晒热池板，再灌新卤。后又推广了"卤咬卤制卤法"。即以浓卤水作底，卤水排队，按步卡放。海水通过纳潮进入蒸发池，一道道蒸发，形成卤水，是目前大面积滩晒法普遍采用的模式。晒好的卤水浓度是否达标，有很多有趣的测试方法，古代用石莲子或者鸡蛋测试。后来用"扬卤测度"，利用卤水浓度增加，黏度上升的原理，用铁锨将卤水扬出水面，通过卤水表面的水泡多少，判断卤水浓度。1942年以后，改用更加准确可靠的比重表即波美度表测试卤度。

结晶。为了让饱和卤水在结晶池更快更多地结晶成盐，通常会先在结晶池播撒"盐种"，盐种即去年结晶的老盐，老盐铺底，有利于新盐析出。汉沽盐场还是全国第一家普及塑苫技术的盐场。用塑料薄膜苫盖盐池，顺利度过雨季，可以提高海盐产量。

采集。原盐采集包括扒盐、运盐、集坨、苫封等工序，简称为扒、吊、撩、苫。海盐集成盐坨，就可以打包外运销售了。上个世纪七十年代，汉沽拥有亚洲第一盐坨。

人生有三苦，晒盐、打铁、磨豆腐。晒盐被排在了第一位。而老盐工们的三大愁"扒盐、抬盐、拉大磙"，则更是苦中之苦。我们都熟悉"谁知盘中餐，粒粒皆辛苦"，而很少有人明白，那一颗颗的洁白的海盐，更是饱含辛苦。

芦台玉砂

姜茂树

千余年前的芦台镇,地域广袤、平坦。河渠纵横,鱼肥虾鲜蟹美、芦花飘荡、田禾遍野物产丰富。但其所辖滨海地区却盐卤碱地连片,不宜庄稼生长。因面临渤海湾,背依大平原,芦台镇自古就是京畿的门户,军事、经济地位十分重要。早在唐代乾宁年间就置军设防,筑芦台海口镇,因此又是一个海防要冲。五代后唐同光三年(925年),幽州节度使赵德均镇守此地时,传说曾有盐圣母降临,施惠百姓刮土淋煮为盐,食后可祛病强身和凤凰飞落海边的故事,遂建盐母庙、置盐场,古人以此称之为长芦芦台场。

现今的长芦汉沽盐场就是原芦台场的前身,场署驻芦台镇,民国时期移至汉沽庄。它地处海滨半湿润性大陆季风气候地带,少雨、多风、干燥,常年阳光充足,土壤坚实黏度大、渗透率小。得天独厚的地理环境,优越的交通条件,很适宜海盐的生产、储运,是长芦盐的主要产区,以产量高、质量优而闻名于世。那时,每到桃花盛开、海盐收获的季节,远望芦台场水波粼粼,碎玉遍地,银光闪烁。桃花的气味伴着芦苇草的清香弥漫空中,撩人心扉。近看,盐工们,牵耙抬筐行走在滩池壕坝之上;手握木锨挥舞于蓝天白云之下,集盐成坨,场面蔚为壮观。

自古以来,盐与铁并论,为民之必须,国之大宝。古人早就认识了盐,并知道盐在日常生活中的重要性,人类不可或缺。因此,历代朝廷都派要员掌控,严格统一管理,严禁私自制取、贩卖。

百味盐居其首,盐为天下苍生调剂口味,更是皇宫大臣必享用的贡品之一。清光绪版《顺天府志》(4)记载:"长芦出盐,惟芦台最旺、亦最精。上贡天府,远过东南……"就是指长芦盐区芦台场所产的海盐,产量高颗粒大、质坚味厚、洁白如雪,亦称"芦盐"。它胜过东南等各盐区,是进贡朝廷的专用供品。据《汉沽古韵》记载:"明清两代,贡盐由长芦承担。贡盐品种有青盐、白盐及盐砖三种,而盐砖的烧制完全由芦台场承制。"

长芦盐品质优良,古人对它有太多的赞誉,"玉砂"这一称谓就是人们对芦台场所产海盐的赞美之词。如：清代诗人李念祖的"美丽行知有自然，海滨斥卤胜桑田。芦台一片丰年玉，贪得天功日万钱"的诗句，就是歌颂芦盐旺产季节时，滩野里似白玉润洁光闪一片的景象。更有清初的顺天才子、内阁大学士宁河县人杜立德杜阁老，在他指导编修《宝坻县志》，审定"宝坻县八景"（后宁河从宝坻析出置县）时的题咏："煮海从来蹉法彰，今凭海水作盐良。区盈流泄银星涌，卤结春曦玉屑光。当世调羹周万应，何年专利据豪商。膏腴去后争如灶，润下卤成赖地长。"这是咏诵芦台玉砂的杰作。

杜阁老既歌颂了芦盐似玉砂般的玉润、银光流泄，能调剂出天下的羹肴之美味；又道出盐民们千辛万苦晒出了盐，而盐所创造的财富、经营权却让朝廷、富商们所垄断，百姓的生活非常凄苦，只有在盐滩里拼命挣扎苦干，才能赖以维持生存的困境。可见那时的杜阁老虽身为朝廷高官，却能心系百姓的疾苦，为民众生活所忧虑、呼号，在当时的那种封建专制的王朝里实为难能可贵！

新中国成立不久，为适应飞速发展的形势和便于管理的需要，国家将原宁河县所辖的部分滨海街村、乡镇及芦台场划出，设立汉沽特别区，宁汉自始分置，随之长芦芦台场也改称为长芦汉沽盐场，所产之海盐注册为"芦花"牌。

历史上的芦台场（今汉沽盐场）曾作为"宁河八景"之一、被世代称之为"芦台玉砂"的长芦盐及盐化产品，大量销往国际市场并多次荣获国内、国际的重要奖项，为祖国争得了荣誉，在我国的盐业发展史和盐化生产史上谱写了辉煌的一页！

发海人

郑万友

发海人，又称发盐人，出现于清嘉庆年间，其职能或职业特点类似于当今社会的经纪人。在有发海人之前，汉沽盐业生产类似小农经济，几乎是一家一户，自产自销，后来才逐渐地发展成了商人和灶户之间自由买卖。与小农经济不同的是它需要资金雇工才能生产，因而有了"官督、商资、灶晒"之说。

后来，官府为了便于盐务管理并增加赋税的收入，做了"非商莫购，非灶莫晒"的规定，这就给盐商的"买"和灶户的"卖"带来一些不便。灶户无论产的盐是多还是少，都想尽快地把盐卖出去，一来防止压坨，为后来产的盐腾出储存的地方，二来加快资金的周转，以利于次年生产的顺利进行和生产规模的扩大。而盐商呢，当时大多居住在天津，天津与汉沽相隔虽然只有百余里地，但交通不便和养尊处优的习性，使得他们自己不愿经常地奔忙于这两点一线。再有就是市场的份额有限，谁若想多挣钱，就必须捷足先登，先下手为强。此种情况下，在盐商和灶户之间就出现了通过买卖盐斤，从中牟利的经纪人——发海人。

发海人挣钱的套路大体这样：每年年终，发海人去天津跟盐商商议价格批售盐斤，盐商预交盐价六成（百分之六十），不生利息，以资助滩晒，其余四成，于次年清明、端午交付。发海人领得价款后，并不马上用来收购灶户的存盐，而是先放高利贷，到需要向盐商发盐时，才以尽量压低的价钱买进灶户的盐斤（往往是官定盐价与灶户所得相差悬殊），从中牟取暴利。除此之外，他们还在水盐（新盐）和老盐的差价上捞取大量利润。老盐比水盐价格高一成以上，他们买灶户的水盐却按老盐的价格批给盐商。发海人以这种方法坑害灶户而发财致富，自然是易如反掌了。很快，他们中的很多人就成了汉沽地区的富商。发海人的张氏传人之一张秀珊，曾在《长芦汉沽地区滩户桐裕成张家发家史》一文中回忆他的祖父时讲到："在这一阶段内，我的祖父（张廷惠）的主要手段是依靠盐商，从中取利，家境逐渐宽裕起来，在本村（寨上）开设了一个桐裕成洋杂货铺。"

清光绪末庚子年（1900年）以后，汉沽的发海人已有数十个。盐商和灶户之间错综复杂的交易引起盐价混乱。官府为了加强监督、管理和控制，取消发海人，改行灶首制。"灶首"是一个特殊的职位，他一手托两家，既要让官府高兴，又不能让灶户吃亏，于是就形成了当灶首的这个人，必须得到官方和灶户的共同信赖与认可。灶首与发海人有了一点区别，那就是增加了与官方的联系，是官府、盐商、灶户之间联系的媒介。从此，灶首取代了发海人，"发海人"这个词便成了历史。

灶首

郑万友

光绪末年,天津汉沽、塘沽等盐区的"发海人"被"灶首"所替代。按照规定,灶首由灶户们推举。但执行起来却走了样子,变成了灶首由盐商提名的结局。

当时汉沽有两人当了首批灶首:一个是吴玉堂,另一个是张廷惠。两人大权在握,以分片包干的形式,负责汉沽场全体灶户的卖盐事宜。以寨上庄石桥为界,居住在桥北的36家灶户,由吴灶首负责批发盐斤;桥南的42家灶户,由张灶首管理。住在芦台、海下(指汉沽靠海边的村庄)一带的灶户,把盐斤卖给哪位灶首,由他们自己选择。

吴、张上任后,各代表其所统领的灶户向盐商批卖盐斤,他们从盐价内提取"五厘头"来作为自己的报酬。所谓"五厘头",就是从盐价每百两中提5钱银子。"五厘头"看似数字不大,但若按当时一年批卖30万包计算,所得利润还是相当丰厚的。加之,在收盐和付款上,灶首又做手脚,他们从灶户身上牟取的利益便非常可观。

两位灶首还有另外一个发财的途径,就是借在山西、两淮买长芦盐上做文章。那时,山西、两淮产盐供不应求,于是,每年平均向长芦盐场借运新盐斤30万担(约合7万包)。两地借运的盐斤价格比当地价格高得多。如此,汉沽的灶首从中多收少付,大发其财。比如,他们按每百包盐斤50两白银收取价款,而给灶户的白银也就是30两。在这种"经手三分肥"的情况下,两家灶首的日子很快红火起来。以张廷惠为例,他家盐滩由原来的两副迅速扩充到9副,还在村里开设了面铺、木作铺(专做风车和滩地用具)等。

1913年,官府为了加强盐务管理,进一步控制盐商和灶户,便命令各盐场成立灶盐公所。其主要职责是,整顿盐商批卖盐斤价格不一和驳盐入坨数字混乱不实等问题,以减少盐商与灶首之间、灶首与灶户之间的矛盾。但事与愿违,灶盐公所成立后,没有发挥它应有的作用,形同虚设。原因是,灶盐公所只设有一名会计的实职人员,一切事情的处理仍然由原来的灶首(也是灶盐公所的灶首)决定,这样一来,徇私舞弊的事情依然连续不断。随着时间的推移,灶盐公所与官府等相关部门的纠纷越来越多,最终导致双方另起炉灶，各走各的阳关道。

1916年，汉沽灶首张文洲（张廷惠之子）代表灶户向芦纲公所（官府属下的管理部门）借款驳盐，遭到纲总李赞臣的拒绝。之后，双方多次发生摩擦。于是，在张文洲带动下，与塘沽灶首张殿英、邓沽灶首高月波、新河灶首米树勋形成联盟，为了保护自身的利益，共同与纲商斗争，他们一致同意成立四沽灶盐联合公会所。1922年2月，四沽灶盐所在天津成立，内部设理事4人（塘沽井福臣、邓沽萧凤洲、新河许志清、汉沽张文洲），设会计4人，分别由各沽灶首指定一人担任。这之后，纲商和四沽灶盐公所因利益占有又产生多次矛盾。到1923年秋，商、灶之间的纠纷才得以平息。1927年冬，四沽灶盐公所接盐运使指令，将该所改为四沽滩业联合公会，各沽灶盐公所同时改为各沽滩业公会，灶户统统改为滩户。灶首、理事改为会长和董事，原各灶盐公所内部组织不变。从此，灶户组织便以滩业公所对外接洽事宜。而"灶首"这一极具特色的称谓，也逐渐地淡出天津长芦盐业的生产生活以及人们的嘴舌。

贡盐砖

王雅鸣

明、清两代,贡盐品种分为青盐、白盐和盐砖3种,而盐砖的烧造完全由芦台场(汉沽盐场)承制。

明万历年十一年(1583年),长芦盐运使高世雨在例行巡查中,见芦台场紧傍蓟运河,水路交通便利,即下令芦台场在每年的夏季,依照定例确定盐砖数目,行文户部,由户部转行长芦盐务衙门下达场署,制好的盐砖由场官选派专差持护票雇船,经水路运至天津城北的皇盐厂。沿途遇卡,出示护票即予放行。

芦台场指定杨家泊和寨上盐坨就近烧造并严格按照传统工艺制作。制作盐砖时,要挑选质地洁白的好盐。先将盐淘洗干净后用石磨将盐磨成盐浆,再流入大缸中备用。脱盐砖的场地要干净、平整、夯实,铺上苇席,将盐末脱成砖坯。待盐砖经过淋卤、风干坚硬后,即焙以白炭(木炭的一种)烧干盐砖。烧好的盐砖刮去表面的黑色就成了洁白、晶莹的盐砖了。盐砖上宽下窄,做工精细,结构细密,色泽洁白。上交盐砖还须过秤并填写单据,若盐质不纯或延误工期,必当治罪。缺斤少两也要遭受鞭挞。残破余砖,当如数上缴,否则以私盐论处。

明代盐砖提前额定,每年缴纳276块(每块重15斤);清顺治五年(1648年)增到每年667块;康熙五十一年(1712年)减到每年267块;清朝末年,只缴纳盐砖223块。清朝灭亡,贡盐砖随之停止。

滩型各异话盐田

王雅鸣

古诗云:"厨中美味盐为首,世上珍宝米当先。"《中国最早的临海盐场》一书中,专门有"芦台场"的介绍,经考证就是现在的长芦汉沽盐场。

据史料记载,盐田过去分为官营和私营两个时期。清代康熙初年,一部分灶地开成了晒盐滩地,开滩所需费用由灶户自己负担,因而滩地逐步演变为灶户私有。道光元年(1821年),芦台场盐课司大使署签发买卖契约,滩地正式为灶户私有。灶户为了自身利益,于1904年公推灶首为其办事,成立"灶盐公所"。1932年改称"汉沽滩业公会",同时灶户改称滩户。此举极大地激发了人们开滩的积极性,一时涌现出了许多的滩户,多者如"桐裕成"张家,开滩31副,占地9790亩,占全部盐滩面积的12.5%;少者1副至2副,也有二三户共同联手经营一副的。滩灶户受当时开滩的财力影响,依照所处地形地势,因地制宜,就地开滩,出现了许多各式各样的滩型。

"一封书"式滩型。它依地势自高向低排列为贮水池、蒸发池、调节池、结晶池,完全利用地势走水、导卤和灌池,好像在大地铺迭着一张张的信纸,故而得名。这种滩型,以大神堂、小神堂和洒金坨村一带较多,是分散式滩田的主要滩型,它的优点是较为节能。

"怀中抱月"式滩型。其所处地势及主要结构与"一封书"式基本相同,只是在中部设有一个洼圈,并于其三面围有白水、二圈、三圈、四圈,犹如怀中抱月,因此得名。该滩特点是利用洼圈贮存卤水,便宜于雨中保卤,雨后制卤。此类盐田,随盐田的改造已逐渐减少。

"佛顶珠式"滩型。与"怀中抱月"相比,仅在洼圈上端设有囤水圈,故名"顶珠"。这样的滩涂型十分简单,囤水圈为调节部分,便于贮存卤水。

"倒卷帘"式滩型。此类盐田因中间高、两头洼地,于中间高地设贮水池。制卤时,卤水依次向上导致蒸发末端,再以动力导卤水至贮水池以下的调节池,顺势入结晶池。所说"倒卷帘"取卤水倒流之意。此类盐滩涂开滩费用低,但制卤费时费工。

最为有名的当属"八卦"式滩型。八卦滩位于原汉沽土桥子村与蛏头沽村中间。1938年，日本侵略者为掠夺我盐业资源，开始筹建东洋化学厂（天津化工厂前身），并着手开发盐田。1941年，日本华北盐业股份有限公司根据汉沽人"东小滩"滩主李玉墀的设想而设计，因滩型如八卦状而得名。"八卦滩"总面积7,363.1亩，先后开发了125副盐滩，年生产能力2.5万吨。它由10副滩围成一圈，每副滩自成单元，利用海水制盐逐渐浓缩的原理，四周向中心排列，依次为贮水池、蒸发池、调节池和结晶池，并在结晶区两侧建有坨区。

话说滩名

王雅鸣

长芦汉沽盐场有广袤的滩涂,运用煎盐法晒盐有着悠久的历史。据史书记载,到解放前,已有250多副古滩田。星罗棋布,铺展在百里滩涂上。这些古盐田有着各种各样、稀奇古怪的滩名,叫起来有的文雅,有的粗俗;有的简单易记,有的晦涩难懂。但不管怎样都代表了不同的时代、不同地区的历史变迁,也是古代盐业文化的宝贵财富。

汉沽名人崔戴荣云:"海滨风光美堪游,万顷盐田共岸头。水色天光相接处,良时且更有蜃楼。"在古代,给盐滩起名,没有什么特殊的讲究,也没有什么考证。究其原因,是因为那时人们的文化水平较低,缺乏识文断字的人,所以在给盐滩起名时,信手拈来或望滩生义的比比皆是。但不管怎样,也不外乎有这几层意思:一是根据滩田主人的姓名或外貌特征起名。如道僧帽、对篓、王八眼和八卦滩。其中王八眼是说有一个滩主叫王保燕,起初,人们还"王保燕的""王保燕的"地叫,久而久之,嫌叫着拗口,索性将"的"字给省略了,干脆就以谐音管他的盐滩叫"王八眼"。这里既没有贬损之义,也不包含主人的长相如何。

二是祖上传承而来。在盐田博物馆里保存着一张古滩田的契照,滩田名为"东小",上边记载着中间传承和转卖的年代为清雍正八年(1730年)。契照上,面积、产量、建滩年代等记载得非常详尽。而在上世纪七八十年代,汉沽渔业乡村确实有一个村庄就叫"东小",坐落在汉沽盐场三分场北沟,原有面积2360公亩,原始日产250担,原主人叫李壁之,清雍正八年(1730年)卖给了李懋田。1976年唐山丰南大地震波及汉沽,东小村被震毁。而东小滩田正是在东小村附近。这种吻合,说明东小滩田的历史悠久与巨变。

三是触景生情,寄予希望。清道光年间,一些殷实的人家或绅士官宦争先购置荒地,开滩制盐。一户张姓于张家河子东侧(今寨上街大柳沽村南)准备开盐滩两副。在开滩马车运土过程中,一匹母马在所开的新滩上下了一头小马驹,全身毛色金黄,欢蹦乱跳,十分可爱，正巧新滩还没有名，张大人心想："在我的滩上生了金马驹，一定是个好兆头。"遂就给这副滩起名就叫"金马驹"，借此吉利，希望年年高产海盐，财源茂盛。大家拍手叫好。金马驹和它相对的滩都完工了，分别占地20亩和21亩，可是还没有起名的21亩滩应该起什么名呢？张滩主拿不定主意，这时有人提醒他：金马驹吃什么呀？一句话点醒梦中人："金马驹当然吃灵芝草啊！"于是，那副滩就叫灵芝草。清光绪年间，两副滩分别归了张廷佐和张济仙二人所有。民国年间，滩地分别扩大到179亩和195亩，且产量高，地势好。建国后，金马驹和灵芝草两副滩尚在，属于汉沽盐场四分场滩地，1976年地震后，在滩田规划重建中，已大部分改成了蓄水汪子，用于导海水。

四是根据滩田所在位置和坐落地点命名的，如北乱港、西高桥、王家沟、茶叶铺、卤虾店、洋铁壶、阎王殿、螃蟹篓、剃头柜子、独一处、双滩铺、东大坨子、南滩、双桥南等等，这一类滩名丰富多彩，反映了通俗易懂和简单易记的特点。

最后一种滩名，寄托了人们祈盼财富的心理和特点，名字响亮动听且耳熟能详，令人记忆深刻，经久难忘。如记录在册的有：刮金板、金马驹、大银碗、小银碗、大捞拎、大金盆、金枣树、海上崴……林林总总，不一而足。

这里提到的刮金板这片滩地，曾盛产过桃花盐。每年春扒，也正是桃花盛开的季节，如雪的桃花盐洁白如雪，颗粒均匀，味道纯正。从明清两代开始，成为专门为朝廷制作盐砖上贡的佳品。盐砖为长方形，上窄下宽，每块重15斤。从一个侧面彰显了在工业革命过程中，盐滩的广阔和富饶，并打下了深深的历史烙印。

歇后语中的盐分

王雅鸣

在滨海地区,盐是司空见惯的东西,人们借盐喻物、借盐说事,表情达意,从一个侧面表现了盐与人民群众的生活息息相关。

乾隆年间的《宁河县志》中,收有清代诗人关廷牧一首《芦台玉砂》:"斥卤晴堆也自研,牢盆璀璨雪花湔。移来烈日碱潮处,积向荒原古垒前。谁道海滨开美利,翻同景物斗澄鲜。银鱼莫更矜奇馔,暑雨风霜并可怜。"

滨海汉沽拥有百里盐滩,盐池处处,阡陌纵横,著名的长芦盐从远古熬盐到现代化的制盐工业历时几百年,古称"芦台玉砂"。如今这里生产的"芦花牌"盐行销全国。百年盐史造就了丰厚的盐业文化,人民群众在生产实践上总结出了许多与盐相关的歇后语,脍炙人口。以物喻人,精辟独到。

总结起来,一般以喻人为主,也有说其他的。以人为例,讽刺一群人不干活、只知道耍嘴皮子,就说:盐店里聊天——(咸)闲谈,或盐窝子罢工——闲(咸)得发慌。说一个人不懂人情大道理,好赖话听不进去,就说他:爆炒的鹅卵石——不进油盐。而说所遭受的苦难咋也说不完,就说:咸菜缸里的秤砣——一(盐)言难进。说一个人缺少人缘不受欢迎,就说他:盐场里的肉——到哪哪咸(嫌)。说一件事大家都知道了,不必再说了,就说:咸菜熬鱼——不用盐(言)了。

"莫谓盐滩土质差,不生五谷不生花。须知贵与蓝田等,种水能收白玉沙。" 在长期的生产实践中,劳动人民以凝练的语言、形象的比喻,来说明事物,点明道理,运用在盐的身上也比比皆是,十分形象、生动。

预料到一件事的后果,需要事先进行说明,省得到时说不清,就用了:坛子里的咸菜——有盐(言)在先。说人或物没有生气,缺乏应有的朝气,让人无可奈何,就说:盐碱地里的庄稼——死不死活不活。说一件事结果出乎人们的意料,产生了巨大的反响,就说:油锅里撒盐粒——炸开了。形容一个人的人品不好,就说:洼洼斗晒滩——看你那胎儿（滩）。

在这里应该指出的是，每个行业都有其特殊性和专业的术语，盐业也不能例外。在运用歇后语时，要符合大众化和通俗易懂的特点，应该明白浅显，让人易于理解和接受。如有一句歇后语是这样的：盐坨里的盐——各有各码。这一句，虽说看上去或听上去意思非常明了，还不带一定的谐音，但不懂盐场生产环境或没到过盐场的人，就会不明就里，不知所云。在盐场，台码是个专业生产名词，是过去各个盐坨码放盐包位置的地方，看上去井井有条，一目了然。盐的生产年份或即将运走的盐码放在哪里都是有计划安排的，这关系到生产调度和运输。所以，这句歇后语专业性较强，需要具备一定生产常识才能真正明白。

盐滩上的"大将军"

王雅鸣

清同治年间,汉沽有钱的滩灶户(盐滩主)引进了一种硕大无朋的风车,俗称:"大将军"。这在百里盐滩可真是八面威风。那时,百里盐滩风帆林立,处处可见吱吱作响的风车,构成了汉沽盐滩的独特景观。1909年日本出版的《天津志》记载:"一望无际的盐田,盐层垒垒,到处堆积如山。灌溉盐田风车,帆樯林立,遥看远连天际,隐显在明霞断霭之间,从而使人有大陆的规模宏大之感。"

那时,八卦滩隶属汉沽盐场的四分场,场内有10副滩,每副滩上矗立着一个"大将军",专事纳潮拉水,节省了不少人工。远远望去,空旷的滩地上,随着强劲的海风,风车旋转,水声阵阵,促进了原盐生产。大风车与座座小坨遥相呼应,相映成趣。

原盐生产废煎改晒之初,汉沽盐区的各滩都掘有纳潮的水沟通向大海。沟头设有挡水坝。涨潮流时将土坝挑开,海水沿纳潮流入滩,潮流进来时再将坝合龙截住海水。后来,在坝口安装活动木板,活口朝内,涨潮时,海水动力大,木板被海水涌开,自然纳潮进滩;落潮流时,海面水位降低,沟水倒流,木板自动关合,沟内海水不外流。此木板类似自动开启的门,这就是扬水站旧称的"水门"的由来,至今人们还习惯称纳潮扬水站为水门。

大自然也有其局限性,自然纳潮就受潮位的影响。因为滩涂高,海水低,各滩涂就用柳斗子打水上滩。柳斗子为椭圆形,长约一尺半二寸,深约一尺,每斗可纳海水20余斤,两端及底部系一条麻绳,提水时二人相对而立,随着节律人手两根绳,攥紧操作。每副柳斗打水可供10亩滩田用水。后来发展为水车,水车外型呈半封闭的方桶,桶内密排链状副水板,桶长二三丈,一尺余,下端置于水中,上连动力轮,功能如同现在自行车上的链条与飞轮相似,既可手摇脚下蹬,也可以骡马畜力为动力。每台水车可供200亩的滩田用水。1871年后,盐滩引进了风车。据光绪年间出版的《宁河县志》记载:"宁邑稻田、盐滩提水,向用水车,运以骡马。同治十年(1871年),塘沽生员井煦,服贾

江南的盐山县，见有稻田以风车提水，仿其式造之，布帆八面，上有铁柱，下有铁碗，随风而行，不烦骡马，择盐滩地势宽敞者试用之，费省功倍。"那时，每台风车可满足600余亩滩田用水，各滩灶户根据自家滩田面积大小，配置若干架风车。至解放前夕，汉沽盐区有风车358台，供水面积达189,005亩。

  风车的引进，节省了人力，但长年累月风吹日晒，盐碱浸蚀，也会遭遇坏轴坏杆坏篷的状况。这时，不管是维修工还是盐工，都要上前抢修。滩窝子离家近，大篷扯了口子或裂了窟窿，妇女们就会上前七手八脚地补大篷。特别是风车扬水也有限，更受海水潮位的制约，潮位低纳潮受阻，而潮大又不一定风大，人们改变不了有潮无风、有风无潮的自然现象。到1960年前后，随着工业文明的不断发展，盐场遂以柴油机做动力，使扬水站逐步代替了风车，风车渐渐退出了历史舞台。

  此外，"大将军"这个名字被沿海渔民广泛用在渔船上。桅杆粗壮、高大、挺拔，是船最显眼的地方，渔船的桅杆上都贴有"大将军八面威风"字样，以示得八面来风，人船平安，鱼虾满舱。这也成为了滨海渔村民俗文化的重要内容之一，亘古不变，代代相传，成为了一种寄托，也是一种祈盼。

  古人对于风车的发明，在提高生产力的同时，也助推了滨海盐业的快速发展。从利用滨海风能、节约能源和环保的角度出发，至今仍有开发利用的价值。近年来，建立滨海盐业博物馆的呼声日渐强烈，复原"大将军"已被提到议事日程。假以时日，人们就可一睹昔日盐滩上大风车的风采。

张家码头今何在

王雅鸣

张家码头历史悠久。距汉沽城区六七公里的唐津公路上，一座不起眼的公路桥畔，并排矗立着"张家码头""小盐河"两块标牌。桥下的水中，那一排排粗壮却已碳化的木桩、锈迹斑斑的铜钉，显示着这是古时的运盐河道，向我们诉说着张家码头曾在滨海盐业史上占有重要的地位，它与毛家灶、尹家灶是当时煎盐、储盐和运销的三大基地。

据史书记载，后唐同光年间，张家码头即是芦台场煎盐灶地之一。元代后期，建官盐坨地存储白盐，并进行煎盐生产，产量颇丰。明末清初，张家码头所储白盐达45万包（约7万吨）。每天，由十几条船串在一起的运盐船队从这里出发，浩浩荡荡，经过小盐河，再由蓟运河运往芦台。一姓张老人长期看管盐坨和负责装卸，人们就称之为张家码头。清乾隆十七年（1752年），长芦商人雇巡役驻张家码头看守盐坨，防止丢窃，开始在此设缉私军事防务。清嘉庆至道光年间，寨上庄建官盐坨地3个，致使张家码头盐坨存盐量减少。清道光二十六年（1846年）设岗立卡，由清兵8人和县役4人驻守，初步形成专门缉私机构。清末，张家码头盐坨废弃，改建成缉私军事点，长期派兵把守，以防原盐失窃。

1913年，长芦缉私营在张家码头设岗卡，人称五棚。1915年在这里设立汉沽虾油酱硝卤税总局张家码头分卡，后改为收税查验分局。1928年，驻缉私大队第二中队。1934年，驻税警第三分区区部，辖警兵130人，同时建芦台场署场务所。1946年，斥资建起砖木结构平房十数间及碉堡等军事设施。汉沽解放前夕，国民党集结盐警数百人盘踞在这里。在解放军的隆隆炮声中，这里的守军看大势已去，溃不成军，向塘沽方向逃窜。建国后，这里的营房等设施全部拆除，原址在盐田改造中逐渐被占用。

小时候，我们常常坐上穿成一串的长长艚船去海边钓鱼，就路过张家码头。因为驳盐沟要横穿公路，就架起了一座桥。但桥太矮了，一驶过这里，坐在船里的我们就要低下头，或趴在船里，以防碰头。有时，我们图省事，就从桥上跳下船，撮点土盐，倒在

海盐篇

大缸里腌芥菜。早先，最揪心的是看父辈们当纤夫。那一串串吃水线很深的"鸭嘴船"，到张家码头这里正逢弯道，船在水中走得急，水流快，便不停地磨着堤岸，发出一阵阵恐怖的声响，也留下一道道深深的痕迹。这些远去的艚船让我们的童年生活过早地体味到父母的艰辛与不易，倍加珍惜今天的幸福生活。

如今，张家码头依傍着小盐河，已成为滨海众多历史遗迹中最为别致的景观之一。张家码头因小盐河的开凿而兴旺，小盐河又因张家码头而繁忙。二者互相依存，因而这里成为那个年代绝无仅有的盐业码头。

坨地的变迁

王雅鸣

在汉沽的新开路两侧,居民小区星罗棋布。而这些社区的名称里皆有一个"坨"字,如:前坨里、后坨里、玉坨里、铁坨里……究其这些"坨"字的来历,都与过去的汉沽盐坨有关,佐证了滨海地区作为海盐产地的兴衰与沉浮。

汉沽籍名人崔轼荣,是中国第一代铁路工程师,在《筑路归来》诗集中专门有一首《河岸盐坨》:"邑景玉砂名早标,沿河堆垛接云霄。乍来旅客遥瞻处,疑是高山雪未消。"他诗中描述的"沿河堆垛"即是过去坐落于新开中路上的亚洲第一大盐坨。1913年,袁世凯以盐税作抵押,向英、法等五国银行团借款,成立盐务稽核所,由外国人把持盐务,监收盐税。并于同年11月建立汉沽坨。坨,即为露天盐库。1918年竣工,工程费达477,736.4元(银元)。汉沽坨占地面积409,489平方米,东接王家园子,西临蓟运河,南至铁狮坨,北邻国家庄。平均海拔3.2米(大沽水准),有15个坨基,129个台码,储盐能力65万吨。坨内有运盐沟11条,与坨外驳运沟相接,各滩之间均能直接入坨。1818米长的铁路专线与京山线接轨,沿河有混凝土码头1座,泊位8个,水陆皆便。坨内还设有3股平行铁路货运线,由北及南纵贯全坨,16股轻便铁轨,高度自如。日运能力达0.38万吨,时称全国第一大坨。地震后,汉沽坨损毁,建白庄坨。

白庄坨位于汉沽火车站以东不远的汉南铁路两侧,分南北两个坨,1977年动工,1982年建成使用。分别储存白庄一号和二号结晶区的原盐。1986年,白庄坨正式建置,称白庄储运分场,全部建筑面积8 311平方米,坨地海拔(黄海标高)1.6~2.3米。虽稍逊于汉沽坨,但也蔚为壮观。为了便于生产,在北南坨地的东面,分别筑有连接汉南铁路二化支线和三化支线。铁路支线于1979年4月动工,二化支线1983年开通,长3 600米;三化支线1986年开通,长9 107米,两条支线与汉南铁路相接处偏西即是白庄火车站,方便了原盐的运输和生产。产盐旺季,长长的输送带轰隆隆地将白花花的盐源源不断地送到坨上,形成了耀眼的瀑布。而那些身在半坨腰的工人们,挥舞着铁锹,站在竹劈搭

成的翘板上作业。盐是白的，工人是黑的，天是蓝的，极像一幅美丽的剪影。

而在汉沽盐场一分场也有一座盐坨，那是汉沽最远的一个坨，叫付庄坨，因为它当时坐落于杨家泊乡付庄村附近，就称付庄坨。它由汉沽盐场自行设计和施工，1959年建成。它东、西、南三面邻近滩涂地，北靠汉南铁路，运输十分便利。它分两区，坨区和生活区，占地达48万余平方米，建筑面积7547平方米，平均海拔2米（黄海标高）。地震时，坨区下沉。

在汉沽的盐坨记载中，原来汉南铁路北侧，距汉沽火车站12公里处，还有一座盐坨，叫谢家坟坨。因为距离谢氏家的坟茔不远，故此得名。但它隶属原河北省地方国营长芦大窝棚新生盐厂。为使原盐就近入坨，于1961年破土兴建，1963年竣工。建成后，货位面积18,986平方米，平均海拔（黄海标高）3.1米，高度仅次于汉沽坨，储量1705吨。地震时坨基严重沉降，建筑物几近损毁，1977年裁废。

此外，在汉沽的坨地记载中，还有若干个工业坨。如天津化工厂坨。它位于天化东侧，1945年日本人草建，1957年建正式坨基。坨基由石灰混拌炉灰打成，高出地面0.5~0.7米。大坨基长288米，宽38米；小坨基长110米，宽49米。海拔均为1.5米（黄海标高）。大、小基储量分别为8万吨和3万吨。再制盐坨位于汉沽盐场再制盐南端。1965年建坨，1972年扩建，坨基长80米，宽35米，储量3万吨。

海边的"棚"与"堡"

王雅鸣

过去，汉沽民间流传着这样一句话：盐滩一溜棚，海边一溜堡。这里所说的"棚"，不是窝棚、草棚、泥棚，而是与清朝末年军事建制有关，如头棚、二棚、三棚……乃至九棚；而"堡"（读pù音）也并不是堡垒、碉堡等军事设施的代称，而是指一个个自然村落。比如蔡家堡、高家堡和吴家堡等。

据《清史稿·兵志》和《清代通史·卷四》记载，自八国联军入侵之后，清军进行大规模裁员，设置常备巡警营。到1905年统名为巡防队和巡防营。一个巡防营设管带一员，书记长1员。营下设3个哨，每个哨设8个棚，每棚兵员40名。内部设什长1名，正兵9名，伙夫1名，加以司书生5名，鼓号目1名，鼓号兵6名，护目1名，护兵16名。他们在这里安营扎寨，成立盐警巡防队，以"棚"为单位，保护清朝的盐田及盐资源。虽然朝代更迭，但"棚"的历史地名却被传了下来。

有据可考的"棚"有以下几个：头棚、六棚和九棚。头棚在长芦汉沽盐场区域内，现海辛庄养殖场西侧的滩田中。它原属长芦盐场芦台场税警大队。此棚始建于1913年，当时长芦缉私步兵营所辖5个队，每个队下设9个棚，每棚10人。其头棚即一棚，警兵于此设卡而得名。抗日战争时期，日本侵略者在此修建碉堡疯狂掠夺盐业资源；抗战胜利后，国民党军队亦驻扎于此，有盐警一个中队40余人。汉沽解放前夕，已集结盐警百余人。建国后，棚所全部拆除。现头棚遗址只留下3个碉堡，其名尚存，成为汉沽盐场的一个工区。而六棚与头棚始建年代相同，坐落在今天的小神堂养殖场扬水站南侧。它西连四棚，东南连九棚。

在汉沽历史上，还曾发生过"三打九棚"战斗。1944年，在原清末驻军遗址之上，日本侵略者为掠夺盐业资源，动工兴建军事设施，他们以营房代替围墙，在东南角筑有一座坚固的高型碉堡，西北和东北两角各筑有一个地堡，院中建有三排美式活动营房，驻守盐警一个中队。1948年，中共丰南盐务支队先后集中优势兵力三次攻打九棚，终于

将碉堡、营房全部炸毁。1948年12月14日，汉沽全境解放，中共盐民支队五连一排在此驻扎，担任盐区缉私任务。现在，沿汉沽盐田往东，公路两侧仍会看到一个个废弃的碉堡工事，东倒西歪地泡在盐田里，任凭风雨的侵蚀。

在汉沽逶迤的海岸线上，依次排布着许多小渔村，如高家堡、蔡家堡、大堡子、吴家堡……这里，以蔡家堡村的历史最早。相传，明朝永乐年间，山东一户蔡氏人家逃荒到这里，见这里依滩傍海，沟壕交错，海鲜丰富，品种众多，是一个"瓢舀活虾棒打鱼"的好地方，于是就选了一个地势较高、黄蓿菜繁茂的坨地建起房舍，以破渔网插墙为院，用旧苇席搭棚为屋，始称蔡坨子，后来称蔡家堡。

后来，又陆续有赵氏、刘氏、王氏、张氏人家先后迁入。有一首歌谣这样唱道："蔡家堡十八家，糠菜饽饽臭鱼虾。男人吃了出海去，娘儿们烧香保佑他。风浪无情索人命，渔霸海匪逼破家。"至上世纪七八十年代，这里人丁兴旺，声名鹊起，成为了天津地区渔船最多的村落。1976年大地震中，沿海的许多村庄被震毁，吴家堡及附近村庄的人们陆续开始搬离世居的村庄。为了立足天津，服务环渤海，构建水产绿色通道，加快远洋渔业发展，国家级中心渔港选址在高家堡村建立。2008年，包括滨海鲤鱼门在内的中心渔港拔地而起，一座拥有600多年历史的滨海渔村从此在汉沽版图上消失。

2011年，与高家堡村相邻的蔡家堡村也实现了整体搬迁。至此，滨海新区最后一个带有"堡"字的沿海村庄也淡出了人们的视野，这将成为一种永远的乡愁和记忆。

汉沽芦盐修滩惊动中央政务院

冯伟

渤海西岸的长芦盐区，位于天津市与河北省境内，广布秦皇岛、抚宁、昌黎、乐亭、滦南、唐海、丰南、汉沽、塘沽、大港、黄骅、海兴等12个产区。汉沽盐史绵亘千年、薪火相传，所产"芦台玉砂"素以色白味醇质高而著称，成为中国盐业发展的历史缩影。

近见到一通建国初期董必武致章行严的毛笔信札，述及为汉沽盐业资本家修复盐滩争取贷款之事，足见中央政府在当时百废待兴的情势下，对恢复与发展民族工商业的自信心，亦可从中管窥私营企业在其后走向公私合营之路的历史必然性。

信笺和信封均为中央人民政府政务院专用，写于1950年1月23日。政务院是中华人民共和国建立至1954年9月15日第一届全国人民代表大会召开前中国国家政务的最高执行机构。1954年颁行的第一部《中华人民共和国宪法》规定设立中华人民共和国国务院。政务院由此撤销，其全部职权由国务院行使。信封上无邮票，也未盖邮政日戳，显然没有通过邮局寄递，而是差人面呈收件人的。

董必武18岁考取秀才，良好的国学根基使其书法充溢着深厚的文人气息。他最为脍炙人口的书作，是第一套人民币上的"中国人民银行"五个字。这套人民币除1000元耕地狭版券外，其他票面的面额汉字也均出自董老之手。

此信几乎将红色八行笺写满了。其书结体淳厚圆融，线条朴茂遒劲，字形富于变化，章法整饬谨严。信文如下：

"行严先生：新芦滩业公店经理邵裕卿为修复芦滩恳请贷款，原呈及附件均收悉。原件及所示文点一并交财政部核办。除已函知邵外，谨此奉闻，专此即致，敬礼。董必武。一月廿三日。"

董必武时任政务院副总理，兼政治法律委员会主任。此信的措词文白间杂，既体现了分寸感，又彰显了礼貌性。对于章行严出面为邵裕卿修滩贷款事所做的努力，他没有婉拒推辞，更没有大包大揽。"交财政部核办"，短短6个字，一语道出他恪守原则、

海盐篇

事有回音、为政以德、秉公办事的作风。

新中国成立伊始,各方面都急需人才。留在大陆的国民党旧职人员中,有不少高级知识分子和专业精英,很多人还是民主党派人士。身居高位的董必武待之以礼,与党外人士见面时,常行拱手礼表示尊重。他热切希望民主人士与中共继续通力合作,并主张赋予民主人士以一定职权,让他们心情舒畅地展露才华,为新民主主义建设服务。

董必武信札的收件人章行严,就是大名鼎鼎的民主人士章士钊,也是著名的学者、作家、教育家和政治活动家。他曾任北洋政府司法总长兼教育总长、国民政府国民参政会参政员。建国后,任全国人大常委会委员、全国政协常委、中央文史研究馆馆长。

1949年4月,章士钊作为国民党政府代表团成员参加了北平和平谈判,双方拟定了《国内和平协定(最后修正案)》。南京国民政府拒绝签字,和谈宣告破裂,章士钊去了香港。9月,章士钊应中共之邀来北平参加中国人民政治协商会议第一届全体会议。新中国开国大典当天,败退台湾的国民党宣布:资政宋庆龄和国策顾问邵力子、章士钊等人"被共方利用,甘心附逆,特予免职,以肃法纪"。11月,章士钊举家定居北京,在东四八条54号(今111号)一住就是10年。直至1959年,才搬进史家胡同51号。董必武此信送到章府时,章士钊刚刚从上海迁入北京东四八条54号不久。

再说信中提到的邵裕卿。邵裕卿是汉沽营城人,原为天津长芦盐务管理局职员,在抗战期间委身投靠日本人,从此发迹,成为买办资本家。从1938年开始,他与天津盐商联营,设立兴芦开滩公店,替日伪华北盐业股份有限公司在大神堂、小神堂、高庄、洒金坨、海辛庄、避风嘴、青坨子、蛏头沽等处购置荒灶地13万多亩,先后开发了兴芦、盐丰、长生、元亨等125副盐滩。其间,因地权问题,同杨家泊东庄坨村村民发生争端。他倚仗日本人的权势,残酷杀害张廷喜、张春生二人,引发东庄坨人的强烈愤慨。

抗战胜利后,邵裕卿已然羽翼丰满,腰缠万贯,炙手可热。不仅在汉沽拥有自己的盐滩,还在北平、上海、天津置下多处房产及商店,并时常出入上流社会。解放战争前期,美国海军陆战队打着"调停内战"的旗号进驻汉沽后,邵裕卿又充当起了白克威的军师。

1947年2月,国民党临时组建财政部盐政总局接管华北盐业公司。邵裕卿卷土重来,以兴芦开滩公店的名义,与该公司签下5年租约,将坐落在海辛庄、杨家泊、东李自沽、东高铺、傅庄、小神堂的汉沽第205号至235号,共计31副3.38万亩近乎荒废的盐滩用于晒盐,租期起自1947年2月1日,止于1952年1月31日,并约定以盐付租。由于这些盐滩毗邻解放区,同国民党盐警驻地又相距较远,因此时常受到解放区武装力量的袭扰,而且随着国共较量的加剧,彻底击碎了邵裕卿继续发财的美梦。本年8月,邵裕卿单方面毁约,已改组的财政部中国盐业公司华北分公司只好将其承租的盐滩全部收回。

1948年12月14日汉沽解放，冀东区长芦盐务管理局汉沽盐场管理处随即接收中国盐业公司华北分公司在汉沽的产业。此时，受帝国主义、封建主义和官僚资本主义的长期控制，加之连年战争的影响，汉沽盐业的产、运、销已基本瘫痪，濒临绝境。1949年7月30日发生的一场风暴潮，淹没334副盐滩，使汉沽盐业遭受灭顶之灾。

当时摆在党和人民政府面前的迫切任务，就是尽早恢复荒滩，促进盐业生产步入正轨。针对占有相当比重的私营滩，按照劳资两利的原则，采取有计划、有步骤、重点扶持、分期恢复的方针，帮助成本低、产量高、质量好的盐滩恢复生产，在此基础上实行统购包销，提高收购价格，调动了私营滩主的生产积极性。在这种宏观政策的引导下，邵裕卿显然是乐于配合的。

从董必武给章士钊的复信看，邵裕卿能向章士钊求助动用中央财政贷款修滩，显见关系非同一般。但最终贷款请求是否得到批准，不得而知。另外信中提到新芦滩业公店，与兴芦仅一字之差，是否由兴芦更名而来，亦或董必武笔误，因无史料佐证，也不能妄下结论。

从1950年冬开始，在全国范围开展了镇压反革命运动，打击的重点是土匪、特务、恶霸、反动会道头子和反动党团骨干分子。1951年2月，汉沽镇成立镇反委员会，开展镇压反革命运动。根据中央人民政府《惩治反革命条例》，坚持首恶者必办、胁从者不问、立功者受奖的原则，逮捕了包括邵裕卿、张枫兰、李维政、李占高、杨克政在内的100余名反革命分子。3月10日，汉沽镇镇压反革命分子公审大会在寨上广场举行。东庄坨村80多岁的老盐工张树英血泪控诉邵裕卿，历数其盗卖国土、毁坏民房、欺压百姓、戕害无辜的累累罪行。随后，邵裕卿等24名罪大恶极的首犯被就地枪决。

抱锨的

薄献忠

"抱锨的"曾经是一种职业,或者说是过去汉沽盐业生产中的一个技术岗位,大体上相当于现在"制卤工区"的技术人员,主要负责把海水"赶制"成能够结晶的"成卤",因身边常带把锨而得名。海水变成食盐,要经过储水、蒸发、调节、结晶等多个环节,没有合适的卤水,就不会有白花花的食盐;没有一个好"抱锨的",老板的收入就会大打折扣。因此,"抱锨的"会比普通盐工的收入高,但担负的责任要更大。

旧社会,晒盐也是要"看天吃饭"的。那时盐区没有天气预报,结晶池没有塑苫,导制卤水没有水泵(后来有风车),这就更需要"抱锨的"的经验和智慧。比如春晒就是从春节过后开始灌池,海水蒸发后池里结了晶,还要经常给盐池换卤,以便盐茬不断加厚,最后才是扒盐、吊盐(把结晶池里的盐运出来)、撩码、苦坨。结晶池里的"老卤"(盐池中食盐结晶以后剩下的液体)也是一宝,那可是熬制卤块(主要成分氯化镁)和生产"硝土"(主要成分硫酸钠)的好原料,抱锨的也要想办法把这些"宝贝"储存好。

有经验的老"抱锨的"干的可是纯技术活,多年的口口相传和自己的实践积累总结出了成套的制卤经验。过去,盐业工人文化水平低,于是便把一些经验编成"顺口溜"便于流传。比如纳潮(把海水引入盐区),"晴天纳潮头,雨天纳潮尾,冬季破冰纳潮,春初化冰不纳潮"。盐区制卤为适应不同季节和气候,也总结出不同的导卤制卤方法,"勤赶薄煎、深存薄赶,冰下抽碱,自然流动"等,现在想来,不仅蕴含着很多科学道理而且也体现着盐工们的智慧。

其实,"抱锨的"还必须要会看天气,以便及时做出防范,否则一场雨水就会冲淡卤水,让制卤和晒盐"泡汤"。在没有天气预报的年代,抱锨的一般都有一套看天气的"看家本领"。在汉沽,由于盐业生产和出海捕鱼,现在流传下来的相关谚语就很多:"人黄有病,天黄有雨";"老云接驾,不刮就下";"海水发腥,(盐)池子冒泡,阴雨先兆";"日落乌云接,抢盐莫停歇";"节气遇上换潮头,不是天坏就雨流",等等。还有很多是靠看动物的"表现"来识别天气，如"小鸡懒上窝，有雨不用说""水缸穿裙海戴帽，燕子低飞蛇过道（雨兆）"等等。

据说，当年有一"大抱锨的"（老板开滩多，雇用抱锨的多，其中的负责人是大抱锨的），看天气特别准，大伙去讨教，却得不到真传，于是大伙商定留心观察，却发现大抱锨的每天都要到附近一块荒地去看一看，然后发布"导卤"指令。大伙趁其不备到荒地一看，原来有一处不小的土蜘蛛窝，每逢要下雨，蜘蛛都会把洞口用蛛丝封闭得严严实实的。谜底揭开，大伙不得不佩服"大抱锨"的细心和智慧。

"抱锨的"作为汉沽盐业生产的一个工种名称，已经淡出了人们的视线，但它一直会留在盐工后代的记忆中。

渔家篇

闲话潮汐

刘翠波

潮汐是海水水位有一定规律的周期性升降现象，它的主要原因是由于月球对地球的引力形成的。所以，潮涨潮落的时间跟月圆月缺和月升月落的时间相对应。我们要想了解潮汐时间，现在可以去看当地海域的《潮汐时间表》，它是科学家根据每个不同海域的地理位置，根据复杂的天文知识计算出来的。

天津市滨海地区海域以塘沽港为潮汐点计算潮汐时间，这里的潮汐现象属于半日潮，每天有两次潮涨潮落的过程，每半个月为一周期。涨潮落潮的流向也有一定的规律，当地渔民形象地称之为八卦旋转流。

过去，在没有《潮汐时间表》的年代，滨海地区的渔民是根据谚语来推算潮汐时间的，如"初一十五晌午潮半潮"。当年汉沽一带渔民在阴历初一、十五中午时，站在岸边能见到海水涨到潮间带一半的位置，潮涨时间在上午九点半左右开始，潮满时将近下午两点半。时间之所以左右，与"月亮十五不圆十六圆之说相吻合"。渔家潮汐的谚语还有如初八二十三，潮满亮了天；二十五六两头不就；月出月落落疆头等。

说到"月出月落落疆头"的谚语，曾有过一个小故事。疆头是老蔡家堡人对潮间带中的一段滩涂的说法，位置距离岸边 800 米左右。在月亮刚刚升起或是即将落下时，落潮水位线会刚好在这一带。过去，潮间带上有一种叫地撩网的网具，位置在疆头的外边，这种网在潮水落去时，可以把一些鱼虾拦在网里，当潮水落到疆头时渔民们就可以到网里收获了。当年下海收获叫拾网。在滨海海域，潮汐还有一个特点，渔家谚语说"春白秋夜落"，意思说在春季时，潮水的落差白天大于夜间，秋季则相反。所以渔民们下海拾网的时间，一般是春季在白天，秋季则在夜间。

故事说的是在那个没有钟表的年代，渔民们无法确定准确时间，他们下海拾网，白天看水位，夜里看月亮。当年下海拾网是件很辛苦的活，秋天夜里下海，一般都是男人先在家里睡觉，由老婆值班看着月亮。如果是等着月落还好一点，她们可以借着微弱的月光织织网。可如果等着月升，就没有办法了，只能坐下来在寂寞中等待。在某一年秋天，那天蔡家大哥早早地睡下了，蔡家大嫂坐在院子中等月亮。在那个年代，渔家的女人们也不轻闲，她们白天捣酱、馇鱼、摔虾米，撂下耙子就是扫帚，样样都是累活。坐在院中凳子上等月亮的蔡嫂，不一会两只眼睛就打起了架，俩眼皮直往一块凑合。实在坚持不住了，蔡嫂悄悄睡着了。等她醒来时，月亮早就过了三竿，叫醒丈夫下海已经来不及了，错过了一次收获的机会。因此蔡嫂非常懊恼，以后再值班时就学古人头悬梁锥刺股的办法，把自己的长发用渔绳寄到树杈上。后来，蔡嫂得了个"挂树杈"的绰号。

渔村蔡家堡

刘翠波

有着600多年历史的蔡家堡村，曾是天津滨海地区渔家文化保留最完整的村落，它如一颗明珠镶嵌在滨海汉沽绵延几十里的海岸线上。海滩、海鲜、渔船、渔歌、民俗、民居，包括它的名字，无不带有浓郁的滨海特色。

相传，明朝永乐年间，山东人蔡氏漂泊来到这里，见海滩辽阔，沟壑交错，鱼虾蟹贝品种众多，可以"瓢扠活虾棒打鱼"，于是择坨地而居，以破渔网插墙为院，用旧苇席搭棚为屋，炊烟升起，始称蔡家堡。后来，又有赵氏、刘氏、王氏、张氏人家先后迁入，使村庄变得人丁兴旺，渔业发达，直到解放后成为汉沽地区渔船最多的渔村。

过去，这里鱼虾虽多，生活条件却异常艰苦。蔡家堡周边没有半分可耕种的土地，缺少淡水是他们生活中遇到的最大难题。村民们只能夏天积雨水，冬天积雪水，当春季积雪不足时，便去捡海滩上冰坨融化时边缘残留的白色冰凌。在缺水少菜的环境中，人们疾病缠身，秃疮成灾，苦不堪言。为了记住这段辛酸的历史，村里人后来成立了"秃子会"，以花会的形式进行演绎，借此表达热爱生活和驱灾祈福的愿望。村子里曾流传过一首歌谣，形象而真实地概括了当时人们的苦难生活："蔡家堡十八家，糠菜饽饽臭鱼虾，爷儿们吃了去出海，娘儿们烧香保佑他。风浪无情索人命，渔霸海匪逼破家。蔡家堡十八家，小米稀饭豆腐渣，爷儿们吃了去抢网（一种捕鱼方式），娘儿们吃了择大虾。一年四季缺甜水，老的少的少头发。"

恶劣的生活条件考验着人们的耐力与毅力。最早来到村里的蔡氏人家没能坚守多久，就远走他乡，只留下了这个村名。坚持下来的蔡家堡人经过数百年的磨砺，不仅在此地繁衍生息，还培育出自己独具特色的渔村文化。危险、繁重的劳动中，常能传出声声渔家号子。号子粗犷豪放，热情飞扬，或铿锵有力，或诙谐幽默，是渔家人精神与力量的凝聚，是他们乐观向上情感的宣泄，是渤海湾海韵灵魂的天籁。经过整理与挖掘，已列入中国非物质文化遗产名录的"汉沽飞镲"，与蔡家堡村一路走来，它展示的是渔家人雄浑的体魄、饱满的激情和对未来美好的憧憬。舞起锃亮的铜镲，舞与魂交融，梦与爱升华，它是渔家人对大海的崇拜，对幸福的期盼，对生活的信念。如果说渔家文化是汉沽文化的重要组成部分，那渔村得天独厚的海鲜产品就为汉沽饮食文化奠定了坚实的基础。这里美味海鲜的加工手法名闻八方，那鲜嫩可口的"八大馇"，那花样繁多的干鲜渔货，那种类繁多的虾油、蟹酱……都让人垂涎三尺，品之回味无穷。近十几年，蔡家堡人围绕着当地良好的渔业资源，打造起海鲜一条街和海上休闲一日游项目。"乘船出海做渔民，撒网垂钓品海鲜"是他们对外旅游宣传的口号。时代变了，生活富足的蔡家堡人将古老的渔家歌谣换了新词："蔡家堡十八家，棒子面馇馇馇鱼虾。坐上渔船能出海，当个渔民把网撒。渔家生活乐趣大，品鲜如醉忘回家。"当你沐着海风，披着阳光，呼朋唤友走进村子里，立刻会被18家渔家菜馆，60条旅游渔船牵住目光，粘住脚步，成为"出一天海，做一天渔民"最好的休闲旅游体验者之一。

如今，随着滨海新区开发开放脚步的加快，蔡家堡村已经整体移居了。但它仍以自己的无穷魅力影响和带动渔村旅游事业的发展。天津中心渔港、滨海鲤鱼门、滨海航母主题公园、妈祖文化园等一批富有时代气息的旅游景点已相继建成，巍巍壮观。人们再次期待古老的蔡家堡完成华丽的转身。

渔家篇

舱船

刘翠波

舱船是传统渔家文化中一门重要工艺。木质船舶的建造（排船），是由一块块木板拼接成船体，木板与木板间的缝隙需要用生白灰加桐油合成油腻子——俗称油灰，再掺合丝麻填充，起到结固和密封防水的作用，这一过程称为舱船。当木船使用一段时间后，弥补板缝的油腻子因日久和水的侵蚀逐渐失去保护作用，就得需要更新，这一修复过程也称舱船。

过去在排船或是渔闲修船的季节，渔村里离船场远远地就能听到渔民们用榔头敲击着凿子发出的有节奏的声音，如美妙的音乐在海边回荡，古老的工艺在代代相传。

滨海老风（帆）船，20世纪70年代前的建造工艺是很落后的，没有电动工具的情况下，在木板上挖槽、掏眼儿是相当费力费事的，因此联接木板构成船体，主要依靠铁制的锃子和钜钉，现在已被螺丝钉所替代，锃子和钜钉的作用没办法与现在的螺丝钉相比，舱船起到了一定的撑涨的作用，所以，那时需要以巧补拙，舱船工艺尤显重要。

舱船工艺需要精湛的技术，需要使用凿子的力度适中，灰、油、麻的搭配合理，它从材料和技术到工序要求的都很严格。首先搓麻，先用桐油均匀的把皮麻浸染，而且不要油水过大，备用。然后搭油，把桐油用小刷子均匀地刷在木板缝间。再在木板缝间均匀摸灰，把油灰均匀地摸在板缝间利于木板间的缝隙里外对接，也能在舱船的过程中通过挤压，使皮麻间的油灰更加饱满。准备工作做好后开始舱麻，舱麻的过程，是舱工用凿子一层一层均匀地把皮麻送到木板间的深层，老渔民们讲究九叠（层）十八捻，意思是一道木板缝的填充，需要九次送麻的过程，送一次在封口加一次油灰，每一次需要用舱凿送十八次，达到一层麻一摸灰的目的。最后是嚼活，这里的"嚼"字用得恰如其分，舱工用快铲反反复复地在舱好的木板缝隙口（俗称活面）上敲击，如修路的压路机反复碾压一样，也像老牛吃草咀嚼一样，使舱出来的活浑然成为一体。

在我学舱船手艺时，听过老人们津津乐道地讲过一个佐证舱船工艺精湛的老故事。

当年邻村有个叫董少存的大财主，他家方圆百里远近闻名，家里除了养了几条打渔船外，还养有几条跑脚的船，往返于辽宁和山东沿海贩运粮食和香油等物资。过去对贩运粮油的木船要求格外严格，据说船舱里的粮食一旦津水，就会膨胀，能把船体涨破，油料见缝流油也不是闹着玩的，因此董少存家每年冬季修船时，只雇佣经验丰富的老舱工舱船，他家开出来的工钱别的船家无法相比，但技术要求也是相当苛刻。董家雇工舱船，要求舱工每天只舱三尺活，送麻、抹灰、嚼活样样不能含糊，这样舱出来的板缝光滑如镜。收工的时候，董少存用针锥子验活，滥竽充数的人是绝不会蒙混过关的。用针锥子扎不进去后，再用黄豆粒测试，在舱好平躺的木板缝中，放一颗黄豆粒被人吹着沿着板缝可以从船头一直滚到船尾。这样的活一次能保三年滴水不漏。

当年四六八庄的舱工以能到董家舱船为荣耀，而今随着各种条件的改变，这种工艺在滨海渔民中已濒临失传。

渔家篇

不能失去的渔歌

刘翠波

站在船尾，一边捯网，一边唱着节奏明快的渔家号子。这样的场景，在我为游客提供的"海上休闲旅游"服务中得到再现。当客人们坐在观赏台上聆听着这别样的渔歌，无不欢欣鼓舞，期待的心情被我的渔家号子所渲染，常使他们不禁融入其中，在我身后"加油"助威。

鲁迅先生称劳动号子为"杭育派"，由体力劳动直接抒发，突出的艺术特点是强烈的节奏感与浓郁的生活气息。滨海渔家曾广泛流传着许多音律不同的号子声，小时候曾亲耳听过老人们唱过《拉船号子》《搬吊号子》《打篷号子》《艄船号子》《撒网号子》和《捯网号子》等。这些渔家号子，产生于特定的劳动环境中，有着不同的韵律节奏。它们随着渔家人劳动条件的改善，正逐渐被许多人遗忘。

旅游行业中有一句经典名言："没有旅游的文化，是一种魂不附体的文化；没有文化的旅游，是一种灵魂出窍的旅游。"我作为一个旅游行业的从业者，对于家乡地域传统文化有着特殊的感情，一直梦想着保护和传承滨海传统渔家文化。

一次带客人出海打渔，一位客人在我文学作品中看到了《渔家号子》一文，他表现出浓厚的兴趣，问我能不能在起网时唱上两句，这可把我难住了。我听过老人们唱过的号子中，没有现成的号子可以引用，如果生搬硬套，号子的韵味出不来，还会影响上网的速度。回家后，我向老人们请教，他们告诉我，渔家号子不是墨守成规一成不变的，每种带有名称的号子，都是在特定环境中，依靠劳动节奏的变化而产生的，歌词都是随兴添加的。他们让我尝试着根据现在船尾手工捯网时的节奏，把过去跟当前劳动节奏较为接近的《捯网号子》的音律稍加修改，唱出来就会有效果。

受到启发，在实践中演练，我酝酿了几段新词——

"抓住了绳呀，就上来了网呀，鱼虾蟹贝三大筐呀；六个菜呀，一盆汤呀，吃得客人美洋洋呀；少喝酒呀，多吃菜呀，捞来的渔获往家带呀……"

"抢枪抢呀,捯捯捯呀,别让大鱼往外逃呀。又有鱼呀,又有虾呀,快快乐乐为大家呀,带回虾蟹孝敬妈呀……"

新颖的歌词,使得后面听歌的客人常笑得前仰后合,有人不由得喊起了"加油"声。无需经过磨合,"加油"声也能与我号子的节奏巧妙地吻合,我由衷地赞叹渔家号子的魅力!

由此我深切地感受到,滨海渔家号子,是不能失去的渔歌。

捞洋

刘翠波

捡洋落，指意外得到的财物。老人们常把到地撩网捡洋落说成捞洋落，后来简说成捞洋。现在还能听到一些老人津津乐道当年捞洋的经历。

20世纪80年代前，滨海沿海海岸线潮间带的外沿遍插地撩网。各村的地撩网紧密相连，是当年渔家人重要的捕鱼工具之一。

地撩网依靠潮汐规律捕鱼，当潮水涨来时把渔网落下，使随波逐流的渔货（鱼、虾、螃蟹等）进入，当潮水将要退去时把渔网挂起，把进入渔网的渔货截住，当潮水退出后，网具的主人把渔货捕获。有时受气象或天文因素影响，潮水退不出地撩网所在的位置，那些被截住的渔货很难被网具的主人捕获干净。潮水涨来后，那些没被捕获的渔货常被路人捞得，这算是意料之外的收获。路人原是当地依靠抢网、棍网打鱼，钩蛏、拾贝、挖海葵，或是在滩涂上赤手掏窝捉鱼、捉螃蟹的渔民。后来，有人估计到潮水退不出地撩网时，专门带上工具前来捞洋。

城里人捞洋，许多人就像现在都市人到渔家休闲旅游一样，图的是个开心。初秋时节，气温适宜，渔货多，弱潮水时最适合捞洋。到时，那些"闲人"们三五成群，带上个小鱼兜和简易的捕鱼工具，跟在网具主人的后面，摸些小鱼、虾或螃蟹，还能逮到一些网具主人遗漏的大鱼。潮水涨来后，"闲人"们捞得了一些鱼虾，兴高采烈地带回家，到了家里把自己捕获的海鲜做熟品尝，那份惬意常引得许多人的羡慕。

常言说"贪字面前一把刀"。后来，有人因贪生念，把原本很惬意的捞洋这件事变得很龌龊。有些人见捞洋有利可图，便以此为业，时有发生扰乱地撩网正常生产秩序的事，难免与网具的主人发生冲突。

弱潮水时，潮水退不出地撩网，水面大，鱼虾难集中不利于捕鱼。网具的主人会给"闲人"们留下机会，大家相安无事。而旺潮水时，潮水退去得远，鱼虾相对集中于网具主人控制的地方，捞洋的人少有收获。多数"闲人"为了不讨人嫌，不在旺潮水到地撩网来捞洋。而有人因贪念作祟，捞洋没有收获时，就会去跟网具的主人争抢，常引起纠纷。

那时，每个生产队都规定了严格的制度杜绝捞洋，但一直没能制止。地撩网的主人们觉得多数捞洋人是出于娱乐的目的，不忍抹灭了城里人那份难得的惬意，在条件允许的情况下，默认它的存在。如此，捞洋存在了很多年，直到地撩网在沿海渔村中消失。

地撩网

刘翠波

过去,在渔家把家里有船的称为养船,有地撩网的称为养地撩网。我的爷爷养过地撩网,父亲也养过它多年,我也曾经干过撩网的活。

地撩网是在渔村中被广泛使用的一种捕捞工具,是潮间带上的一种定置网具。蔡家堡在滨海一带渔村中是一个比较大的村子,村子里曾经有过几排这种网。听爸爸说过,原来这种网具都是个人的私人财产,每一家都有自己的领地。当初爷爷是如何得到地撩网领地的,现在已经无从考证了。用这种方式捕捞是一种比较古老原始的打鱼方式,当初蔡家堡人把它称为挂网溜子。

在被叫做挂网溜子的时候,这种网的形式是这样的。

渔民们在潮间带上,平行于海岸线,固定插上杆子,杆子有用竹竿的,也有用各种杂木杆的。然后用一张大网连起来,网底固定在地上。当初的网是一直挂着的,当潮水退去的时候,鱼虾就被留在了网里,渔民们就下海去收获,叫拾网。在解放以后的公私合营后,这种网具得到了改进,每一家的网具整合起来,成为很多大型的地撩网,渔网在潮水退去后开始收获鱼虾,然后把网落下。下次要收获时,在潮水将要涨满的时候,驾驭小划子(小舢板)去把渔网撩起来,等着潮水退去后再去收获。这样的好处是网具高了,并且不影响鱼虾顺着潮水向里边来。到了近几年,它又被改进成倒篓了。倒篓是后地撩网时代。

现在的这种网,网变矮了,网还是一直挂着,里外面都多出了很多的鱼篓连在了网上,可以把潮涨、潮落的鱼虾都能捕获,然后,在潮水退去的时候去收获。

地撩网的历史可以追溯到很久以前,蔡家堡的歌谣中曾有:蔡家堡十八家,小米稀饭炒豆腐渣。爷儿们吃了拾网去,娘儿们吃了择大虾。一择择的扎了手,喊着妈妈嚎一宿。这种网捕捞的品种很杂,捕捞量也很大,所以,家里的娘儿们们的择货料理货也没有时闲的空。

这种网的捕捞能力很强，可以捕捞所有在渤海湾浅海、滩涂出现的海鲜种类，产量也很高。在我的记忆中，20世纪70年代以前曾有过多次地撩网被渔获物压垮的事故。那时的海蜇很（丰）厚，在哪一年我记不清了，那一年中地撩网被入网的海蜇连续压毁了好几次，数十万斤海蜇令支撑地撩网的粗毛竹杆子难以承受，纷纷倒下了，就在这种情况下，还每次都能收获一二十万斤。能够把它压垮的还有秋天的刺鱼羔子（刺为二声）。刺鱼是群游性很强的鱼，几十万斤鱼入了网里也会令它难以承受。

地撩网养育了我们家几代人，也给我家带来过不幸。在"四清"的时候，有一次我爸爸跟哥哥一起在海边，身边还有几个哥哥的小伙伴，爸爸指着曾经属于我家领地的地方深情地说，那里是我家的地撩网，曾经养育了我们几代人，爸爸的表情充满了感恩。后来，不知谁在"四清"工作组里做了汇报，说爸爸心怀不轨，给他带上了"黑五类"的帽子，挨批挨斗还挨打，吃尽了苦，连哥哥姐姐想参军都受到了连累，让我们家人多少年在人们面前抬不起头来。驾驭小舢板去撩网非常危险，突然而至的暴风雨常常会令出海撩网的渔民处于危险境地。东西村子都发生过船翻人亡的事故，高家堡子在事故中死去的人是我的一位表亲。

改革开放以后，随着近海渔业资源的减少，大撩网已不再适合环境了，各个村子里都逐渐淘汰了它。随之而生的是小插网，也就是倒篓。它是以个人为单位的，可以潮涨、潮落的鱼虾都逮，这些个体户的收入还是挺丰厚的。

血网

王雅鸣

在20世纪五六十年代的渤海渔村,血网在渔村司空见惯。那时,渔民出海打渔所用的渔网都是棉线织的。这种网,海水一泡就会变得绵软,网眼缩小,网线变粗,经拉扯受力后就会断掉,严重影响捕捞作业。只有将网血后,网线才会拉力大增禁拉禁拽,出海后才能"一网两船鱼"。所以,每到半个月,驾长就会主动说:"该血网了!"

那时,渔家人用的大多是围网,最少是18片连缀一起,最多24片的。但不管是多少片的,看上去摊开了,都是又宽又长,摞在那,都是一大堆。渔网在海上使上几天后,就会沾满了黏涎、稀泥、草棍。在血网前,要先将一获获网扔进海里,用清冽的海水涮干净,显得挺楞、清爽。然后过一遍桐油,再晒干。这时,船坞上早摆开了战场——一口长长的木槽子上方支个架子,用于绞缠渔网。七八口20印的大铁锅一字摆开,蒸腾着袅袅的热气,灶膛里烈焰翻卷,硕大的笼屉热气腾腾,为血网做好了充足的准备。

血网所用的血不是新鲜的猪血,而是早装在猪尿泡里的干血块,用手一摸,硬梆梆的,需要人工用斧子一点点凿碎,然后倒进槽子里用水泡透。稀释了的血不能太稀,也不能太糨。过稀了,挂不上网;太糨了,又拉不开栓。富有经验的老驾长这时就踱过来,一是要观察血的颜色,二是看黏稠度。他将手探进槽子里轻轻地捻一下,出来时,血丝便粘滞在他的两根手指肚上,一开一合,形成黏黏的一根细丝。阳光下,随着他手指的开合,丝线纤细而悠长,飘飘荡荡,淡红色中荡着一股腥气味。

血网用的木槽子多为松木,紧致而坚硬,常年水泡着也不走形。足有2米多长,一米多宽,呈倒梯形,上宽下窄,便于血网操作。网抬来了,挂在槽子上方支起的木架上,垂下来的部分就泡在了槽子里。这时,一人坐在槽子边,将在槽子里的网由上而下逐渐浸进血里,待全部网都均匀地沉入血后,待会儿,吃透,两人便抬着码放进笼屉里。笼屉有四五起,一人多高。网进笼屉时,血好的网要避免挨上锅边,防止烤着发生燎坏的事故。所以,往笼屉里码网不仅是个技术活,也是个细心活。码时要一层一层铺到屉里,做到受热均匀。看灶的一般由老头或女人们司职。他们有耐性，不会加猛火，也不会偷懒。也就半个小时的光景，就该出锅了——网馏熟了，那血料也就牢牢地凝固到网线上了。

出锅可是个力气活。这时几个小伙子将笼屉一层层搬下来，再将网一副副取出来，晾晒在阳光下。蔡家堡渔船多，网也多，今天你蒸，明天他蒸，于是就错开了血网的时间。海边晾网的场景格外壮观——晴朗的太阳底下，血后的网东一片、西一片，此起彼伏，连绵不断。太阳透过红晕映照着黝黑的渔家人，也映照着古朴的小渔村。他们从没因为谁家血网的顺序而发生过口角。村里有个姓孙的驾长是个急性子。那天用桐油撸完网后，就搭在墙头上晒，想赶上后晌午血网。不巧，起了暴天，眼看天要下雨，他忙不迭地收起来，卷成一团堆在天井的厢房里。半夜时分，突见青烟直冒，火光闪闪，原来那网经白天曝晒后，吸收了充足的太阳热量，再一撸，于是网自然起火了。好在扑救及时，没有酿成大祸。

初一、十五晌午潮。潮水半个月一倒换，网自然也就半个月"血"一回了。年复一年，血网成为了渤海湾渔村里一道独特而美丽的风景。渔谚说：网不打至。每年一到夏至这个节气，正是休渔期，渔民的网就会自然收起来了，也成为了渔民爱护大海、耕海牧渔的自觉行动。

血网，无疑是那个年代渔民们保护渔具、提高生产力的一种专业生产技能，也是考验人们努力适应自然环境的有效方式。如今，棉线网早就被聚氯乙烯等化学丝网所代替，省却了人们不少的工夫和精力，于是"血网"这种传统的生产技艺也就变成了一种名词，成为了人们茶余饭后的一种谈资与怀想！

大坨之上是故乡

王雅鸣

滨海汉沽素有"西高东低，东坨西沽"之称，属于一种独有的地形地貌特征。说起汉沽那些带"坨"的地名，上年纪的人都会如数家珍。如：洒金坨、思家坨、亮甲坨、皮脸坨、高坨子、白草坨、前大坨、后大坨、东庄坨、西庄坨、萝卜坨等。

坨字，在汉语里解释成"成块成堆的东西"。而在汉沽地域中，却有四面环水而形成的高地或高坨子的含义。探究这些带"坨"字村名或地名的由来，可以看出时代的发展和嬗变。

一是从历史传说或故事中来。唐朝贞观年间，唐太宗李世民多次东征高丽，在汉沽地区留下了许多历史遗迹。一次途经汉沽途中，人困马乏，准备找一块开阔地安营扎寨，前军中的一位大将猛然发现茫茫水洼中有一片土坨子，方圆足有几十里。于是纵马直奔坨上。不料坡陡坨高，一个马失前蹄，所携带金银不慎洒落坨上。李世民金口玉言御赐其名：洒金坨！并以洒金坨为界，分为前军、后军、中军安营扎寨。随军工匠连夜勒石刻碑立于坨上。明朝初年，从山东先后迁来赵氏和郑氏等家族，逐渐形成了村落。几次行政区划，洒金坨村现隶属于滨海新区寨上街所辖。

东征高丽期间，连年征战，劳民伤财，官兵普遍产生了厌战情绪。唐朝大将薛仁贵带领士兵只好下令在汉沽的东部进行修整。士兵们如释重负，纷纷解下甲胄，卸下辎重，各种兵器晒于坨子之上，人们称这个地方叫亮甲坨。而埋锅做饭，需要大量淡水，薛仁贵带着士兵提着扎枪四处找寻——海滩空旷，四野苍茫。当他们来到了一片长满黄须菜和蓬蒿的地方时，有一小片水汪令他喜出望外。可是一尝，却又苦又涩难以下咽。他就继续用扎枪向下面挖掘，直到挖到半人深还是喝不得。气得他骂到："真是皮脸坨！"后来，当地人嫌这个名字不受听，又见坨坨相连，就改为毗连坨，现在是汉沽盐场一分场所在地。

距离亮甲坨不远，还有一个土坨驻着后军的一干人马。他们在这里没日没夜地锻造兵器，秣马厉兵，人们便称这个坨为司甲坨。有一天晚上，士兵们唱起了思乡的歌谣。顿时，歌声哭声连成一片，人们思念家乡，痛恨战争，渴望早日与亲人团聚。后来便将这个坨叫作思家坨，这个地名一直沿用至今，后来成为汉沽盐场下辖的一个居民区。

二是由坐落方位而形成。在汉沽的地名中，原双桥乡有前大坨、后大坨两个渔村，于地震中损毁，村民搬迁。由于这两个村周围分布着大片的水汪子，现在成为海水养殖的水面。与这两个村相距不远的杨家泊镇，也有两个带"坨"字的自然村，以镇政府为中心，叫东庄坨、西庄坨。而杨家泊这个镇名中的"泊"字，就有水的成分，水面众多，现以对虾孵化和养殖集散地著称，是北方南美白对虾的重要养殖基地。

三是以植物繁茂或种植农作物而得名。具有600多年历史的蔡家堡村，最早立庄时叫菜坨子，因为村庄周遭遍布黄蓿菜，是人们度荒救命的野菜之一。在杨家泊镇，还有一个村子叫萝卜坨村。据说村民最早以种植旱萝卜为生，有的萝卜重达20多斤，成为村民的生活来源之一，遂得此村名。此外，汉沽盐场有一个坨子以芳草茂盛而得名，人称白草坨。

作为汉沽特有的土坨子，是汉沽的先民们赖以生存、繁衍的栖身之地。千百年来，他们生于斯、长于斯，适应自然、改造自然，一代又一代在这里过着幸福、安宁的生活，享受着大自然赐予的富饶物产。星转斗移，沧海桑田，这些带"坨"字的村落有的依然兴盛，有的却荡然无存。但无论如何，人们与这方水土结下了深厚的感情，不管走到哪里，都将这里视为永远的精神家园。

渔村土语在说理

王雅鸣

滨海地区的渔民大众,秉承憨厚、朴实、直爽、务实的传统美德,为人忠厚、踏实,文化修养上沿袭了千百年来的儒家文化的博大精深。总结起来,有以下几大特点。

一是用凝练的语言,揭示出一个深刻的道理。如生吃螃蟹活吃虾,掉进海里淹不煞;日头晒不干大海,浪头淹不煞渔船等。这些谚语生动活泼,表现了渔家人不畏艰险、抵御自然的乐观精神。他们面对困难,生性豁达,直言快语。自嘲是"喝大酒、穿大鞋、放响屁"的海下人。

二是以生动的语言,表达一种自然规律的产生和发展,令人产生联想。如大鱼吃小鱼,小鱼吃虾米,虾米啃薄泥。一般内陆人都说啃滋泥。可海边人说吃薄泥。这个薄泥,就有说头了。因为滨海地区的海底浮游生物多,是鱼虾们天然的食物链,特别是在天然池塘,敷着一层薄薄的泥,而这层泥就是浮游生物栖息的地方,天长日久,浮游生物便附着在泥上,成为了鱼虾们天然饵料,这也是它们爱吃"薄泥"的秘密。这种经验性或者说是体验,对海边地理不熟悉的人就会一头雾水。"立秋的日头晒破瓮,后续的老婆人更横"。前者讲的是一种自然现象,后者揭示了人的劣根性,十分准确和犀利。立秋后阳光直射,毒辣的程度可以将厚壁的坛子晒爆,而旧时某些续弦的女人依仗自己是刚进门的媳妇就觉得自己身价高、气粗,对自己的丈夫随意姬指气使,专横跋扈。说到大人与孩子的特点也是准确无误:"大人争理儿,小孩争嘴儿。"说的是大人在讲理时,肯定会互不相让,有理走遍天下;而小孩子眼里只有吃的,为争一口吃的可以不依不饶。纯朴的道理让人可以洞见大千事物。再比如:亲戚莫过财,过财不往来;织席的睡土炕,出海的吃虾糠;干熟不干生,干生大窟窿;宁舍老婆,不舍狼鱼脖;唱戏全靠嗓子,挑挑儿全靠膀子,等等。

三是长期生产生活经验的总结与挥发,令人从中受到启迪。这里包括谚语、歇后语等。如"蚶子拍,八带摔""锅巴(糊了的米饭)多了都是饭,苍蝇多了都是肉""秋阳不过午,过午晒破鼓"。这些经验性的谚语,都是劳动人民在生产实践中聪明智慧的结晶,有一定的实用价值。像蚶子个大壳薄肉厚,肉质极嫩、异常鲜美。蚶肉富含蛋白质、脂肪、铁等元素。吃时,要用菜刀拍几下,使之肉质松弛下来,细胞破碎,入口才好,这些为美食家提供了良好的食材烹制方法。此外,那些丰富的渔业谚语,朗朗上口,好懂易记,将大海潮汐的规律、时间都交待得清清楚楚。如初一十五晌午潮,二十七八、潮水潮半家,二十五六两头不就,东风不过晌、过晌嗡嗡响,月出月落落疆头,初八二十三、潮满亮了天等等。

四是以物拟人,以物喻人,成为了一种象征与精神的写照。这种拟人化的谚语或歇后语在渔村信手拈来,俯拾即是,让人感到劳动人民的智慧在生活中发挥得淋漓尽致。说一个人清早没吃饭,饥肠辘辘,就说他:港(jiang 讲音)梭鱼——净肠的;说他是家里的独苗苗:船上的大桅——独一根;夸船上的桅杆威风凛凛、独树一帜,就说:大将军八面威风。占人家便宜,就说:老坟——别拍了。这里有隐晦或不易懂的地方,这与地方风物有关。如港梭鱼——净肠的,说的是梭鱼随潮水上来时是泥肠子,落潮时的梭鱼才是净肠。这样的鱼不管是软熬还是馇着,都相当好吃。而老坟——别拍了,是说上坟时,祖先的坟茔大,土质松,需要用锨转圈拍结实。而有人平日没事就喜欢动手动脚,拍人后背和脑袋,这时就会有人来上一句:老坟——别拍了,以示警告和暗示。

作为渔村文化的重要组成部分,熟悉这些渔村俗语,不仅要知道语境,还要了解深厚的渔村文化和历史背景,这样才能掌握渔村文化的发展脉络与精髓,将独具一格的渔村传统文化传承、发展下去。

渔村歇后语

王雅鸣

汉沽渔村古朴、传统、文明，孕育了上千年厚重的历史文化，沿袭至今，留下了许多别具特色的歇后语，这与整个渔村的文化背景、历史发展、人文环境密不可分，紧紧相连，是不可多得的渔村传统文化和精髓的集中体现。

细细品味这些歇后语，大致可分为三部分：

第一部分，是特定语境下的歇后语。这一部分有其局限性，必须在了解当事人或渔村背景下，才可会意，否则如坠五里雾里，不知所云。滩窝子折跟头——闲（咸）得难受、卤汤子沏茶——变味了、死螃蟹——没沫了、螃蟹的眼——广朝上瞅、蔡家堡傻子当警察——管得宽、老海打号——闷回去了等。滩窝子折跟头——闲（咸）得难受说的是滩窝子身处盐碱地里，到处卤气，看哪都是咸的；蔡家堡傻子当警察——管得宽说的是讨去此村有个傻子，成天没事站在村口，对过往的汽车就胡乱指挥，也不管人家要去哪；老海打号——闷回去了说的是有个爱打渔家号子的老人，有次拉船上坞负责打号，一口气没上来硬是被憋回去了。打号是一项既有艺术性，又有技术含量的活计。打号分长号和坐号，如《摞网号子》《打网号子》《拉网号子》《捯网号子》《拉包号子》《打橛号子》《出鱼号子》《起锚号子》《打篷号子》《摇橹号子》《拉船号子》《吊船号子》《打绳号子》等。

此外，还有像四分梁子改秤杆子——浑身都是病。说的是船上有一道方梁子，上面被打了许多眼，而舵杆子本身要求是圆而且必须光溜，上面都是眼后，料本身就不行，根本难当大任。

第二部分，具有广义性的歇后语。这类歇后语通俗易懂，一目了然，揭示了一个浅显的道理。如没事玩水蝎子——找谈（弹）、虾酱熬窝瓜——胡来、棺材板上跳舞——找死、船上打孩子——跑不了多远、熬咸菜缨搁盐——多此一举、卤汤子当水喝——找残、渔村捣虾酱——臭半条街、开春跑冰——玩悬、下雨天打孩子——闲也是闲等。这里，没事玩水蝎子——找谈（弹）有些费解。水蝎子又叫皮皮虾、虾爬子、琵琶虾，是渤海湾盛产的海鲜之一，它的一对前足发达且有力，在水下，它的一次弹动，足以致一条等身的鱼昏厥。卤汤子当水喝——找残说的是作为化工原料的卤水，浓度高，具有多种有害物质，一旦喝下就会使人毙命，切不可当儿戏。开春跑冰——玩悬涉及渔村的特定环境。渔村港汊众多，纵横交错，野生及养殖水面一到冬季就会结冰，但由于咸水汪子含盐度高，开春后冰面易化不结实，再踩上面危险性大，告诫人们切不可贪玩，以免造成不测。

第三部分，出于历史典故。渤海一带历来是兵家必争之地，战乱不断，留下了许多传说与故事流传至今。亮甲坨看人——都是病（兵）、洒金坨人养宠物——就是刁（雕）、唐王东征——都是坑。以上三则歇后语都与唐王李世民有关。传说唐王东征高丽，来到一处四面环水、中间高的地方，当地人称"坨"。官兵连年征战，人困马乏，伤兵无数，于是在坨上晾晒甲胄进行休整，后人管这个地方叫亮甲坨。放眼四望，满目伤员，惨不忍睹；洒金坨人养宠物——就是刁（雕）。汉沽有一个最偏远的渔村叫洒金坨，人们擅长打雕（一种鸟，个头大小与鹰相似）。旧时雕的羽毛上贡给朝廷做顶戴花翎之用，解放后用于出口赚外汇。数量众多的雕每年秋季都要迁徙，在飞越渤海前于洒金坨村外捕捉食物栖息数日，以补充体力，村外的大片湿地，是村民们下网捕捉雕的绝好场所。唐王东征——都是坑是说洒金坨村外是唐王东征必经之地，将士们曾在这里埋锅做饭，留下了许多大小不一的灶坑，烧焦的红土至今可见。于是，人们常常以此来提醒凡事要小心行事，防止掉进陷阱里。

渔家篇

汉沽的船名

王雅鸣

解放前,由于汉沽濒河枕海,深得渔盐之利,促进了渔村各项事业的繁荣与发展。解放后,在几十公里的海岸线上,三个渔业乡的几十个村庄就拥有数百条船。数量之多,马力之大都是空前绝后的。特别是蔡家堡村,曾是天津市捕捞渔船最多的渔村,拥有船只数量占汉沽渔船总数的70%。

船只多,船名就五花八门,不一而足。鉴于当时渔村人们的文化水平不高,没那么多讲究,一般只重视它的实用性,船只也不需要登记造册,所以导致了这些船只有外号,没有正经的船名,就像穷人家的孩子随便叫什么铁蛋、栓子、狗剩、石头一样。如草根、大脑袋、大红篷、老钱包、高头鸟、首饰匣、小洋楼、马槽子、大锥子、大葫芦、小飞机、大花牛、老肥猪、老虎洞、螃蟹篓、大龙江、二龙江等。

一是按船形状起的船名。如草根:形容简陋、破旧、瘦弱,看着还小得可怜;大红篷:当时的篷是用红油油上的,呈淡红色;大脑袋:船头像脑袋一样;海帽:像一顶帽子;首饰匣子:像一个首饰匣子一样漂亮;老钱包:鼓鼓囊囊像一只大钱包;大包子:看着特别肥,跟钱包一样,鼓鼓囊囊;高头鸟:船头像一只鸟,高大威猛,气宇轩昂。

二是按船主的相貌和行为做派而取的船名。如尖头二爹:二爹常年剃光头,所以船也冠以他的形象。而另一位船主,在排船时,常常给工匠们吃白菜,还找借口说冬天不好买细菜,口头禅为百菜不如白菜,为自己开脱,人们管他的船叫白菜帮。瞎摸:说的是船主的眼神不济,在排船期间常常去抚摸船身,以感受船身的质量,人送外号瞎摸。

三是以船的感觉命名。如好天:由于船主家里殷实富裕,船头高,视野宽阔,站在船头感觉不到一点浪头,让人们感觉好像天气非常好。

不管是以何种形式所取的船名,都是船东家对未来幸福生活的一种祈盼与祝福。在那种自然灾害频发的年代,一家一户的力量很难抵御突然而至的海难,再美好的愿景也是一厢情愿,时常会听到"某某船搪上天气了""某某船漂了"的噩耗,不禁令人扼腕长叹。

高头鸟是一姓谷人家的买卖船,有5个大桅。1947年春汛,从南京装了一船布匹,70多吨。放过来后,没想到搪上了天气,"威风"(船桅)都落干了,又抛下了软锚,碗口粗、200多米的缆绳全放了也不管事,几排浪头后,船就一头扎进了水里。不仅船沉了,还损失了上千匹布,家境从此一落千丈。

现在,汉沽渔村所有的船只都用"津汉渔某某号"来标示,统一管理,并均配有卫导、电台等通讯设施,一旦发生不测,不管处于哪个方位都会有渔船赶来驰援,有力地保障了渔民在海上的生命财产安全。这是那个年代所不能比拟的。

2012年4月10日,汉沽蔡家堡村在村西船坞码头举行传统的排新船开工仪式,由村里12名老船长按传统风俗和工艺建造了一条古风帆船,以此向人们展示这个村600多年来渔民的生产用具、劳作场面等原汁原味的渔家文化。下水后,用于开发海上一日游活动,让游客亲身体验古时渔民出海打鱼的生活。现在,这艘船早已试航出海,船名叫作"弘顺号"。

沿海渔民过去排船(造船)讲究"三膛、六座、七走、八飞"。管排船的带头人叫"领做的",负责排船总策划和现场施工总指挥,他的手艺决定了船型质量的好坏。排船施工仪式叫"铺置",要选良辰吉日,别人家的女人不允许进入施工场地。排船开始后,木工、挂铁活的等分工明确,当排到船头上最后一块木头时,要举行"喜木"仪式。这块木头叫"福头",用料要使用硬木,但槐木和榆木不能用,因有"槐"的谐音和"榆木脑袋"之嫌。等船排成、捻好以后,还要贴上"船对儿"、洒酒、放炮,以辟邪图个吉利。

拾撩网

唐云好

撩网是家乡沿海一带渔村颇有特色的捕鱼方式。在空旷的泥海滩上渔民们插起长长一排挂网的毛竹竿,横向长有数里,纵向长有数百米,呈簸箕形状。待潮水涨满时,渔民划小船将平置在竿底的网撩起,潮水退去后,撩起的网便断了鱼虾的回路,将其截在网底的人工水槽,然后沿着水槽一边捕捞,一边将网放下来。

在20世纪60—70年代,撩网这种超大型网具属生产队所有,人们把生产队派出的管撩网的人员称为"撩网人"。拾撩网(也叫下海或捞洋)就是跟在撩网人的后边,捕捞剩落下来的鱼虾,如同在农村收获后的庄稼地里拾麦穗、刨地瓜一样。在家乡,拾撩网是祖上传下来的习俗,是件很平常的事。每当落潮,不论是在白天还是黑夜,人们不用打招呼,就会扛起捞拎、网兜,带上干粮和水,不约而同地走向海边去拾撩网。拾撩网要遵守一些规矩:在撩网人的后边捞,这是必须的;捞到较大的鱼虾被撩网人发现,倒你的货,你不能拒绝;再有不能损坏网具。

海边的孩子大都有拾撩网的经历,我是从9岁开始的。记得那是初夏的一个早晨,母亲拿来一把捞拎和布兜对我说:"你也渐渐大了,学着干点啥吧,帮帮家里的日子。今天不上学,跟着四叔下海拾撩网去!"那时,我对拾撩网只是听说过,并没见过,带着一种好奇心与四叔上了路。到了海边,待潮水渐渐退去了,我和四叔等一群人跟在撩网人身后,踩着没腿肚子的海泥走向远处的撩网。到了撩网水槽,见鱼划很多,人们便纷纷挥动起捞拎,一时间搅得水槽里像开了锅似的。四叔真是个拾撩网的好手,只见他一会儿贴着网根捞捞,一会儿在水洼处摸摸,一会儿又到泥滩上踩踩,不到半程,网兜里就见鼓了。我跟在他的身后,学着他的样子做。忽然脚下踩着一个活物,并且做着挣扎。我赶忙伸手摸过去,将其攥住后,拽出水面,哇!是一只又粗又长的大海虾。这突如其来的惊喜,让我有些不知所措,旁边有人提醒:"快揣起来,让撩网人见到了会倒走的。"我急忙用手掰掉大虾的虾尖子,将其迅速揣进怀里。那大虾脾气挺大,到了怀里还不停地弹我。我强忍着,挥动捞拎继续往前捞,捞着捞着感觉手上沉甸甸的,提起一看,一只大梭子蟹不知何时进了捞拎,足有半斤重,我又是一阵兴奋,费了很大劲才把它请进布兜里。快到终点了,人们争相朝网穴那边奔去。我怕捞到手的货被倒走,就在距离网穴较远的地方,一边扩大收获,一边等四叔。大约半个时辰后,四叔网兜鼓鼓地来了,见我就问:"捞到点啥?"我把大海虾掏给他看,他很是惊讶:"这可是少见的一只大海虾呦!没几年光景是长不到这个成色的。"回到家里,母亲见我下海回来,又捞回超乎她想象的收获,脸上洋溢着少有的笑容,逢人便讲:"我儿子能下海了!"

第一次拾撩网,仿佛一下子使我懂得了许多,长大了许多。在没遮没挡的泥海滩上无忧无虑地捕鱼捉蟹对还很贪玩儿的我固然很诱惑,但让我更在意的还是母亲见我下海回来时那开心、得意的笑容,那分明是母亲从9岁儿子身上看到期盼的笑容啊!小小年纪的我暗下决心:通过自己的劳动能对全家的生活有所分担,何乐而不为?这海我下定了。从此,不论白天还是黑夜,不管是刮风还是下雨,只要生产队撩网了,只要有时间去,我都风雨无阻,一直坚持到参加工作为止。

拾撩网虽然不像渔船出海那样与风浪周旋,险象环生,但也有遇到险情的时候。一次下夜海,从家里出来时还是满天繁星,到了海边西北方向就出了天气,黑压压的乌云携着闪电闷雷从天边拱了过来。大雨将至,不少人收拾起捞拎、网兜打道回府了。我们几个小伙伴凑在一起商量后拿定主意,这海只要有撩网人去下,咱就跟着下。不一会儿,从棚舍那边传来声响,撩网人行动了。于是,我们毫不犹豫地扎紧雨衣,戴好雨帽,跟随着他们蹚下海去。没走多远,大风夹着大雨便从身后袭了过来,撩网人停住脚步,把大家聚在一起,喊着提醒大家:"跟紧点,别走散了。把肩上的捞拎放下来拖着走,以防雷击。"我们顿时紧张起来,马上照着做,互相关照着向前拔扎。如注的大雨,四野一片混沌,我们已无法辨认方向,只得顺着风向,任风雨推着走。走了好一会儿,风小了,雨停歇下来,周围的景物也依稀可见,我们脚下踩着的泥水变得越来越浅。当大家抹去脸上的雨水定神分辨时,发现自己已来到了海岸边。原来在冒雨行进中,开始的西北风渐渐转成了西南风,我们也朝着风向来了个180度的大转弯。庆幸的是我们没有走出撩网区域,没有走向相反的方向,如若那样,后果将不堪设想了。

海下多了,对海的了解也加深了,同时从中也悟到一些捕鱼捉蟹的门道。开春,天气乍暖还寒,在近海猫冬的梭鱼、海鲇鱼等便随着开海的潮水捷足先登了。海鲇鱼属底层鱼种,被截下后,大部分停留在水槽的坑洼处或钻到泥里,要捉到它只用捞拎捞是不够的,还要到坑洼处去摸才行。每次我照这个法子去做,都能有不菲的斩获。清明过后,亲鱼亲虾们混搭着从远海陆续游来,一时间风平、浪静、水暖的浅海滩成了它们的

天然"产房"。这时节,棘头鱼、马口鱼、皮皮虾、梭子蟹等悉数登场。十几米宽的水槽,鱼虾的分布变得复杂起来,较大的鱼和好游动的鱼多活跃于水较深的网底一带,梭子蟹大部分在水槽边缘的泥滩上潜伏下来,白虾却喜欢找一些有水流儿的小沟小洼聚群栖息。撩网人的捕捞工具主要是抢网,这种网具在较深水域能大显身手,到了泥滩和坑洼的地方就一筹莫展了。这正好为我们拾遗补缺提供了施展的空间。到了树蝉叫个不停的夏季,鱼虾常常成群结队而来,撩网捕鱼进入了最佳期。这时虽然已到"鱼苗保护期",撩网被换成了不小于两指的网眼,但那时渔业资源丰富,每次撩到两三千斤鱼虾是家常便饭。遇到好的潮水,撩到了鱼群,一次可达到上万斤。撩到鱼群时,也是我们拾撩网最开心的时候,撩网人忙不过来了,就从我们当中挑选一些人去当帮手,去帮忙的不但能过足逮大鱼的瘾,还会得到比别人更多的收获。

每次拾撩网回到海岸上,小伙伴们一边走一边呼应着聚到一起,在泥滩上找一处水洼停下来,先将自己身上的泥巴洗干净,再洗净捕获的鱼虾,然后像展示战利品一样,大家把各自的鱼虾摆放到一起,看看谁的捕获多,比比谁逮的鱼儿大,有时还要讲一下逮大鱼的经过和心得,让快乐与大家一起分享。这时候,我们常常忘掉疲劳、忘掉饥渴,觉得自己挺有成就感。

渔家飞镲

唐云好

汉沽飞镲以其独特的艺术魅力，从百姓自娱自乐飞到央视银屏；从滨海小城飞到国际大都市香港；从津沽花会、市农运会飞到上海世博会。真可谓是"隔着门缝吹喇叭——名声在外"。然而殊不知，它的前身却是名不见经传的渔家飞镲。是古老的渔家飞镲赋予了它深厚的底蕴，赋予了它威猛豪放的气势和活力四射的韵味。

汉沽沿海一带高家堡、蔡家堡、土桥子等渔村的渔民，自古就喜欢击鼓打镲。他们常常携带鼓镲出海打鱼，把鼓镲视为打鱼时诱鱼不可或缺的"神器"。海里的鱼虾好声响，喜热闹。在风平浪静的海上，渔船抛下锚，张开网后，敲起铿锵作响的鼓镲，会把附近的鱼虾吸引过来，便于围捕。如捕到鱼群，受惊的鱼群会在网里挤成"鱼疙瘩"，给收网增加了难度。此时，若敲上一阵鼓镲，扎堆的鱼会重新游动起来，使收网变得轻松。鼓镲还是渔船之间信息联络的工具。出海打鱼，遇到鱼情，碰到险情，或与自家渔船失联时，敲几下鼓镲，会马上和自家渔船取得联系。渔船满载而归，还未靠岸，渔民们就会情不自禁地敲起鼓镲，向家人报喜、报平安。岸上的家人听到海上传来鼓镲声，便知是自家渔船回来了。于是拥到码头上，也兴高采烈地以鼓镲相迎。这时鼓镲声所表达的是渔家人发自内心的一种情感。

汉沽沿海的渔民自古信奉护海娘娘碧霞元君。每到农历四月十八和十月十五，渔民们会聚结一起到河北景忠山碧霞元君庙进香，祈求护海娘娘为他们出海打鱼消灾避祸，护佑平安。相传清光绪年间，在一次进香仪式上，庙中道人挥舞铜镲，有板有眼地上演了一套别具一格的镲技，很是博人眼球，让很想在镲技上搞出点名堂的高家堡村进香渔民高振岚、高振先、高振远、高振奎四兄弟大开眼界，很受启发。他们当即拜道人为师，在庙中学习镲技数日。回到家中，四兄弟萌生一个念头：借鉴道人镲技，创编出有渔家自己特色的飞镲套路。四人像着了魔似的在一起揣摩演练，悉心研究编排飞镲动作和相配套鼓镲曲调。自幼习武的他们灵光一现，把武术中插花盖顶、古树盘根、张飞片马、

渔家篇

鹞子翻身、苏秦背剑、猛虎推山、飞鹰展翅、怀中抱月等动作造型融会到飞镲动作之中。经过一番苦心孤诣的编排，创编出"敬香""吵子""幺二三"等适合不同场合的飞镲表演套路和曲调。他们以高家堡村渔家飞镲的名声尝试着到寨上街头表演，结果一亮相，便一发而不可收，观众的认可度极高。他们在哪里表演，哪里的观众就围得水泄不通。渔家飞镲成了逢年过节街头出会最受追捧的节目，高家四兄弟也成了飞镲技艺的始作俑者。每年的两次进香活动，渔家飞镲也被众人推举为随行的主打花会。浩浩荡荡徒步而行的几百人进香队伍，沿途每经过一个村镇，都要被当地人们热情的"拦截"下来，要求打上一阵渔家飞镲再离开。

　　一石激起千层浪。高家堡渔家飞镲的声名鹊起，让沿海各农渔村村民跃跃欲试，争相效仿，纷纷自发成立飞镲队。人口多的村子单独搞，人口少的村子与邻村联合成立。高家堡村抽出专人，热心辅导前来学镲人员，无偿传授飞镲技艺。一时间，学飞镲练飞镲的热潮，在各农渔村方兴未艾。渔民们居住分散，一个个小渔村就像一个个小孤岛，散落在空旷的海滩。环境闭塞、交通不便、生活少娱乐。飞镲的传播、普及，活跃了渔村的气氛，也给渔家人带来快乐。从七八十岁的老者，到十来岁的娃娃，几乎人人都能舞上一段飞镲。平日里，谁家有喜事，如娶亲、鱼或粮丰收、生大胖小子等，都以飞镲示贺。尤其在冬季，渔船上了岸，与风浪周旋了一年的渔民们，晴好天气时，会聚在村头，一边晒太阳，一边摆开鼓镲敲上一阵或舞上一段，尽情享受着"渔家乐"。飞镲震碎了海滩的宁静，飞镲也让渔民们忘却了物质条件的匮乏和生活中的许多不如意，使日子过得充实和开心。

　　百年飞镲生生不息于一方水土，也涵养了一代又一代镲技高超的"镲迷"，他们以自己的智慧和才情升华着渔家飞镲。20世纪40年代，汉沽崔庄一个叫李殿生的村民，他借是高家堡女婿之便，跟随高家堡飞镲队学艺多年。学成之后他回到崔庄，在村民中组织起一支飞镲队。在他的精心组织和传授之下，队员们个个身手不凡。有的能做珍珠倒卷帘、倒垂帘；有的能做金鸡独立、金鸡盘腿；有的能做天女散花、犀牛望月……尤其是李殿生的前后双腿劈叉8次，连续落地，双镲在头顶翻飞不停的高难度动作，每次上街表演都博得观众阵阵喝彩。解放初期，营城村张福德、李占伯、杜国辰等飞镲传人，将形意拳中的缠头裹脑、鹞子穿林、蟒蛇翻身等动作套路糅合进飞镲套路中，使飞镲表演新意迭出，别开生面，很好地丰富了渔家飞镲的表演形式。20世纪50年代后期，高庄村飞镲队以刘玉辰、刘玉桐两兄弟为主创，从渔家人所思所想出发，注重从生活中提炼加工，创编出充满渔民生活情趣和思想情感的飞镲套路。他们舞出的飞镲动作舒缓，节奏不激不厉，忽而如海鸟蹁跹，忽而如蛟龙游走；忽而摹拟海潮的汹涌澎湃，忽而呈现渔民在海上捕鱼迎风踏浪。一招一式真切地表现了渔民们对大海的热爱和对美好生活的向往。尤其是刘氏兄弟联袂表演的"十三帆"飞镲,把渔民在海上扬帆斗浪,以捕鱼为乐的情境情怀演绎得活灵活现,深化了渔家飞镲的表演内涵,深受广大渔民喜爱。

近年来,由于发展的需要,汉沽沿海渔村的村民陆续上迁到汉沽城区,昔日的渔民成了城市居民,但人们对渔家飞镲依然保持着乐此不疲的热情,依然对它怀有一份难以割舍的情结。有十几支飞镲队活跃在社区、村镇的街头巷尾,活跃在广场和各种庆典活动中。他们中除了地道的渔民、农民,还有上班的工人、武警战士和小学生等。学飞镲、舞飞镲成了他们业余生活的一部分。他们在击鼓舞镲中感受着飞镲文化的魅力,收获着飞镲带给的快乐。可喜的是,近年来舞飞镲不再是男性的专利,不少飞镲队都吸收了女性队员,或单独成立女子飞镲队,她们飒爽的英姿,给渔家飞镲表演增添了柔美风韵和新的看点。

渔家人的执着、热情和智慧成就了飞镲,飞镲的魅力和影响让渔家人心中得意,引为自豪。飞镲是艺术的,更是情感的。根植于生活的渔家飞镲,在完善、蜕变中所形成的不仅仅是相对固定的表演程式和套路,那起伏跌宕的舞姿,那响铜声里的铿锵大作,所体现的更是渔家人的火热情怀和对美好生活的希冀。

渔家篇

拉船

姜茂树

"乡亲父老泥中跑，雀舞鸥翩鼓镲欢。风吼涛飞旗猎展，渔歌号子荡云端。"这就是我的故乡，滨海汉沽神堂村，在寒冷的天气里最为火热、壮观的拉船场景。

那时，每逢入冬时节，渔船上岸修理和来年开春儿下海捕鱼，都要靠人力拉上来、拉下去，这需要很多人的团结协作才能完成。当年，人们只要一听到村里大广播的召唤，就都争着向海边的船场聚拢。我们这些小学生，也在老师的带领下，排着整齐的队列，打着队旗、唱着队歌，兴高采烈地去为拉船的大人们鼓劲儿。

社员们先是在海沟边，挖出一条很宽的大斜坡通道，然后再均匀地铺上一层厚厚的软泥、泼满水，这就是"守海人"所说的"船道子"。

人们用大粗绳子兜住船尾连接船体两边的滑轮组，再用两根大绳分别串联滑轮组，从两侧沿着船道子向前延伸，与固定点的大铁锚上的滑轮组串联，形成一个拉船的动力装置。

等到大海满潮时，船与岸的夹角就缩减到最低点，这是拉船上岸的最好时机。站在船道子两边的人们，面对船头，双手攥紧大绳并用胳肢窝夹住，腰板后挺、屁股下沉，脚跟蹬住踩好的脚窝，憋足气，做好了拉船的准备。

那时，村里没有手持的电声扩音小喇叭，全凭洪亮的嗓音在海风中传播。姜五爷是村里最有名的号人，他站在满是泥水的船道子上，只见他双手捧在嘴边，先往手心重重地吐一口唾沫，用力地揉搓。接着两腿叉开，身子慢慢地往下蹲、胳膊伸平，嘴里发出"嗨——"的一长音预备的信号。然后，他就像踩上弹簧似的，两脚蹦起，身子蹿得老高。这积蓄已久的力量，犹如火山喷发，吼出震撼人心的号子声。同时，五爷的双手向两边的人群用力高扬，连续快速地摆动引导大家一起用力。听到如洪钟般的号子声，看到那雄健有力的手势，人们嘴里喷出一团团的热气，整齐地跟着号子的节奏，高喊着："哎—嗨！哎—嗨！人心齐呀，泰山移呀，拉紧绳子，别松气呀。哎嗨、哎嗨、哎嗨、哎嗨！

今天拉船多顺利呀,明天鱼虾准打起呀(丰收的意思),哎嗨,哎嗨——!"就像拔河比赛一样,两侧的人员齐心协力与船"叫着劲"地退着走。拉船的号子声,震撼着整个村庄。

  船道子因地势的高低、曲直不同,发出的号子也不同,要短号、座号、长号不断变换交替,因而拉船人的用力也就不同。只要号子声不停,人们是绝对不能有松口气的想法。无论船道子多陡、多长都要咬紧牙关,团结一心,使出真劲,一鼓作气。不然,一条数吨重的大木船一旦停下,它就会顺着坡度往下溜。这时,也是考验号人功夫的关键时刻。那号子声要具有一种特殊的凝聚力和神奇的号召力。他既要用号子声随时调整、平衡两边的力量和进度,以保证船位不偏移,还要根据人们的表情、表现,编唱出大家所喜爱的新鲜词以营造活跃的现场气氛,鼓舞士气。在姜五爷的那种高亢、节奏分明、幽默诙谐、极富鼓动性的动作与手势下,人们释放出极大的能量,将大木船很顺利地拉到指定的位置……

  如今,渔村修建了多功能的渔港,渔船需要维护保养时,将它固定在牵引车上,只需一根手指轻轻一按电钮,船就被轻松地拖上了修理厂的船台。那种全村男女老少齐上阵的热闹场面、那种鼓荡人心的拉船号子声,已经成为了永远的历史,只能深藏在渔家人的心底,慢慢地回味了。

绝户网

姜茂树

"绝户网"是在小泼(pó)网的基础上改进而成的,它介于张网与泼网之间。

小泼网也是一种很古老的治鱼网具。使用者,根据季节和所要捕捞的对象,用一块小眼儿或是密眼儿的网片,裁成长方形,四边用绳子穿起再用粗线把网眼儿摆匀、扎牢就成了。小泼网,能捕获那些在浅水里和在水面上层活动,喜欢抢浆水的小梭鱼崽子、小鲁板儿鱼;小鲶鱼秧子和喜欢在清水流中集群活动的小针扎鱼等。

小泼网捕捞的那些鱼,在水中游动的速度非常地快,因此,在使用时,就要快跑、紧追。所以,它不太适宜那些年岁偏大、体力稍差的人。后来有人经过反复地琢磨,不断地改进,逐渐发明了"大泼网"。其实那也就是加大了四个边弦的长度,上下网弦增加了浮漂和礁坠子,拉起来,中间形成一个很大的网兜。经改造后,果然,功效得到了大幅提升。但它的不足之处,就是由原来的几乎家家都有,一个小孩子就能扛着走,变成了只有少数人家才有,而且要几个大人抬着或用排子车推着运到现场,然后两边要几个人同时一起使劲拉绳子走才能完成。

它的网口上弦能覆盖整个大沟的水面,下弦紧擦着沟底的淤泥,以使其能在浅层、中层和深层的水中捕获到那些隐藏在水下的比较大个儿的如港(jiǎng)梭鱼、鲁板鱼、鲶鱼、狼鱼,以及各种小螃蟹、小白虾、小鱼秧子等。

使用大泼网时,是与网家主人的经验、勤劳的程度有着密切关系的。在决定要捕鱼时,网家的主人,一定要提前去现场。首先要仔细观察水里"鱼花儿"的大小、多少;弄清楚水沟的深浅和宽窄;沟的两岸是否平坦好走。选取沟的拐弯应尽量少,还要清除沟里的一些杂物、障碍等。根据长期积累的经验,判定这条大沟里鱼货的多少和下网的具体位置、时间。

拉大泼网捕鱼,人们大都是在晚饭后至黄昏前的那一段时间来进行。据经验丰富的治鱼老手们说,这时的鱼虾蟹,都从窝里游出来找食儿吃了。

有人说,拉大泼网,它像是给大水沟用篦子在梳头呢,真是一网打尽,无漏网之鱼呀!于是那些人就给它起了一个很形象、很符合实际的名字,叫作"绝户网"。

这些年来,随着承包责任制的落实,水面都划归给个人管理。为了更好地保护资源,分层次的捕捞,不做一网收绝的事情。绝户网逐渐地退出了人们使用的选择范围,因此,它也就真的成了"绝户网"了。

张网

姜茂树

张网，是一种横卧在沟渠里，利用水体的流动来截取鱼虾，或在大水汪子里由一个或几个人拽着前行，来捕捞鱼货的传统的捕鱼方式和网具，水流越急或行走的速度越快，收获量就越大，有大眼儿、中眼儿和小眼儿、密眼儿网之分。它既能截获大个儿的梭鱼、鲈板鱼、鲇鱼、大虾钱儿，又能捕捞那些很小的鲇鱼秧子、梭鱼崽儿、小虾、小麻线儿等。有的地方也有人叫它为大拉网、流网、麻线儿网。这种网，在20世纪的60年代以前的一段时期内，是滨海汉沽地区靠近海边的人们利用业余时间，搞一些家庭副业常用的简单实用的网具。

张网的口大、腰圆，尾巴细长，呈长圆柱锥形，因此，村里也有少数人叫它大针锥子网。它的网口为长方形，由一根中指般粗细的棕麻绳把网眼穿起来并用粗线扎紧固定。渔家人称之为上口、底口、边口，也就是上弦、下弦和边弦。有的人家是手工织成，有的是用新的或旧的网片经裁剪、拼接、弥对（渔民补网、对接网时的地方上语）而成。从网口起，随着网片的长度不断延伸，四周也同步地逐渐紧缩高度、宽度和网眼儿的密度。至网的全长中间稍靠后的地方就缩减成一个圆形口。这是一处承上启下的转折点，这一段俗称为网腰子。从网腰子再往后逐渐细长的一段，至网尾处为直圆筒形状，称为网袖子，也叫网袋、网衣、网囊，是储存鱼货的地方。这里的网眼最密，网线也最结实。

除了穿网口的那根绳子外，缝制网片时就不再用绳子了。接缝的地方用棉麻线弥合好后，整张网上就很难找出缝合点。真是浑然一体，天衣无缝。这也正显示出渔家人高超的织网、对接网片的手艺和功夫。

网口的上弦绑有多个漂头（浮子），浮力最大的应属桐木，（那时还没有塑料、泡沫的漂头出现）但这种木材在当时是比较稀缺、贵重的，实在是不好买、不好找，就用松木来代替。下弦，拴好泥网礁子（砖窑烧的）。网口两侧的边弦，用柔韧性很强的柳杆支撑，一根短绳连接柳杆的上下两头，找准角度打结固定，形成小三角形再与撑网的长竿栓牢。下角处各挂红砖坠衬，以保证在水流里能使边弦的柳杆始终保持竖立的姿态。

　　为什么要把张网做成一个口方、腰圆、锥型、袖子细长的形状呢？老年人们说，长方形，是为了适应大沟的宽度和深度，更有利于用竹竿来支撑开网口，能保证让它顺利地张开嘴。那像大酱缸篓子似的圆筒子形的网腰子和细长的网袖子，它浑身都能匀称地吃劲、泻力，存货集中又好倒出来。这样既省材料，又煞（透）水快，而且还不容易被水流撑破。这就是没有多少文化的渔家老祖宗们的智慧和在长期的实践中，认真观察、总结出的经验。

渔家篇

墩箔

郑万友

一方水土养一方人,宝田村人有一种独特的捕鱼方式,名为墩箔。

墩箔是在冬季。几场寒风狼嚎般的刮过之后,田野里的壕沟、小河都结上了一层厚厚的冰。此时,如果有人想弄点鱼虾吃,最好的办法就是墩箔。

箔,也称苇箔,是汉沽一带捕鱼的一种工具,它是由上好的、高一米余的芦苇的茎编成的,状似凉席,短的五六米,长的二三十米。墩箔人在壕沟、小河里找好合适的捕鱼位置后,就开始了"排兵布阵"。先用冰镩子"嚓嚓"地在冰面上打几个比炒锅大些的冰窟窿,一字排开,间距的大小,视墩箔的具体环境而定,没有统一的规定和标准。

墩箔是讲究技巧的。先把被冰镩子凿碎的冰块凌渣用捞拎(一种带木把的网兜,捕鱼的辅助工具)捞出,然后将箔"墩"好,箔要弄成迷宫的样子。靠前位置的箔呈一条直线,三四米、八九米不等,后面的箔是曲里拐弯的"迷宫",像古代要塞的城墙;最后布下的是箔桶,它像水桶一样,有底儿,有的(捉螃蟹)还有桶盖儿,均是苇子编成的。如此的"路线图",让鱼虾进来容易出去难,是典型的"诱敌深入"和"请君入瓮"。为了让鱼虾进入事先布置好的"口袋"里,墩箔人要把两三米长的轰鱼木锤伸进第一个冰窟窿里,然后使劲搅拌水,并朝着墩箔桶的方向推水,形成一波又一波向前涌动的暗流和水浪(其它的冰窟窿以此类推)。这种情况之下,鱼虾就会惊慌失措,沿着箔根儿,朝着远处的墩箔桶飞游而去。半个小时后,估计前来扎堆的鱼虾差不多了,墩箔人便将藏在冰水里的墩箔桶提出来了。运气好的话,墩箔桶里装满了沉甸甸的鱼虾,个个都是欢蹦乱跳的。回家的路上,墩箔人得意扬扬,甚至还哼上一支小曲,唱上一首歌谣。到家后,真的像扛回一座金山似的,唤妻子"二她妈,快拿咱家大木盆来"。吃不了的鱼虾,除自己家留下一点外,大部分都慷慨地送给左邻右舍,让大家一起分享自己的劳动果实。赶上不顺,墩箔人弄到家里的鱼虾也就一二斤。路上,腿都迈得慢了,仿佛脚面上压着石头,到家后人也蔫了,往往是自己动手,切个咸菜,和鱼虾一块熬,让嘴和舌头沾点腥味，解解馋。

墩箔捕捉的鱼虾种类是很丰富的，夏秋两季能捕捉到的鱼虾几乎都有，常见的有鲫鱼、麦穗、黑鱼、草鱼、鲤鱼、鲇鱼、泥鳅和草虾、白虾。与墩箔相关的一件事情，也很有情趣。墩箔人小憩时，一般会在冰窟窿里下钩钓鱼，那种鱼钩很大，像个秤钩子，老百姓称其为裸钩。裸钩十分锋利，鱼只要被它沾着一点儿，就甭想逃脱。由于有此功能，墩箔人偶尔就能钓上一条大鱼来。墩箔的独特捕鱼方式，常常引来人们的驻足观望，尤以好奇心特重的小孩和生疏此地风俗习惯的外来人为盛。他们见到鱼虾被从冰窟窿里的箔桶提出的那一刻，往往比墩箔人还要激动，或手舞足蹈，或咂舌羡慕，或品头论足……

如今，墩箔这种传统的捕鱼方式已经远离了宝田村人的生活，但是它却深深地烙印在了宝田人的心中，并永远地定格在了史书里，为后人所追忆和传颂。

海道

郑万友

海道,顾名思义,就是海里的道,或者解释为岸上通往海里的路。我多次想过,大概"海道"这种事物只是滨海新区的汉沽有,我曾在百度上搜索过几次,均没有发现哪个地区、哪个地方有这样一种路。20 世纪 90 年代,去辽宁葫芦岛旅游,我坐过一趟奇特的马车,因为马车不在陆地上行驶,而是拉着人在没过半个车轮的海水里走,从岸上一直走到一里地外的笔架山。当时曾用心地问过赶车人,他的回答是,车走过的地方都是沙石堆积成的海滩,没有你问的叫作什么"海道"之类的名称。

滨海人是热爱海道的。这种热爱源于海道实实在在地给他们的生活提供了方便。海道的存在,使得他们在走向大海深处时,就和走在陆地上的道路差不多,行程从容而便捷。

汉沽有好几条海道,但我只在双桥子村的海滩见过,约三米宽、二三里长,形状弯弯曲曲。站在海垱向南眺望,退了潮水裸露在泥海滩上的海道,宛若静卧于沙漠中的一条水沟。准确地说,滨海地区最喜欢海道的人还是那些赶海人。他们是 20 世纪 60 年代至 90 年代常被人们街谈巷议的一种人,他们所从事的捕鱼活动被称之为"赶海",也叫"捞洋"(读 rang),就是到近海插有撩网的地方捡拾生产队捕捞鱼虾蟹贝时剩下的少量海货。海道,是时代的产物,它的诞生,是海边人在捕鱼生活中长期探索和实践的结果。滨海新区的海滩泥是很多的,深处的没膝,浅处的也盖过脚踝。赶海人从海垱下到海滩,一直靠步行走到三四里外的撩网处。由于泥极黏稠,仿佛用面粉和成的糨糊,赶海人每走一步都要费很大力气,是名副其实的"举步维艰"。时间一长,人到了撩网处,就会被累得筋疲力竭了。对那些体力不好的人来说,他们只能半途而废,扭身打道回府,望"网"兴叹。但是,如果都让这些赶海人走海道,就不是这样的情形了,虽然海浪的冲刷致使海道上也蒙了泥,却只是薄薄的一层,赶海人的脚走在上面还是比较轻松的。

海道是怎么形成的呢?

说法有两种:一是人民公社时期,生产队组织渔民用铁锹等工具挖出来的;另一说是下海捞洋的人自力更生，用手一点一点"抠"出来的。不管是用哪一种方式开掘出的海道，都是极不容易的，它凝结着劳动者的智慧和辛劳。

试想，如果没有奉献、付出的胸怀，没有不怕吃苦、坚持不懈的精神，海道能出现在茫茫的大海里并经受住海浪一次又一次的冲刷和淤泥的进犯吗？由此，它常常会让我联想到鲁迅先生的那句名言：什么是路？就是从没有路的地方践踏出来的，从只有荆棘的地方开辟出来的。

20世纪末，撩网的隐退给海道带来了寂寞，不仅失去了赶海人双脚的亲近，还享受不到了他们的呵护，由此，它的模样不像以前那样靓丽了。不过，也有柳暗花明又一村的转机，随着滨海新区旅游业规模的扩大，拜访并想零距离接触它的人可能会越来越多的。

渔人号子震天响

董志勇

自天津滨海地区出现打鱼人，就产生渔人号子。

千百年来，渔人在与狂风恶浪搏斗中，用号子统一劳动节奏，提高劳动效率。渔人号子，反映出他们的乐观主义精神，是我国民族民间音乐宝库中的珍贵财富。

20世纪五六十年代，在退海之地的蔡家堡、北塘和大沽，数以千计条渔船出现于海边、河边，高耸的灰白色篷帆举目可见。渔人额头绽暴青筋，扯着嗓门，唱响苍凉、悠长、悲壮的劳动号子，不时回荡在人们的耳畔。号子声里，大量梭鱼、鲆鱼、目鱼、鲙鱼、刀鱼、鲶鱼、对虾、黄花鱼、毛蚶、海螺、梭子蟹和银鱼、紫蟹……从蔡家堡等渔村的渔港运出，销往京、津、冀，以及东北等地……

渔人号子包括：拉船号子、推船号子、起锚号子、打篷号子、摇橹号子、撂网号子、绞关号子、出鱼号子、捯网号子、拉包号子、打橛号子和娱情号子等。由于劳动情景不同，其音乐特点亦各异。一类渔家号子，节拍为2/4拍。节奏非常急促强烈，坚定有力。领唱与合唱衔接紧凑，给人以透不过气来的感觉。如渔人在遇逆风逆流时的摇橹号子，就很有代表性。此外，"绞关"时，渔人弓腰埋头，在结着凌茬的甲板上，推磨般挪动脚步，一圈接一圈，往往一干就是十几个小时。赶上闹天，巨浪涌动，渔船上下狂跳，锚缆或网绳带动"关盘"倒转，"关棍"有时会飞出，打伤、打死人。

另一类是舒缓号子，节拍为4/4拍。其特点是节奏比较舒缓、自由而不散。如渔船冬天上坞修理或开春下海，就会唱响拉船号子。领唱者坐在船头，一边领唱，一边用手中的木棒"咚咚"地敲打船体。岸上的渔人们便手攥绳索，在合声中一齐用力，拉船上岸或下水。出海打篷或收河起锚时，打篷号子和起锚号子悠长而顿锉。渔船满载海货，扬帆踏浪，海鸥欢唱……

相对受南方音曲调影响的南方海域渔家号子而言，天津滨海地区渔人号子多粗犷、豪爽、酣畅。音节很简短，歌词多为两三个字，且以感叹词为主。试举一首《绞关号子》

印证:"外上外呀／嘿嘿／嘿／推起来呀／嘿／拿起锚头／嘿／好顺风啊／嘿／倒住盒呀／嘿／撂网去／嘿／看这网／嘿／这一网啊／嘿／两筐装不了／嘿／咳嘿／嘿／外上外／嘿／咳呀咳呀／嘿／弄起来吧／嘿／使点劲吧／嘿／喂上喂上喂／嘿／嘿哟嗬嘿哟／嘿嘿呀嘿!"

随着大排子等现代化渔轮普及,船上的"吻车"、捯网机和拖拉机、船台上的卷扬机等,代替了许多重体力活。作为"劝力之歌"的渔人号子逐渐"下岗"。失却渔人号子的大海,似乎缺少些许韵味,然而渔人的劳动却越来越愉快,生活水平也不断提高。

渔人号子成为"非物质文化遗产",有心的作曲家追访渔人,将其融入所创作的歌曲、民族器乐曲中。其中一部乐曲音乐主题取材于渔人号子的交响乐曲,2004年,在纪念天津建城600周年前夕,于天津音乐厅演出,并被制成光盘发行。震响天宇的渔人号子,通过电波遨游在日月星辰之间……

开春出河

董志勇

20世纪六七十年代，开春渔船出河打鱼——是蛏头沽一道极富渔家风情的景致。

那时候，故乡蛏头沽还是渔业生产大队——除了有渔船小队，还有撩网小队、建筑小队和农业小队。船队小队只有七八条渔船，都是风船；后来有两条船安了机器，成了机帆船。

到了冬天，渔船就要"上坞"——捩到"船坞"上修理。捩船（拉船，土语），往往要抓小学生的"官差"，但很受同学们欢迎。

所谓"船坞"，就是村子西海边的贝壳滩。有船员拿着榔头、凿子，围着"搬吊"（利用支杆和绳子，使船侧立，露出船底）的艌船，有节奏的"叮叮咚咚"声，从早到晚，时而响时而不响；倘若，赶上哪年簰船（造船），那艌船声加上拉锯声，便响个不停了……渤海湾边，凌排堆积，散发着寒气，社员们头上冒着热气……

那些不艌船、簰船的社员，就从仓库领几把网线，回家去织网，或背一条网，在院子里扎网纲。也有的社员，在大队部的后房山，用废弃的烂渔网打网绳……逮住大队会计或保管员人影，就半真半假地开玩笑："我们成年搪风打浪、一把凌一把水，养活你们这帮'白吃饱'……"那时海上渔民一见陆地上其他小队社员就来气，动辄出言不逊，往往弄得气氛相当紧张。

冬天"修船备网"季节，确实是"上船的"社员黄金时间：除了说话占上风，能按点儿上下班，甚至"不坐班"，远离狂风恶浪，过上正常人生活。上年纪的，可尽享天伦之乐。年青人得机会，骑车去农村相亲——别看联欢会上姑娘们嘴里唱得自编歌词"上船上船都上船，不怕工作苦和难……"山响，心底却无人愿意跟上船的社员搞对象……渔村办喜事，大都在冬季。尤其是过除夕、过正月十五，更是开心……

俗话说"开河不过惊蛰"，能否在陆地上"过十五"，完全取决于天公，北塘河如开河早，肯定赶不上；像1969年春天，快到清明才开河，到了大海，冰块仍然堆积如山，可谓"百年不遇"……蛏头沽的渔船，虽然不在河里，但却瞄着北塘渔民的动静……

开春出河前，大队后勤人员、学校学生，有说有笑去掀船。春风吹拂黑海滩，潮头离岸边很远——与趁强潮水往岸上掀船相反，掀船下水要在退潮时。船员个个肃然，都穿着雨鞋，将大铁锚搭到海滩上，组成动滑轮，方便岸上社员掀船……当全部渔船都掀下海滩，潮水也涨上来了。海风呼呼响起，风船都打篷，朝着大海深处驶去……

由于在岸上待了一冬，恋家心情不是太好，加上初春海风大温度低，出河后，多数船员都晕船。但他们干劲不减，很快调整了状态，投入到拉螃蟹、拉蚶子、打对虾和下黄花鱼等生产之中，直到迎来"立夏满江红"。这时候，凡是向渤海湾徊游的鱼虾，相继到齐。会叫的鱼也开了口（据老渔民讲，凡是肚中有鳔的鱼均会叫，如鲫头、小黄鱼、罗鱼、敏子鱼等）……

如今，蛏头沽已整体拆迁，开春出河风情成为记忆。现代化渔船都归个人所有，即使在北塘，开春出河也不再那么神圣壮观、那么"一刀切"了。船主们会根据自己实际情况，或元宵节玩美了，才出河打鱼，或搞起"海上旅游"，甚至干脆将渔船拴在码头，在家坐吃"油补"，也衣食无忧……

值得一提的是，春汛生产季节，市场上鱼虾丰盛——"大流通"的格局，让鲜活海产品"游"向每一张餐桌。

打冷海儿

董志勇

滨海新区的渔船,冬天要"上坞",渔民要歇"冬仨月",修船、备网,但有些渔民除了春节歇几天,仍然坚持出海打鱼,俗称"打冷海儿"。

在渤海湾沿岸五六拓(两臂平伸的长度)深的海水中,栖息着大量越冬的鱼虾——为汉沽、大沽、北塘及原蛏头沽、蔡家堡、大神堂等渔村的渔民,提供得天独厚的"打冷海儿"渔场。

旧社会,渔工为生活所迫,给船主当雇工"打冷海儿",由于船小抗风、抗冰能力差,经常闹出人命,在"忆苦思甜"大会上,成为控诉"渔业资本家"残酷的实例。解放后,组织起来的渔民,生产积极性高涨,其中有的稍大些、抗风较强的风船,自发"打冷海儿",大受上级赞扬,登过报纸上过电台。

"打冷海儿"既十分辛苦,又非常危险,海上渔民没有不怵头的——冒着寒气的大浪头,裹着海冰,在海面上悠来荡去,嗖嗖的海风扑在脸上,针扎一般疼;捯上来的网片、网绳,眨眼之间结出冰碴儿,连大本(缆绳)也冻得梆硬,砸得甲板"嘣嘣"响。虽然戴着胶皮手套,攥着纲绳仍然如同捂着冰块,许多人落下手掌麻、痛、痒的疾病;行船时若摊上狂风,肥大的浪头会从船头扑上来,直打到舵楼(驾驶台)上挂起冰柱,甲板铺上薄冰——整个渔船被"裹"成"水晶宫"!

在"吃大锅饭"年代,大队派哪条渔船去"打冷海儿",先得做好船员"思想政治工作",承诺年底给评高工分——最终,这些渔船往往会插上"高产红旗",赢得一片羡慕目光。即便如此,"打冷海儿"也未能得到"推广"——后来,拴在渔业码头的所有渔船,都统一在"天儿暖和"的时候"扬帆出海"了……

实行渔业生产责任制,渔民干劲倍增。许多大排子(木质渔轮)自然"青睐"于"打冷海儿"。仗着船大马力强、对讲机、电台、探鱼仪等设备齐全,在秋汛生产中,渔船携带上多种网具,打完了对虾接着再打鱼,往往奋战到腊月二十几才收河。过了"除夕",

又马上张罗出海。尤其许多个体渔船干活更"狠"——原塘沽区水产局 1987 年 2 月下发的内刊《渔业情况》载：东沽渔民协会 8 只渔船打破冬季休渔常规，坚持出海，捕捞鲁鱼、梭鱼、鲫头、白虾、青虾等 60 余吨……

"打冷海儿"的渔获，价格高出平常好几倍，还是上岸被抢购一空——数九寒天里，能吃上鲜活鱼虾，人们特认头。"吃上开凌梭，鲜得没法儿说"，冬季海里的梭鱼基本不进食，都是"净肠儿"，没有"土腥气"，买回家"红烧"很好吃；鲫头肉嫩刺软，除了红烧、干炸外，是"贴饽饽熬小鱼"的首选，尤其余"鲫头丸子"，更是渔村传统"家常菜"；至于"鲁鱼炖肉"，绝对是"北塘海鲜"的"台柱子"——20 世纪 70 年代末，一条大鲁鱼仅七八块钱，如今涨到三四百块，北塘人也不嫌贵，过年必买一条……

眼下，又快到海上春汛生产季节，却鲜见渔船出海"打冷海儿"——住上高楼大厦的渔民们，腰包鼓绷了，讲究养生了，没人舍得"玩儿命"了。况且，渔船都是自家的，出海个人说了算，加上渔情大不如前，渔民们乐得穿着鲜亮的过年服装，美美地吃过正月十五的元宵，再畅畅快快地看花会，耍狮子、舞龙灯、踩高跷……才心满意足投入春汛生产，琢磨如何才能夺得"开门红"！

前两天，在滨海新区的"绿岛公园"里，与几位退休"吃上养老保险"的老渔民邂逅，话题一聊到"打冷海儿"，这些无忧无虑、幸福的老人，顿时个个眉飞色舞，滔滔不绝——啊，毕竟是真正渔民，胸中一直揣着大海，血管里总是奔腾着浩瀚的情愫啊！

撩网

董志勇

说起蛏头沽的撩网,乡亲们一直津津乐道。

大海退潮后,村前海滩七八里开外,赶上晴天,视力好的人,就能看到远处那与岸平行的一道"网墙"。那是用毛竹、粗铁丝和网片构成的"大型网具"。在全民皆兵的年代,一位塘沽诗人深入渔村体验生活,曾将撩网比喻为海上长城,其中一句为"每一个网眼背后,都有一支警惕的枪口!"

其实,说撩网是"海上长城"并非准确,因为它并不是阻挡外侵,而是起到拦截内部的作用:当大海涨满潮水后,社员们乘着小划子(舢板),前去将撩网的网片"撩"起来,形成那道水下的网墙;落潮后,那些此前随潮水进来的无辜"虾兵蟹将"便被拦截住。撩网并不像其他网具那样,以"擅长"捕捞某一两种鱼虾为主,它的"胃口"极大,无论梭鱼、王鱼、目鱼、狼鱼、海鲇鱼,还是螃蟹、青虾,甚至大对虾,只要越过那一排排撩网毛竹,且在网片被撩起之前未及早退走,就会被撩网"通吃不误"!

撩网与渔村浑然一体,尽情演绎渔家风情。村姑们围坐在过堂屋织渔网,就能与那些袒露强壮古铜色肌肉的撩网社员说笑,目送他们走下海垱。外地人来到蛏头沽,也要到海边看撩网。那辽阔的海滩,撩网组成的线条,加上社员们扛着渔网、挑着海货的点点身影,构成一幅活生生且静悄悄的黑白版画。只有到了撩网跟前,才能感受到高耸的网墙,盘旋的海鸥,网根下蹦跳不已的鱼虾,还有海风吹拂网片、毛竹发出的美妙啸声……如果赶上海上日出时分,那红艳艳的阳光,会将一切涂成梦幻的境界!

与撩网零距离接触,一般都是踩着"海道"前去。

这里的海滩均为没过小腿甚至大腿的泥巴,走不了几步就会气喘吁吁,不像塘沽驴驹河的"沙浆板"海滩,能赶上小驴车,如履平地。不过,蛏头沽人有办法,用平锹挖除泥巴,达到硬地,修成一条约5公里长的海道,蜿蜒通向撩网。只是走进2尺来宽海道,颇有"走钢丝"的惊险,虽不陷脚,却也不算舒坦。尤其肩头压上装满海货的担子,即便走惯了的社员，亦难免崴脚闪腰。

撩网不像出海的风船，让人可望而不可即。全村男女老少，祖祖辈辈，几乎没有不通过"捞洋"这种劳动，跟撩网打过交道的。当撩网的社员收获完鱼虾，担着渔货走后，负责"降网"的社员，举着特制的小棍，将网片依次摘下，网墙亦随之陆续"倒下"。这时，就该早已等候一旁捞洋的人们大显身手了。于是，那些原本侥幸潜逃的鱼虾，"躲过初一，躲不过十五"，没能迎接到已经近在咫尺的潮水，倒被捞洋者像"捡洋落儿"一样，收入囊中。有撩网的日子，家家饭桌上有鲜美海味，院里晾晒咸鱼、锅炮鱼。吃不完，就连同撩网的故事一起，送给城里或乡下亲朋好友。

冬天，撩网要"罢网"了。取下网片的撩网，只留下一溜光秃秃毛竹，默默承受大海冰块撞击。替换下的破网条，正好用来圈养鸡鸭，剪下的废铁丝网弦，被孩子们巧手做成"铁环"，满村子滚响。

等到春暖开海，撩网截获的鱼虾格外多，担子挑不过来，社员就用小划子装，在海滩上往岸边推，甚至组织中学生帮忙。丰收的喜悦，溢满海堤。当然，丰收也有苦恼时：有一年，海蜇大丰收，将撩网撑破，压倒许多毛竹，不但鱼虾逃之夭夭，还影响其后两三天的生产，有的社员急得流泪。

撩网的生产时间，一般随着潮汐走，每昼夜只"挂"2次网。撩网的社员，家吃家住，半天就完工，与家人朝夕相处，比起10天半月不进家门的出海上船社员，可谓安逸。然而，解放后，上风船的几无伤亡，下撩网的却先后有3人遇难：几次骤然刮起的大风，让小划子"倒礁"（翻船），好在有情的撩网拦住他们的遗体……

蛏头沽，连同它多年的"老伙计"撩网，随着滨海新区的发展建设，如今已走入历史，定格在"老照片"中。分散到四处、过上现代化生活的乡亲们，邂逅相遇，一提起那古老的撩网，心灵便会锁定逝去的故乡，似乎有聊不完的话题！

抢网

董志勇

与汉沽渔村蔡家堡等渔村不同,蛏头沽人习惯将抢网叫成"下海"。

"走啊,下海去啊!"

无论大海退潮还是涨潮,都能听到人们粗声大嗓地招呼。

于是,各家院子里男人应答,取下搭晒在墙头上的裤衩、褂子,将这仍带有盐咸水痕的衣裳"装束"上,不忘在腰间扎根麻绳。他们扛着抢网的网具——手推网,来到海边,下了海堤,有的从"海道"走,有的直接蹚泥走。谁也不说话,只顾伸出手掌测试风向,眯起眼往远处海面张望。

来到海水中,大家开始干活——由2根擀面杖粗的竹竿、1根木棍和囊形渔网组成的手推网展开后,举起来,酷似一个3米来高、倒置的大写字母"A",在海风的吹拂下,鼓起"大肚子";"A"的两端,分别包裹木头削成的船头样东西,像旗杆头。

每人路上根据潮流、风力及风向,早判断出哪有"虾块儿"(虾群)。这时,"啪"地撒下网,分别朝不同方向,像垦荒牛一样,前倾身子,蹬开双腿,拼命往前推——网眼小能兜住米粒儿,水的阻力很大;同时,要适度往下摁住竹竿,以保证那"船头"既不扎入泥中,又始终贴住地面,使网斜立水中,不让白虾从下面逃过……

10多分钟后,要掀网(起网)了。下海人抓着"撑棍"——"A"的其中一横,后仰身子,吃力地将渔网掀出水面,然后取下插在后衣领口的"捞淋"(木、竹制,网球拍状带网兜的渔具),伸到网中捞出白虾,再转手倒入肩背的长长的网袋里。而后,将捞淋重新插回领口,由于腰间扎着麻绳,背部衣裳被挑起一块,驼背人一般,样子颇滑稽。

手推网的竹竿上,还可换上人称"一指环"(网眼能伸进手指)的渔网,用来捕捞青虾、大对虾等。另有一种网眼能漏过鸡蛋的渔网,专门捕捉梭鱼。

下海,拼体力,更讲技巧。

比如,抢白虾,要"稳":追踪虾群时,要缓慢调整方向,否则会冲散虾群,甚至将落网白虾荡出去。而抢梭鱼，则"快"：推网要"小跑"，一根小手指头始终勾住一个网眼，一旦感觉梭鱼撞入网内，要在三四秒内完成掀网的动作。好在网眼大，阻力小，但机敏、游速、转向速度均极快的梭鱼，照样常常不给你机会！

海水涨了落，落了涨。下海的人"泡"在水里不肯上岸。晚饭后，人们到海边乘凉，看到波涛汹涌海面上，下海的人撂网、掀网，此起彼伏，活像一只只起飞的"灰天鹅"。年轻母亲指着大海，让怀里儿子辨认其中哪一个是爸爸。

海中劳作几个钟头，下海人却一点也不渴，但极易饿。他们戴的草帽上，一律缝有小网兜，塞上干粮。深水白虾个儿大，煮熟，一个是一个，雪白闪亮，配以针眼大黑眼睛，非常漂亮；浅水的个儿小，一团一团的，掺杂乱麻般鲜红虾须。大个儿白虾，要穿上高跷，到2米多深水里捕捞，一旦跌倒，后果难料。蛏头沽人"发明"在高跷上系一个活扣儿，一拽就能摘掉脚上高跷，夹抱着高跷和网具往岸方向游。草帽上干粮"安然无恙"，咬几口压压惊，接着干。

浑身水淋淋、脸色苍白的下海人上岸。有的网袋大如磨盘，足有200斤白虾，赢一路佩服目光。有的仅捕到几斤，满脸愧色低头往家奔，自嘲道："足够炝锅的啦！"

家家房前屋后墙上，戳起手推网晾晒。旧苇席上，煮熟的白虾，鲜味四溢，加上"锅腔子"飘来红烧梭鱼的香味，惹得各个院子不时飞出笑声……

下海，距今不算遥远，却被烦乱日子挤出记忆。这偶然机会，让故乡那充满渔家风情的一幕，如大潮般扑入我胸怀！

拖海蜇

董志勇

"拖海蜇"这个词儿，上点岁数的蛏头沽人都知道啥意思。

20世纪60年代中期，有几年蛏头沽的海蜇特"厚"（很多）。初夏，在村前海里搬罾或戏水时，会看到人称"水豆子"的海蜇幼虫，黄豆大小，密密麻麻，抓不起来，得用手连同海水一起捧起。海蜇寿命只一年，到了8月份，就能长成6印锅的锅盖那么大。

天热了。离岸三四米海面上，就有碗口大的伞形东西隐约隐现。被孩子们捞起扔上沙滩，就被日头晒成了褐色薄饼子。那时渔村海货丰裕，几块破海蜇没人放眼里。

天更热了。一天早上，有人在大街上呼喊：

"哎，大伙快去撩网捡海蜇啊……"

喊话的是撩网队的社员。此时，海蜇大的已长到二三十斤，小的也有十来斤。它们被撩网拦截住，在网墙根下挤成了"坝"，撑破了网片，压倒了撩网杆子。撩网队只要值钱的鱼虾，不要甩货海蜇。可是大量海蜇这次被社员们扔到网外，下一个潮儿卜网，又被拦截下，"悲催"依旧！于是，只好求救于我们这些小孩子。

我和小伙伴们拿着"刮片儿"（一尺长的竹片，两侧削薄，形似短剑），背着用撩网队丢弃的破旧网片缝成的特大网袋，"火速"赶到撩网作业区。在一片感激的目光中，抱起沉甸甸、水淋淋的大海蜇，可劲往网袋里装，直到塞成大水牛肚子……

本来，若趁涨潮水往岸上拖海蜇网袋，借助海水浮力，费不多少力气，可那得多花两个多钟头等潮头——耽误一趟活儿不说，也会让人家笑话是"秧子"（懦夫懒汉）。这对逞强好胜的孩子们来说，实难接受！于是，稠黏的海滩上，便出现"蛏头沽版"的《伏尔加河上的纤夫》油画：几十双未成年脚杆，蹚着半尺深薄泥，拽着大网袋口上的那根细细的聚乙烯绳子，一步一晃往3000米外的岸上拖去……

我们气喘吁吁，脸色或涨红或苍白，都甩大汗珠子。海鸥在头顶上轻盈地盘旋，像在做无声的鼓动宣传——笔者当时真想到了红军长征故事。有人肩头被勒破，直冒血渍儿，用湿手一摸，龇牙咧嘴；有人探索着推那大网袋，效果不佳；有人索性坐在沙发般网袋上，哭丧脸眺望村子……最聪明的一个人，将海蜇从网袋里全倒在海滩上：掐掉海蜇的"海蜇脖子"和"海蜇爪子"（均为海蜇口腕部），扔了，留下"海蜇头"（海蜇伞部），用手中的"刮片儿"将其很厚的中胶层刮掉，光剩下最硬的外胚层，还刮净上面那紫褐色的组织———一块几十斤重的海蜇，转眼成了一张薄薄的乳白色"海蜇皮"……

后来拖海蜇的日子，变得轻松多了，只是觉得对不住撩网队的社员。或人说，亲啊，太浪费海蜇了，太奢侈了！其实，当时却很正常：蛏头沽人自古吃海蜇都弃掉"海蜇脖子"，偶尔有人贪图"海蜇爪子"有嚼头儿，还会遇人讥笑……

薄薄的海蜇皮，被我们源源不断拖上岸。经大人用大盐和明矾的碎屑反复搓拭，最终被一层层码放在大坛子或大破缸中……吃前用淘米水泡一夜，切成白细丝，拌上褐色麻酱、绿蒜瓣，嚼在嘴里声色味齐全。如今，从市场买来海蜇，无论散装，还是装入质朴木头盒子、精美塑料瓶（袋）中的，均为海蜇的"全部"，更没经过"刮片儿"处理，吃到嘴里，肉嘟嘟的，没多少海蜇味，还糊嗓子眼，后来干脆"敬而远之"了——唉，说到底，都是拖海蜇那年头落下的"后遗症"！

汉沽婚俗今昔

李子胜

大约30年前吧,汉沽老百姓办喜事很少去得起饭馆。原因之一是,饭馆太贵去不起。原因之二是,饭馆的食材不如自家准备得实在。

向来汉沽人请客,都把让客人吃好、吃乐、吃美看得无比重要。

在经历了"订婚""送日子"这两个关键环节后,汉沽的一对青年男女就要步入婚姻殿堂了。办喜事的日子确定了,就要划定范围,陆续给亲朋好友信儿,告诉办喜事的具体时间。这个"给信儿"的范围,可大可小,看本家心气,如果想大操大办,就把没出五服的亲友都通知个遍。单位同事,包括已经退休多年的,一般只要"有过儿(曾经有过随礼往来的)"的,都可以理直气壮地通知。我想象,那时逢五一十一,单位同事楼道里走个对脸,对方如果冷不丁露出微笑上来搭话,会把对方吓一跳,这种情景,基本都是儿女结婚给信儿。那时份子钱虽不多,但是太密集,一个月的微薄工资,有点招架不起。

那时住平房的多。办喜事，通常都是在自家房山开阔处搭帆布棚子，垒炒菜蒸肉的锅灶，像举办一次盛大的野炊活动。

摆桌就在临时搭建的帆布棚子里。一个棚子一般可以摆七八桌。一个棚子不够，可以搭两个。高低不一、颜色不一的圆桌，一桌挨一桌。棚子内昏暗，必须点上几个大灯泡。如果酒桌还是摆不开，就得借左邻右舍的屋子了。

办婚宴是个大工程。办喜事主要在两天中进行，头一天叫压腰，第二天叫正日子。压腰这个词的含义是，到了那天亲朋好友要随份子钱。估计最初那些随份子的铜钱坠在本家的腰间，一定沉甸甸的，显得很阔气，也很有底气，于是有了压腰这个词。也有人认为压腰一词应写成"押约"，有点再次强调婚姻约定的意思。我觉得，压腰这个写法更好，因为这一天，本家主要任务就是接收亲友贺礼。通常，亲友们压腰这天就可以前来"吃干饭（也叫捞桌，吃酒席的意思）"，顺便把份子钱随了。

想办好喜事，做到不漏兜，就得请一个有超强张罗能力的人做大知宾。大知宾会让本家物色年轻靠谱的小伙子当忙活人，一般得请十几个忙活人。很多年轻人后半生的牢靠的友情，就是扮演忙活人时，被本家以及大家信服认可才获得的。因为忙活人是纯义务奉献的角色，你公开偷奸耍滑，也无人干涉，更不会被惩罚。

压腰那天上午，就得把棚子、锅灶搭好。操持事的大知宾提前几天就得给十几个忙活人开会，给大家分工派活儿。到了压腰日早晨，忙活人准时入场，第一拨借铁管、帆布的，早早开车去联系好的单位拉东西，去的时候，还得给人家准备两盒喜烟，一包喜糖。然后各路人马继续分头忙活去拉东西。那时，不仅得借搭棚子的材料，所有的饭碗、菜碟、托盘、圆凳、饭桌，全部都得四处借。这些东西，开始从单位食堂借，后来很多居委会为了方便群众同时也为了获得一点收入，他们开始出租这些家什，就不用再托人烦窍，求单位食堂了。压腰的上午，得有一支人马去批发烟酒；得有一支人马去拉这两天用的各种食材。主要是上百斤猪肉，几十条鲤鱼、鲈板鱼，还有几斤泡发海参。再高档点的，有几斤干贝，几斤牛蹄筋。需要说明的是，海螺、八带鱼、虾前儿这类的海鲜，都是本家趁海鲜便宜时买下来，冻在自家或者亲戚家冰箱里的，基本都是新鲜肥美的。

几个手脚麻利的人手握扳手，迅速把铁管组合成框架，苫好能遮风挡雨的帆布，就像搭好了舞台，各种角色才可以粉墨登场。

搭好了棚子，贴好喜字，请来的草根名厨开始和泥垒砖盘锅灶，其他的忙活人则一边吸着喜烟，一边开始帮忙准备各种食材。往往是乌油油颤巍巍的松花蛋剥了有半托盘了，人们耳畔开始响起了油锅炸肉的噼啪声，炸肉的香气就喜气洋洋地包围了大家。

猪肉的用途有三：切成方肉油炸，剁成肉馅，做成丸子油炸。剩下的里脊肉，留作

炒菜用。炸好的方肉,一半切片,做花椒肉;剩下一半切连刀块,做肘子(其实就是方肉)。这些肉连同炸好的丸子放进粗瓷大碗里,抬上蒸锅蒸上,大家才放心。因为大家都知道,婚宴菜里,最美味的就是这大火蒸的肘子片肉丸子。辛苦的忙活人,最大的报酬就是比一般客人多吃几顿肘子片肉吧。

接着,鲤鱼、鲈板鱼去鳞开膛,继续用炸肉的油炸鱼。把鲤鱼炸得全身金黄酥脆,把鲈板鱼炸焦黄定型,摆上托盘,用白布或者报纸蒙上,遮挡尘土。鱼子鱼白,则炖上一大锅,给帮忙的人当午饭的下酒菜。

写到这里,插叙一下。我体会,即使是不太富裕的年代,每家每户都会在婚宴上竭尽所能。我还记得我结婚时,我父亲早早就买了虾,冻在了我同学工作的冷冻厂里,买了几十斤海螺,全家人灯下开出海螺肉,冷冻在自家冰柜里。父亲还提前一个月就托了熟人,才从渔船上买到了一条20多斤的大鲈鱼,存放在了冷库里。压腰的上午,鱼肉剔下来,切片,滑油,留作正日子要上桌的溜鱼片这道菜。剩下的鲈鱼的鱼骨、鱼皮、鱼肚、鱼肠,炖了一大锅鱼杂儿。酱香的鱼汤熬到黏稠,鱼杂早已软烂入味,吃到的人无不欢呼庆幸。我结婚时酒席上用的鱼,不再是鲤鱼,而是换成了2斤左右一条的罗非鱼。

继续说压腰的事。压腰那天,有些亲友也早早来了,就得给他们准备酒席。这也算是"试吃"吧,因为这次午饭的很多菜品,大多数是正日子要上桌的。

吃罢午饭,忙活人基本没活儿了,他们就在棚子里玩牌,一沾办喜事,似乎不赌不开心。好在棚子遮风挡雨,很适合玩纸牌。通常,坐在棚子深处的,往往是相对赌资比较大的,需要屏声敛气,反感瞅脖梗儿(看热闹)的人过多,一把输赢一块两块的;而在棚子口,咋咋呼呼的围了一帮人的,都是小赌,一把输赢三毛五毛的。

到了下午,吃饱喝足的厨师开始忙活正日子用的细菜。给虾仁过油,泡发干贝,海参、蹄筋;海螺、八带鱼,改刀焯水备用;把化掉了冰水的虾前儿,做成齁咸的盐水虾,随时捞出装盘。各家各户婚宴菜品都大同小异,酒菜凉菜通常4个,比如:拌海蜇,拌松花,酱货拼盘,盐水虾。酒菜热菜8个,能入选这8个菜的有:辣子白虾、烧海螺、烧八带、海参蹄筋、腰果虾仁、鱼香肉丝、京酱肉丝、虾子腐竹、浇汁鲤鱼、拔丝山芋(苹果),等等。酒菜的热菜也是看本家的心气和实力,如果能上溜黑鱼片,这酒席就抬色了,饭菜是固定的6个,俗称"参鸡肘鱼丸子肉"。分别是:海参浇汁的鸡蛋羹、红焖鸡块、肘子、红烧鲈板鱼、红烧丸子、花椒片肉。凉菜热菜饭菜,加起来必须是双数,一般都是18到20道菜。菜量大小,菜码多少,那也要看主家的经济能力、心意和人品了。同样这些菜,有的喜宴,下筷子慢点,只能吃满肚子黄瓜胡萝卜辣椒了。

那时候人们肚子里油水少,对简陋婚宴的几道菜印象极其好。最好吃的应该就是肘子、丸子、片肉。因为猪肉在大蒸锅里文火蒸了近一天一宿，肥肉里的油脂都化成了油水，吃在嘴里，黏腻软滑，肉香浓郁，就着米饭吃，肥而不腻，回味无穷。那时婚宴做出的土灶蒸肉，是在饭馆里一直吃不到的。往往是片肉刚上桌，就被人一筷子夹走好几片，让来不及下筷的人感觉无比郁闷。

正日子那天的压轴戏，就是伺候好新娘娘家亲人来新郎家"坐儿客（读成qie，上声）"的两桌或者四桌酒席。新娘家亲友少，前来坐儿客的亲戚就选四男四女，亲友多，就八男八女。主家这边也要选出能说会道，能压住事，或者工作体面的人数对等的亲友陪坐儿客的。

伺候"儿客"的人，也要选模样英俊，手脚麻利，有眼力见的小伙子。一定要热情主动地照顾好客人。伺候"儿客"的好处是，酒席撤桌时，可以享受"儿客"们剩下的好酒好烟。那时，"儿客"桌的菜不仅要好，烟酒也要比普通桌更名贵一些。很多人一辈子第一次品尝到茅台五粮液，就是因为伺候过"儿客"桌。

儿客桌的结束仪式很有意思，叫"大师傅添汤"。一位厨师举着勺子，后面一个忙活人端着一盆汤，进了摆儿客桌的屋子里，忙活人高声吆喝："新亲到礼，大师傅添汤啦——"新娘亲友代表就赶紧把早已准备好的大红包放在端汤的托盘里。大师傅添汤后，儿客桌就结束了喜宴进程。送走了坐儿客的新郎家人，本家悬着的心落地。因为那时确实有因为坐儿客的与陪坐儿客的人因为言语不和，把婚宴喜庆气氛破坏的。穷人多闲事，陪坐儿客的人，都是赔笑脸说好话，一场酒席下来，如释重负。

时代在变，很多婚俗也在变。变化最大的就是婚宴的举办地点和菜品吧。

近二十几年了吧，婚宴陆陆续续开始在大大小小的饭馆举办了，个中原因不用多说，生活好了，腰包鼓了，风俗改了。饭馆办事，图个省心省事，吃得如何，有时无法兼顾了，因为预定婚宴的饭馆，一般得提前一年，下手慢了，没啥好饭馆可选。但是，还要争取让客人吃好，于是人们想起了螃蟹。

30年前有段时间，大黄螃蟹无比金贵，一般都是家里得了癌症，命如风中之烛的人，才有机会品尝。

近七八年的婚宴，梭子蟹已经成了婚宴的压轴菜，简直是无蟹不欢。以前那些年，海洋资源枯竭，螃蟹的价格贵得让人咋舌。后来，南方养殖梭子蟹大量上市，海洋渔业资源慢慢恢复，海捕梭子蟹也很多了，人们腰包也有钱了，于是，无论是升学宴，乔迁宴，结婚宴，都能吃到螃蟹了。如今的婚宴，基本都在螃蟹、虾、酒上发力下本。今年上半年的黄螃蟹价格很醉人，大概300元一斤，上一只六七两、七八两左右的黄螃蟹，就得200元上下。再加一盘十几个头的盐水虾，每桌酒席仅这两道菜的成本就得两千块

钱出去了。下酒的凉菜变化不大，但是也努力向着高端方向变化。热菜中，红烧鲤鱼早被去掉，代之以清蒸鲽鱼或者多宝鱼；比较低端的虾子腐竹等被别的新菜品取代。热菜内容是今昔婚宴里变化最大的。只有饭菜的"参鸡肘鱼丸子肉"照样保留，无法撼动。

民以食为天。如今，婚宴是很多家庭一辈子除了买房子之外最重视的事情了。在这件大事上，不孤注一掷地挥霍一下，心里总会觉得不踏实，好像自己的人品会留下永久的瑕疵。所以，不论今夕，汉沽的乃至其他地区的婚宴上，来宾吃好喝好，就是本家最大的心愿。

婚宴办好了，主家脸上才有光彩，婚宴最能体现普通百姓某种朴实、厚道的品格。

婚宴结束，闹完洞房，新娘家的侄女会送来夜宵，这也是走个形式。然后，当晚的重头戏开始了。在新郎新娘插门睡觉，开始洞房花烛夜之前，新郎家的一位大嫂代表，要给新人焐炕——铺床。这位大嫂一边焐炕，一边念念有词：一挑门帘红万丈，我给新人来焐炕。新笤帚，扫新炕，二位新人不打仗。东一轮，西一轮，养活孩子一大群。被角挨被角，来年养个大胖小儿。褥边搭褥边，养个孩子做大官。铺多厚，有多厚，两口子睡觉肉挨肉。

这段有点隐喻撩情的话，其实道出了昔日婚姻的最重要的意义：年轻人繁衍生息，家族才生生不息。

欢乐渔家年

姜茂树

俗话说，吃了腊八饭，就把年事办。腊八节一过，整个庄子就开始忙碌起来，各家都精心挑选一个风和日丽的好日子，搬出被褥、衣服在太阳底下晾晒，跟着就是打扫房屋、修整炉灶、清烟筒、擦玻璃、洗刷物品、规整街院。

每当这个时候，奶奶就会喋喋不休地嘱咐我们："墙面、屋顶、水缸、锅台、门窗等处，任何一个地方都不能漏过，要细心扫到、擦净。扫房子清杂物、擦灰尘，就是在清除过去一年中所有的烦恼、晦气和那些不顺心的事情。"

腊月二十三是小年，也是恭送灶神爷回天庭复命之日。渔家人心眼儿实在、直性，都希望灶神爷在玉帝面前多说好话，期盼让自家饭锅中油水再多点儿、家庭和睦日子再好过点儿。盼着来年下界时千万不要走错门，还是回到自家来监管锅灶上的事，于是就想办法哄它。那些黏饽饽、糖瓜，就是为了粘住他的心、抹甜他的嘴。

渔船是渔家生活的保障，渔家人历来就把渔船摆在与自己的生命同等重要的位置。渔民的安危、家业的兴衰、生活的贫富无不系之于船，它为渔民创造了财富，养活了一家老少，渔民对其怀有深深的感激之情，所以对它的宠爱就像对神的崇拜一样。因此，老祖宗也就留下了过年先要祭拜渔船的习俗。

年三十的大清早，家家的门前热闹起来。太阳还没冒头，老人就领着晚辈来到船场儿。子孙们绕船撒酒一周后，便虔诚地站立聆听老人祈求海神保佑出海人船平安、日子越过越红火的祭拜词，然后年轻人开始争抢贴对子。船首横批：船头压浪；上下联为：龙头生金角；虎口喷银牙。驾长舱的两边各书写：千里行船，浪涛双脚踩；万斤鱼蟹，撒网自游来。船尾：舵后生风。舵扇板左右各有一联：九曲三江水，一网两船鱼。各家也在前一天就贴好"开海正遇顺风日，撒网巧逢鱼起时；一网两船、望海生财"等充满喜庆、吉利的大红对联和窗花。

最抢眼的就是大桅杆上的那幅"大将军八面威风"的大字红联。为了显示船主家的

虔诚与日子的殷实,各家就像比赛似的恭请村里的老先生把字写得越来越大,让人从老远就能看见,以博得大家的赞赏。维护了一冬的渔船此刻显得更加英武、威风,还真像是正等待着一声令下立刻就率兵出征、搏风斗浪的大将军似的。望着自家被整修一新的渔船,渔家人此时心里充满幸福,脸上流露出与众不同的自豪感。

除夕夜,那可是小孩子们最活跃的时刻。天一黑,就有小朋友三五成群地去东家高喊大柱子哥、到西院催促小凤姐快点儿出屋。街筒子里,一串一串的火亮在晃动。一会儿像一条游动的长龙,一会儿又像天上的星星那样飘忽眨眼。那就像比赛似的一声比一声高的:"打灯笼发财了,金马驹家来了;大元宝二元宝,叽里骨碌往家跑!"的喊声在夜空中飘荡着。

子夜时分,在屋里围着炉子守岁的人们再也坐不住了,他们要抢在新年到来的第一时刻,为最亲近的人送上祝福。晚辈见到长辈的第一句就是:"你老过年好啊。"看到自己信服的驾长就说:"你家今年保准还能打个头子网。"人们相互寻找街坊邻居,特别是要找曾经发生过争吵的那些人,老远一声真诚的"哥哥兄弟过年好啊",大家的脸上立刻就像开了花似的,几双厚实的大手紧紧地攥在一起。早前的那些恩怨、不愉快的事情,一下子全都扔进村前的大海里去了。

浏阳鞭炮的脆响,大雷子、二踢脚的劲爆,钻天猴儿的呼啸,五颜六色的烟花与孩子们拍手跳脚的欢叫,以及大人们的欢呼声,此起彼伏,在岁末年初的寒夜里连成一片。那种祥和喜乐的亲情、友情,真是难以言表,让人感受到春意融融,乡情浓浓。整个村庄此时都沸腾起来,把古老的庄子过大年的欢乐气氛推向高潮!

渔家填仓节

姜茂树

填仓节由来已久,是古时的人们为了祈求丰收、粮食仓满囤流能吃饱饭而逐渐形成的节日习俗。据说,正月二十五日,是仓王爷的生日。这天人们举行各种祭祀活动,以盼望五谷丰登,风调雨顺,吉祥幸福。宋代的孟元老在《东京梦华录》中记载:"正月二十五,人家市牛羊豕肉,恣飨竟日,客至苦留,必尽而去,名曰填仓。"清代潘荣陛所撰的《帝京岁时纪胜》中也记载:"(正月)念五日为填仓节。"届期,人们或饱食以表示填满了仓,或用草灰等围出仓的形状,在其中放些粮食以示仓满,或祭祀仓笼之神,以祈一年粮丰仓满。这也是在春回大地,阳气上升,喜气洋洋的正月里举行的一个祭祀天地的活动,体现了人们期待能过上人财兴旺的富足生活的美好愿望。

我小的时候家乡神堂村过填仓节,有其自身的特色。听村里老辈人说,那是当年"燕王扫北"时调集了大量的移民,人们从各自的老家带来的乡俗,随着岁月的推移,大家把各自家乡不同的习俗融和在一起,又加以创新就形成了新的节日习俗,流传下来。

我家过填仓节的前一天晚上,奶奶早就做好准备。转天清晨,鸡一叫,爸爸就起来打扫街院、拾掇屋子。我们这些贪玩爱睡觉的小孩子,在妈妈的催促下,也都乖乖地起来。奶奶说,从小就得让孩子们养成勤劳的习惯和感受渔家人过填仓节的那种心情。

妹妹帮着妈妈、婶子刷碗洗筷子、往灶坑里添草烧火。红红的火苗,舔着黑乎乎的锅底,蹿出灶火口,饭菜的香味,就在堂屋里飘荡着。

我和弟弟跟着爸爸去挑水。围在井边的大人们自觉地排成几溜长队,他们挑着装满水的水筲,互相打声招呼就急匆匆地往家里走。爸爸挑着水筲一边迈着快步,一边催促我们紧跟上。弟弟喊慢一点儿,爸爸却说这时候挑水不但不能慢,反而还要加快,这是老祖宗留下来的话嗑儿。哪家在太阳还没出来之前,把大缸、小盆都"添满"了,就是把这一年的喜气、财气、福气全都挑进自个儿家里来了。因此,大家都想抢先,讨个好运气,所以我们就得快点儿走。

　　太阳刚一冒头，村里就热闹起来。几乎是同一个时辰，奶奶带着孙子、孙女们，端着盛满草木灰的土簸箕，先在自家院中扫干净的地上画一个大圈儿，旁边再画几个小圈儿，然后抬头望着天，面向大海说，这是我们家的粮食囤子鱼货舱啊，老天爷、龙王爷快给填满了吧！说完，就开始往大圈儿里撒五谷杂粮；往小圈儿里放晒干的小鱼、虾蟹等。接着，奶奶猫着腰沿着圆圈，一边走着、撒着，还一边教我们学她的样子使劲儿地喊："填仓了，填舱了，粮囤子流来鱼舱满喽。"这时，在屋里忙活饭菜的妈妈、婶子听见外面孩子们的喊声，就把早已做好的"面龙"赶紧放进粮食缸里。奶奶说这是龙入粮缸，鱼米满仓啊。

　　吃过早饭后，村里就更热闹了。这一天全村人不干活，锣鼓可着劲儿地敲，人们尽情地耍飞镲、扭小车会、大秧歌。亲戚、朋友可以随便地来往，大家在一起聚会玩乐。

　　传统的填仓节，传递出渔家人祈盼让粮食满囤、鱼虾满舱，过上一年都不愁吃喝、红红火火的好日子的淳朴情感，也是渔家人自春节之后迎来的又一个生活高潮。

大神堂，二月二

姜茂树

农历二月初二是龙抬头的日子，在渔村也是一个重要节日。大神堂虽与北塘同属滨海地区，风俗却不尽相同。渔家人祖辈驾船在大海中闯荡，特别信奉崇拜龙，都想把勤劳的龙子龙孙引领到自己家中供奉，以求风调雨顺，四季平安。所以，自古就有请龙和送龙，也称领龙的习俗。

龙离不开水，传说请来的龙神被安卧在各家的水缸内。渔家人担心这样再勤劳的龙神也会变懒，因此一年过后就要把旧的送走，领进新的（也叫勤龙）。二月二那天天不亮，奶奶早早就把我们都叫起来，洗净手脸跟着爸爸、叔叔，端着草木灰来到水井边恭请新龙，并撒一溜儿草灰至家里水缸边，这就是把新龙领进家中了，然后又让我们把懒龙领走。奶奶说这叫勤懒替换，必须保证勤龙留在家中，让我们不要学懒龙、做懒龙，人要是懒了就会啥事也干不好、做不成。于是，我们把缸里的水淘进水筲，先围着水缸转一圈儿后喊着："懒龙出窝喽、懒龙出窝喽……"随后抬起水筲向屋外走去，一路用水瓢连续不断地洒水，还不停地重复念叨着："懒龙出窝喽、懒龙出窝喽……"一直走到街前的大水坑边，把水洒进坑中，这样就是把懒龙送回老家去了。

为了让子孙记住要学勤、莫学懒，神堂的老辈人还想出把凉粉切成像龙鳞样的扁块儿，用煎焖子的法子来表示对懒龙的惩罚，督促它尽力驱风压浪，保持大海安宁，保佑渔家人平安。煎焖子最为拿手的当数杨驾长。他把用石磨推研极细的玉米淀粉先熬成凉粉，再把平底锅抹上油，慢火煎到双面微现焦黄。煎好的焖子盛到盘子里趁热浇上麻酱汁、蒜泥、香油、醋等作料。最后，经杨驾长点入些许纯正的虾油煎成的焖子，那种凉粉的筋道、海鲜的串味，咸淡适中清香爽口，让人吃过便回味无穷。不但深受本村人的喜爱，也有附近村庄的人，特意前来品尝这独特的虾油煎焖子，由此也就留下一句口头语："杨驾长煎焖子，离不了神堂的虾油"。

渔家人相信"龙威大发"这句老话儿，所以这一天的食物多以龙为名，面条叫龙须面，

米饭叫龙籽,饺子叫龙耳朵。尤其是这天家家包饺子、人人吃饺子。据说,在那个相当落后的年月里,吃了被叫作龙耳朵的饺子,撑船出海的人便能闻听八面来风并感知风力的大小,以决定是否继续生产还是回港躲风。

农历二月初二,是渔家人为了祭祀、祈求龙神保佑出海时人船平安、一网两船的民间节日。渔家人把朴实的愿望寄托在俗事之中,告诉后人要勤劳,不要懒惰,只有勤奋劳动,才会使日子过得更加红火。

敬祖宗

姜茂树

古人最讲究孝敬,儒家的创始人孔老夫子曾说,为人子者,对父母要事之有礼,尽孝道。常言说孝父母日日平安,敬祖宗年年发财。孝敬祖先这个传统美德自古以来,在乡村就一辈一辈地传承着。年三十,恭请祖宗和逝去的亲人们回家一起辞旧迎新过大年,是晚辈对先人的感恩和怀念之情的一种最真诚的行动,是百善孝为先的直接体现,它也是我家很严肃、很认真的一桩大事。刚一过了祭灶日,奶奶就开始张罗、操办起来,还安排我们也都跟去。说是让孩子们从小就应该记住,不能忘了祖宗,要知道如何祭祀祖宗的那些事情。

平时大家都很忙,一家人一年中有的也很难相互见上几回面。尤其是那些在外面干事又很忙碌的人,只有在快过年时,才急急火火地赶回家来。一大家子团聚在一起,其乐融融,笑语欢声在老屋中回荡着。只有这个时候,家族中的人员才最齐全,也是敬祖、祭祖的好日子。记得小的时候,年三十的早晨4点多钟,我们就被叫醒。迷迷瞪瞪地揉着眼睛,来到堂屋一看,奶奶早就在那里忙活着呢。她拿出新肥皂、新毛巾,一边不断地絮叨着让我们反复地搓手、洗脸,换上新衣服、新鞋袜,戴上新帽子,就连那些用具也要擦扫一遍,说是要干干净净地去见祖宗。一边吩咐把早就准备好的贡品拿出来,叮嘱着要把握好时间,在太阳刚一露头儿时,就把祖宗请到家。这叫跟着祖宗迎着日头(太阳)走,一年四季的鸿运、吉利也就全都有了。

请祖宗的时辰,是家族中的老人们根据以往的经验,早就约定好的统一行动。几十号的人拿着大包小裹的贡品,和同去祭祖的乡亲们走在拥挤的村路上,大家互相拜早年、祝福、说笑那场面也是乡村中一道特有的风景。

到了墓地,在祖坟前一块稍微平整的地方摆好贡品。三爷、二叔、大哥等忙躬身敬酒。四叔、三哥点燃冥纸。我们这些小孩子们吵吵嚷嚷、追逐着放鞭炮。大伯指挥众人跪倒磕头,大家一起念叨着:接老祖宗们回家过年喽,接老祖宗回家团圆喽……

　　此刻，天寒地冻、冷风飕飕地吹着。可大人们都说，心里是热乎的，感觉到好像是正在与祖宗对话呢。祭祖，这是对祖先虔诚的朝拜，是心灵对根脉的呼唤，也使我们这些健在的人们之间的情感，得到了很好的沟通。

　　请祖宗回家过年，这也是一种道德的教育——让后世子孙不能忘记祖宗。试想一个人如果连自己的祖先都忘记和不尊重，那么他还能真心地去爱与帮助别人吗！

　　眼下过年的习俗，正悄悄地发生着变化。随着殡葬管理事业的改革不断深入，那些过年时请祖宗的旧仪式，也被逐渐融入的现代社会流行的新风气所代替。但无论怎样的变化，存留在心底里的那种传统的对祖先的敬畏、对团圆的期盼、对亲情的眷恋，我们是永远也不能改变的！

神郎赶鱼的传说

姜茂树

在旧时的神堂村,按照老祖宗流传下来的习俗,每当大年除夕的夜晚,全村男女老少按家族姓氏排队,敲锣打鼓,手持火把、灯笼,到村前的海神庙里祭拜。祈求神灵,在来年的光景里佑护渔家,能遇上一个好网水儿(渔家俗话儿,就是好年景的意思),人船平安,鱼虾一网两船。

人们第一个虔诚朝拜的就是赶鱼郎。

这赶鱼郎,身穿海昌蓝色的衣衫,张着大嘴,左胳膊高抬到脑瓜门子的前上方,手搭凉棚,目光出神,有着一种特殊的洞穿力,似乎要看透整个儿海底;右手紧攥着一把明光锃亮、细长尖齿的大鱼叉子。他面向大海,裤腿儿高卷到簸箩盖儿以上,光着那双天生就适应游泳的大脚板子。俩腿一前一后叉开,身子前倾,准备随时都会奔向大海的样子。

赶鱼郎原名小二哥,生来身板儿就很单薄瘦小,皮肤黢黑,腿短、胳膊长,小眼睛,尖头顶、阔嘴咧腮,长下巴,脑袋像个黑枣核儿,整个身子上长下短,很不合乎正常人的身形比例。别看他清瘦弱小,相貌不扬,心肠却很善良。

他是南海边的一个渔家儿郎,从小就跟着爷爷、爸爸、叔叔们在船上摸爬滚打,各种活计都很熟悉。驾船出海打渔,上岸补网修船,那可是一把行家里手。只因那一年,在撑船出海时,遇上了一场多少年来从未遇到过的、突然袭来的龙吸水的大天气。

那时人们不懂科学知识,遇到这种天气只能烧香磕头,祈求上苍。其实这是一种自然界的冷暖气流相遇形成的气旋虹吸现象,现代科学叫做龙卷风。它的破坏力很大,所经之处会造成重大灾难。

龙吸水席卷而来,所有没来得及躲避的渔船,锚缆崩断,网破船毁,渔民们都掉进了大海。小二哥凭着年轻力壮,水性好,身手机灵,拼命地在波涛里挣扎。

一拨儿接一拨儿的鱼群,嗅着气味快速地游过来,眼看就要被饥饿的鱼群吃掉。幸好海神娘娘巡游路过，大喊一声喝退鱼群，将他救起并收留。从此，他就成了海神娘娘的侍童，与海神娘娘朝夕相处，形影不离。自从海神娘娘被渔民们从大海里恭请到岸上的庙宇中，他也就跟随来到这里。

日子一长他发现，这地方的渔民在海中撒网打鱼很不容易，常常是费劲不少，可打上来的鱼货却不多，这到底是咋回事呢。于是，就偷偷跑到海里去观察。

经过细心查看，他才知道这里海浅水浑，大的鱼群上不来。小旧的渔船远一点儿、深一点儿的地方又不能去。那些渔网也很破旧，而且还有一种难闻的血料味儿。鱼群只要一闻到这股特殊的气味，就慌张地四处逃散。

小二哥终于弄明白了原来是这么一会事儿后，就下决心要为渔民们引诱、轰赶鱼群。他利用跟着老家的渔民学来的经验，和随从海神娘娘在大海里不断地东奔西跑，炼成的一身特殊的浪里穿行的好功夫，赤手空拳地一会儿钻进水里，一会儿又跳出海面，在浪波中飞奔。追堵、轰赶那些鱼群进网。

海神娘娘有时发现侍童不见了，很奇怪。她知道，这小二哥一向是懂事、听话，从不贪玩儿、乱跑的，可他又到哪儿去了呢？经打听才知道，他每天都要到海里，为渔民去追赶鱼群。海神娘娘很高兴，不但没阻拦，反而还特意求人为他打造了一把尖齿的长杆儿渔叉，并鼓励他要常去帮助那些渔民们。

于是小二哥每天就拿着这把鱼叉，风里钻，浪中游地去为渔民们追赶鱼群。

自从得到了勤劳、善良的小二哥帮助，渔民们每天出海打的鱼货就越来越多了，日子也就逐渐地好过起来。大家都十分崇拜、感谢他。渔民们常常聚坐在一起合计：这小二哥整天为咱们追鱼、赶鱼挺辛苦的，我们不能再叫它小二哥了，就叫他赶鱼神郎吧。

于是，赶鱼郎这个名字从此也就代替了小二哥，受到渔民们真诚的躬拜。

渔家升纸

刘翠波

除夕之夜,渔民们来到海边的船上敬香焚纸祷告,然后洒酒放炮,这种祭祀仪式滨海地区渔民俗称渔家升纸。

升纸的习俗,据说源于当年姜子牙封神榜时忘了自己,除夕大年夜时诸神归位,而姜子牙没有了去处,他便去看守天灯。姜子牙把老婆封了扫帚星,扫帚星挨门串户找姜子牙回家过年,人们怕她闯进自己家里带来厄运,便在家门口放上芝麻秸,等到三更天时,全家人一起烧神码升大纸,借此祛除厄运祈祷一年平安。这种习俗在渔村里延传了很多年,村里乘船打鱼的汉子们除夕夜还要上船祭祀,祈求新的一年风调雨顺人船平安收获满满。贴船对和升纸,是目前天津滨海渔民仍然还保留的传统文化节日活动。

听村里的老人们说,渔家升纸在蔡家堡虽然已经流传了很多年,但在"四清运动"时按封建迷信活动被禁止,在实行"承包责任制"后,渔民们又自发地恢复了这种活动。

我第一次参加升纸是在1984年。那是改革开放后,三哥在冬天操持家里簰了新船,三哥的老丈人也是合伙人。做了一辈子渔民的亲家爹,他对渔家生活非常了解,那年是他领着我们一起去升纸。

除夕夜的晚上快到10点钟了,我们在亲家爹的操持下带上祭品从家里出发,到海边停船的船场。亲家爹走在前头提着点亮的"气死风灯"(马灯),二哥和三哥搬着酒和鞭炮,四哥抱着香烛和黄草纸,亲家爹让我扛了一只大号的桧子(一种捕鱼工具)。一路上,有许多同行的养船户。村子里大队干部和后勤人员组织了飞镲队也来到了码头上助兴,公社里的领导为了防火安全,派来了多名值班的人员。

我们来到了自己家的船上,亲家爹先找了一个高处把灯挂上,它就像一盏在大海里的渔灯,把船上照得有了光亮,然后吩咐大家在船头点燃了香烛与黄纸,再拿起酒瓶子洒酒,这时哥哥们有人洒酒,有人放起了鞭炮。亲家爹则让我拿起桧子站在船边,从船头到船尾做着捞鱼的动作,嘴里反复叨咕着他半路上教我的话:一网银,二网金,三网

捞上聚宝盆。

这时,四面的鞭炮此起彼伏,礼花、窜天猴带着五彩的光焰在船场的上空闪耀,浓烈的酒香掺和着刺鼻的火药味弥漫开来,人们陶醉在盛大的渔家节日里。

自从我上船做了渔民,升纸的活动年年都去,并留下了几张珍贵的图片。然而,随着蔡家堡村整体移居后,也或是人们对于传统文化的意识越来越轻淡,升纸的传统味道在悄然改变,声势也在逐年减小。搬到城里的渔民由于交通问题,以及这种存在防火安全隐患的文化活动,我想可能延续不了几年了。

由于历史原因,天津滨海渔民的许多习俗是一样的。北塘的老渔民们还记得当年有跑火把的习俗,在大年三十子夜时分,老北塘的渔民们点着用绳子捆好的芦苇把子,由两个人扛着,在铜锣开道神旗和纱灯导引下,渔民们串街越巷跑遍镇上的个个寺庙,届时各庙大门洞开明灯高悬迎接火把,船主们依次在各庙虔诚地进香,然后跑到河沿,绕着自家渔船边跑边喊大将军(大桅)八面威风,二将军(二桅)开路先锋,船头压浪舵后生风,等等,直至火把燃尽,好热闹的孩子们也会跟在后边。当每只船家点燃的两支火把,成百上千地一齐出动,把渔乡的除夕夜照得如同白昼,犹如龙腾蛇舞热闹非常。

这种跑火把的渔家习俗,我在村里一直没有听老人们说起过,估计它在蔡家堡早已失传了多年。

钧沉篇

汉沽寨上兴隆街风情

刘硕民

　　津东小镇汉沽，解放后经历了 40 年风雨艳阳，遭遇了世所罕见的大地震，又经过奇迹般的重建，终以崭新的风貌屹立于运河两岸，成为一座拥有 10 多万人口的美丽新城，一颗渤海湾上璀璨的明珠。

　　历史犹如一条绵延的河，不断地向前流动，四五十年前的汉沽世俗风情到底什么样？我们应该追忆一下，为研讨源远流长的地方史添点可寻之迹：抚今追昔，还可以体察今天的家乡巨变确是来之不易。

一、兴街小景

　　"营、寨、汉，寨上占一半"，"上有天堂，下有苏杭，数完北京，还数我们寨上"。人们都偏爱自己的家乡，把寨上比苏杭，不过是当年寨上人自己拔高、取乐而已。但当年的寨上称镇最先，人口超万，肩挑营城、汉沽而居中央，确是南北通衢的中心重镇。

傍近蓟运河的一条兴隆街，北接盐场码头到汉沽，南至秦家台，杨家寨上而奔天化、营城，一条炉灰土路只能顺行一辆大车或马车，窄窄的街筒，两旁排满了店铺，著名的有：双元兴食杂货店、钩发合绸缎庄、海北春饭庄、玉生堂、荣庆堂中药店、仁德四药房、义昌印刷局、德新池澡堂、共和戏院、小朋友文具店等，商业曾经红火一时。

兴隆街和牌坊街交叉的"道口"，是个多年的市场，是寨上的"天桥"南市"，地方虽然不大，但经常是白天人挤人，晚上有夜市。摆摊的、算卦的、卖野药的、卖艺的，也是热闹得很，吴桥马戏来时就设在杨家寨上东头广场，皮影则在福神街或娘娘庙街搭台演出。

最有特色的要算街头小吃。

人们为谋生，念起了各有所长的"生意经"，馃子炸"四劈儿"的，什么油酥火烧夹肉、缸炉烧饼、灌肠、大饼油条之外，还有一摊挨一摊的煎焖子，炸、煮丸子，肉饼，肉馅火烧，秫米茶汤，素包，五香大乌豆，肉包，烧麦，烧鸡，熏猫儿（兔），熏鱼，炝虾，熟螃蟹，熟对虾。

最突出的要算萧家的豆腐脑儿。白嫩嫩的脑儿加上红彤彤的对虾卤儿，真是色香味俱佳，远近闻名，别处没有。生的海鲜鱼虾的簸箩摆成一排，卖茶汤的把式，左手端着4个碗，右手推喷着响笛的、足有几十斤重的大铜壶，——冲熟淀粉，而滚烫的水绝不会溅到手上，让吃客们赏心悦目。纷杂吆喝声中还夹着咚咚蹲签声和抽签的呼天喊地叫点声。串市的人们口袋里钱大都不多，有人空着肚子图侥幸也要抽几把，结果烧鸡、肉包没得到，吃摔子面的钱却输去了。

更有铤而走险者，在年节的闹市上围摊押宝，输得昏天黑地，全家饿肚子。还有高丽人开的白面（海洛因）馆，张文增的土膏（鸦片）店，毕氏弟兄开的小押（当铺），又一村胡同的妓女院，缩肩驼背骨瘦如柴的白面鬼，则是小镇的疮痍；横冲直闯的日本兵，到处乱嗅的日本警犬和特务，则是小镇殖民地化的标志。夜深人静，由日本1480部队院里，东洋化学厂河边小屋（刑讯室）中传出来的凄厉的叫声，则显示了小镇人民的灾难、愤怒、反抗和挣扎。

在日本侵华的1940年前后，我在道口亲睹过两件事，至今历历在目：一件是伪"五分所"的警察，拿了小贩两只大螃蟹就走，小贩说了句："老总，小买卖不容易……"警察回头一脚把螃蟹笸箩踢翻在地，扬长而去。另一件是穿东洋服（协和服）的日本男人，抓起一个十一二岁小孩卖的馃子就大吃起来，然后拍拍口袋表示没钱，只见小孩竖起姆指说："太君你的真好，真你妈的缺八辈德……"日本人一边点头大笑，一边"哈依，哈依"地走去。

二、听书看戏

汉沽人爱听书看戏。1940年通电灯,可买得起电匣子(收音机)的人凤毛麟角。当时总的文化娱乐,除年节的花会、庙会,有钱兼而有闲的人打麻将、斗纸牌外,人们的兴趣大多集中于听书,看戏。

寨上的书馆就有过几个:兴隆街义昌印刷局隔壁的书馆,在20世纪30年代就有艺人张田树说唱西河大鼓,兴隆街南头(后改大东饭店)书馆,牌坊街东头路北(又一村胡同南口)书馆有男女艺人换演。夜幕下垂,牌坊街"道口"露天摆摊的说《济公传》《聊斋》,如遇路灯停电,摸着黑围着听书的不乱不散。

喜看落子、蹦子(评剧的前身)的汉沽人则是不分老幼,自有评戏以来,就在汉沽生了根。20世纪三四十年代,甚至有些不识字的家庭妇女也能哼两口。

清早,共和戏院的戏报,在兴隆街南北头一贴出来,马上就引来路人议论。共和戏院几百座位常常爆满。20世纪30年代初,汉沽庄也在国家庄建了戏院(泥皮墙,条凳)唱上了对台戏。40年代初停业。

许多年来,在汉沽反复上演的评剧剧目,约在百个以上,"产地不如聚地",说汉沽是评剧的聚集之地是当之无愧的。

那时,三通锣鼓后,先演"帽儿戏",观众或陆续入场,或嗑瓜子谈笑,正戏(如京的大轴)开锣,角儿(坤角主演)出场,或一阵声或众口敛声,专心看戏。侯宝林说"卖瓜子、水的走来走去","飞手巾把",都不是言过其实。

除评戏之外,寨上、汉沽两戏院也演过河北梆子,偶尔也演京剧。汉沽戏院京剧演得较多,"清洁事务所"演出过京剧《法门寺》,长芦盐场演过《赶三关》《黄金台》《四郎探母》《失空斩》,小学校在儿童节出游艺节目。汉沽吴挂元、寨上杨宝全在三四十年代初就说相声,寨上小学还演过话剧(当时叫文明戏)《贤妻良母》,化工厂演过话剧《祖国的秘密》《沉渊》。

当年戏院是点"汽灯",坐旧条凳,夏有蚊蝇,冬无暖气。除名角、"正戏"外,布景、行头俱是灰灰颓颓,书馆更是狭屋窄凳,空气混浊,光线阴暗,烟气熏人,与地震前的"曲艺馆"远不能比,和今日现代化的汉沽影剧院相比更不可同日而语,且不要说和现在人们可以坐在家里电视机或录像机前听书、看戏,欣赏节目的安逸派头相比了。

三、花会

正月十五闹花灯是全国古俗。汉沽有自己鲜明的地方特色,既耍龙灯,也耍篓子灯。两条龙,一红一绿,龙身上吊燃许多蜡烛,节节通明,二珠引龙,二龙戏珠,首尾旋腾,

（四）扫堂庙会：农历四月二十八，家家带来扫堂娃。六七岁小孩，都由家长带到娘娘庙扫堂。叩罢头，烧一柱香，向"庙中"（管事人）交香钱。一生搞一次，意在祈求终生平安。扫堂盛会除管宙、庙人外，大得"神利"的要算庙前赶会的剃头师傅，小孩剃头头顶要留个圈（人们戏称老道尿盔子），剃马（原文是马，我怀疑是头？）师较平时头要利市三倍。

（五）戒烟公所：20世纪30年代前，汉沽、寨上都设有戒烟公所，这里正殿供一个带花环的神像，不识何路尊神。戒烟公所也称"在理"，信士弟子交一定费用，吃一顿宴席，发誓终生与烟酒绝缘（包括鸦片、纸烟、旱烟、水烟），但可以闻"鼻烟"。

此外，汉沽地区尚有"三官庙""福神庙"，沿海有大小娘娘庙（疑为"天后"即"妈祖"，是海神）、铁神庙、火神庙。寨上、汉沽还有崔、李、张等大姓的家庙，还有乡俗传奇神话：关公磨刀、老母奶奶、灶王爷、兔儿爷的生日，"二月二"引龙，正月剃头妨舅，七月十五鬼过年之类，至今仍有不少老人记得一清二楚。

五、逸事点滴

汉沽傍蓟运河，靠京山（铁）路，南滨渤海，东出雄关，西望京、津，渔盐稻菽丰腴，说是人杰地灵之地，该不算夸张。近代能人、趣人、巧人逸事当有不少，但人们多年来各谋生计，各走蹇途，相聚相知者少，"老死不相往来"者多，即有奇闻佳话，也难传播。笔者生来也晚，孤陋寡闻，谨为小缀，意在引玉。

小学生罢课，罢掉了校长，这在全国怕也是新鲜事：20世纪30年代前后的汉沽小学，教师吴伯元思想、教学方法较新，"师道尊严"较少，对男女生"森严"界线比较开放，独怒守旧的校长崔星垣，学期开始，意对吴老师不续聘，这事引起高年级学生带头罢课游行，惊动了社会，宁河县政府派督学查处学潮，竟不得不屈服学生压力，撤换了崔星垣，代之以崔正之（崔正之为避争权之嫌，后来辞去校长职务，仍让崔星垣干）。

唱八路歌：解放前汉沽小学教师，竟教唱《读书郎》《二小放牛郎》等歌曲，国民党驻军一个军官在看打篮球时听到歌声说："学生怎么唱八路歌？"

大胆的调侃：汉沽人刘文忠，幼时出身富商，20世纪20年代唐山丰滦中学毕业，家境衰微后在渤海工厂当职员。后因不得志，摆烟摊、粮摊谋生。他喜诙谐，在汉沽中门万玉成食品店门前"雨搭"下和"兴发"号台阶上常和张洪志、崔锐夫等人谈天，时而妙语连珠，使人忍俊不禁。抗战末期，日寇进犯洛阳，刘说："日本这国要完了！"人悄声惊问其妙，刘说："日中人自称太阳之国，打的是太阳旗，而洛阳牡丹冠天下，草必盛，洛阳加草头，落阳也。"解放战争时，蒋介石曾任命卫立煌为"东北剿总"

有锣鼓铿锵。有锣鼓瘾的跟着龙,不断倒班敲打,遍穿各街,兴头来时直舞到午夜三□。年景稍好,营、汉、寨都舞双龙。而篓子灯,则是迎合人们文化素质低,迷信色彩□,搞的"五鬼闹判"。大判和五鬼头面分明,灯火辉煌,活灵活现。家家都用准备好□炮迎头痛崩,直崩得众鬼判"脚上擦油"伴着鼓乐一路蹦跳而去。人们因驱鬼胜利□欢喜。

元宵花会一闹3天,有时5天,未到正午即人声鼎沸,一拨接一拨的花会,出□异的喧天鼓乐,开始如潮涌般地在街里流动。有小车会、古典大秧歌、旱船、跑驴□狮、高跷、罗汉、飞镲、竹幡等。高跷、狮子数寨上的拔尖,高跷有劈叉、坐地、□鹞子翻身的绝活;狮子也有啃、逗、跑、跳、舞、直立走的鲜招。汉沽罗汉会8人□可叠上几十人,"单挑"能上7层,穿红挂绿的五六岁小孩当"罗汉尖",举上最□一旦跌落,必有人接住。竹幡(一根近10米长的粗大毛竹上书有"保安胜会"字样□能手李振山(退休键在)能把一杆大幡玩得旋转如飞,上肩、溜背、挎肘、嘴叼、□落肩、落脚面、左右倒手回身转,常引起人海发出喝彩的欢涛。营、汉、寨成群□玩"飞镲",连敲带舞,姿态万千。各类花会都有鼓乐套路,从教师、职员这些□到目不识丁的壮汉,甚至10来岁的孩子,都能够敲打"斗龙""高跷""大秧歌"□都能抄过大镲左右开弓、上下翻飞、过顶、抬胯、反背、下蹲,表演一番。

那时,人们奔波劳碌,一年到头好不容易盼来一次苦中乐。

四、神俗

历史上人民往往不信官,只信神,人们长期编织和信奉着一个天国的群神信□

(一)家家观世音:又称观音大士,价称"老母奶奶",几乎家家供奉,逢年过□升烛、烧纸、礼拜、放鞭炮,以求"四季平安",对联是"白莲台上济世佛,□观世音",横批是"慈航普渡"。

(二)灶君:俗称灶王爷,农历腊月二十三送灶王,希翼他"上天言好事□客气地拿糖瓜粘他的嘴,意在不许他上天瞎白话,对他的题联是"上天言好事□吉祥",横批"一家之主"。

(三)景钟山进香:秋风肃杀、霜降临冬,平时因病、因求"贵子"而许愿□都要去汉沽东北百里之外的景钟山顶峰大庙拜佛还愿。临去之日,寨上娘娘庙□法会相送,香烟缭绕,法鼓齐鸣,还愿者结队赤背跣足,身背马鞍,口衔马嚼□像跑拜辞神,意在此去给佛祖做牛马以赎自身之罪。庙会人山人海,最后三呼"阿□游行出发,有的人经一番寒冷折腾,从景钟山回来弄了一场大病,"贵子"也□

总司令,范汉杰为副总司令,刘文忠说:"东北二将必败无疑。"听者请解释,刘说:"蜊蝗是东北特产,他去喂蜊蝗(谐卫立煌)有好吗?人吃五谷杂粮没有不出汗的,那位犯汗截(谐范汉杰)更没救了。"

名厨芦子洲(寨上人)在天津为某阔老掌厨,请贵客点菜,来客知他是名厨,戏说:"怕你不能做。"芦说"请试一下看"。来客说:"你的饺子好吃,不知能不能做出一个饺子又能吃饱,又要一口一个?"芦下厨房准备好三鲜馅,上个三四斤重大饺子端上来,说"请吃饱"。来客说"你错了,我还要一口一个"。芦子洲把饺子皮扒开,里面上百个小饺子露出来。人们问他,何以能蒸透?又何以互不沾连?芦笑而不答,事后帮厨人泄底,先把小饺子蒸熟,然后再一一刷一层香油,做一大薄片把小饺子合围其中,上锅蒸皮熟即出锅。

日寇占领时,学生上了高小也是懵懵懂懂,只学点奴化课本知识。一般教书先生,只知照本宣科,一般不敢多涉世事。寨上小学高小语文教师郑安国教课大部时间讲"五四"新文化运动,讲历史上名士英雄,讲鲁迅、林则徐、詹天佑……每每启发学生思考社会,多读多写,他出的作文题"街头小写",要同学们"把眼光放开,观察街头,观察社会"。作文题"怎样养成多读课外书籍的习惯",一再提出课堂的知识是有限的,他教的学生大多喜爱看文艺书,喜欢鲁迅,巴金……

作家崔椿蕃与《盐民游击队》

郑万友

由汉沽盐场文学创作组集体创作，天津著名工人作家、汉沽盐场报编辑崔椿蕃执笔的、出版于1973年的长篇小说《盐民游击队》，实事求是地说，是我们滨海新区文学创作的一个翘楚，它为当时的汉沽区和汉沽盐场赢得盛名。

《盐民游击队》的创作，可追溯到1958年。当时，全国掀起了"大跃进"运动和社会主义教育活动高潮。汉沽盐场很多老工人参加了本单位的"忆苦思甜"活动，用他们亲历的故事来教育年轻的一代热爱国家，热爱社会，热爱盐场，干好本职工作。当时，汉沽盐场党委及时地抓住了这一政治思想教育的有利时机，使"革命传家宝"的作用充分发挥。在此基础上，发动全场的老职工回忆座谈，并安排有文化的青工和学生做好记录。这些故事后经取舍，编辑出了40万字的《汉沽盐场史》初稿。

1960年，汉沽盐场组织了像崔椿蕃一样的"笔杆子"，对场史初稿做了修改，并将部分修改稿装订成册，发放到盐工手里，作为社会主义教育辅助材料。由于故事性强，受到广大职工的欢迎。

1965年4月，天津市委派孙振（雪克——长篇小说《战斗的青春》作者）等几位作家到汉沽盐场体验生活并协助工作，一是帮助文学作者提高创作水平，二是帮助写场史。在汉沽盐场党委领导下，天津作家和汉沽盐场业余作者组成了"三结合"写作小组。经过半年的对原场史的整理和对新内容的增补，写出了汉沽盐场新的场史《盐海风云》（文学版）初稿，交天津百花文艺出版社审阅。后因"文革"开始，此书没有正式出版。

就在天津作家帮助汉沽盐场写《盐海风云》的同时，汉沽盐场有了创作一部以盐区人民武装斗争为题材的小说，来歌颂党，歌颂党领导下的人民军队，歌颂无产阶级的英勇气概的想法。不久，此计划进入实施阶段。

编写这部长篇小说的崔椿蕃、李彭洪、徐洪兴、王建禹都是"老汉沽"，他们对旧社会盐区人民生活和斗争是比较熟悉的，因此写起来"有话可说"，得心应手。但是，如果不上升到一个高度，小说的厚重感就不足，文学价值也不高。为解决理论知识欠缺与思想认识不高的问题，创作组的成员学习了一些文学创作理论，阅读了一些关于抗日战争的书籍。执笔者崔椿蕃在一篇文章里对此事做了这样的描述：

通过学习，我们认识到：如果只写盐工、盐民的血泪史，就会造成哭哭啼啼，软弱无力；如果离开了党领导的以夺取政权为目标的武装斗争，只单纯写经济斗争（似乎不尽人意——笔者注）。所以我们选定的主题是：通过盐区人民在党的领导下开展抗日武装斗争，来体现"枪杆子里面出政权"这一光辉思想。也就是要塑造在抗日战争中革命盐工的英雄形象，表现他们如何反对日本帝国主义的压迫、屠杀和掠夺，粉碎敌人"以战养战"的阴谋。

在后来的创作过程中，创作组又意识到了一个新的问题，觉得"要塑造高大的革命盐工的英雄形象（严志诚——笔者注）靠自然主义的材料堆砌，或局限于某一个人某一件事是完不成这个任务的"。于是，我们在生活的基础上，对材料进行了选择和概括，"具体划分为三次：一次是趁敌人不备发动群众抢盐，着重表现严志诚能够正确贯彻党的政策；第二次是在敌人哨卡内，组织群众从盐沟里往外运盐，着重写严志诚能够发动群众，依靠群众，认真执行党的群众路线；第三次则是利用敌人驳盐的机会，施计把敌人调走，他们一面组织武装截击敌人，一面组织群众开沟破埝，把大批的盐船驶入渤海，从敌人手里夺盐回来，着重写严志诚的大智大勇"。

由于《盐民游击队》的题材新颖、情节生动，又"处在小说作品比较匮乏的'文革'期间"，一经问世，便受到了全国读者的热捧，并产生了广泛的影响，先后两次印发80万册。同时，黑龙江、北京两省市人民出版社将其改编成同名连环画（小人书）出版发行。1978年，辽宁省鞍山市曲艺团的李喜元将其编成30集的同名评书，由刘兰芳在广播电台播出（次年，刘兰芳播讲了由自己丈夫王印权编写的评书《岳飞传》，全国100余家电台广播，轰动全国，波及海外，并获全国评书一等奖——可以说，是播讲《盐民游击队》的过程，为她的艺术成长奠定了基础）。之后，在北京电影制片厂导演陈方千的指导下，崔椿蕃完成了《盐民游击队》电影剧本的创作。

长篇小说《盐民游击队》的构思、创作和出版，是集体智慧的结晶，更倾注了像崔椿蕃一样的作家和业余作者以及天津人民出版社编辑高维曦等人的心血，由此，这些人以及他们所创作的作品，将会永远被历史所铭记。

第一部写盐工的电影

郑万友

历史资料记载，在1966年到1972年的6年时间里，我国很多地方只放映过3部被称之为"三战"的电影，即《地雷战》《地道战》和《南征北战》，严格意义上讲，前两部还是"军事教学片"，只是为了让观众能看下去，才加了一点儿故事情节。

实际上，当时还有一部纪录片，在全国广大盐区特别是天津的两大盐场——汉沽盐场和塘沽盐场颇为火爆的，它便是有着"中国第一部反映海盐及盐工生活的电影"美誉的《海盐今昔》。

影片是从介绍我国著名海盐产区"长芦盐区"的汉沽盐场解放后生产开始的。电影中穿插着像《地雷战》一样的旁白，使得影片在跳跃和快速进展中显得"忙而不乱"。影片多次用对比的手法，对汉沽盐场盐的产量、盐工的生活以及工作条件进行了描述。通过鲜明的比较，使观众认识到，解放前盐民过着牛马不如的生活，是共产党解放了他们，使"盐驴子"般的他们告别了贫穷、凄惨的日子，过上了幸福生活。

影片对制盐生产工艺也做了详细说明。从电力扬水泵在大海里抽水，又通过一条条送水路将海水输送到巨大的储水池。一路上，海水借助日光的曝晒和海风的劲吹，不断蒸发，然后变成饱和卤水，再到制成盐……为观众推出了一个鸟瞰式的全景镜头，使其在较短的时间内对海盐形成的工艺流程，有了一个大致了解。为达到好看和教育的效果，影片引用了一些生产谚语，比如"晒盐没有鬼，全凭倒腾水"，"卤是盐的根，水是盐的娘"。此外，对盐在国家建设和人民生活中的作用也进行了介绍，使不了解海盐的人知道了盐是"化学工业之母"外，还有造纸、印染画布等用途。

《海盐今昔》的导演是曾红极一时的电影《黑三角》的执牛耳人陈方千。此人多才多艺，有文赞曰："在老一代的导演中，能像陈方千集导演、编剧、配乐为一体，实属凤毛麟角。"当时，参与了《海盐今昔》部分文案工作的汉沽盐场工人作家崔椿蕃，曾在一篇回忆文章里评价陈方千"天性乐观，待人热诚，同事、亲友们和他在一起总觉得

特别愉快"。

看到这里,有人可能产生疑问:是什么缘由,让一个如此有名气的导演,来到当时还不是繁华却有着荒凉之意的汉沽的呢?

答案是这样的。1965年3月,北京电影制片厂的导演陈方千和刘春霖、李广同受电影厂安排,来到汉沽盐场的盐滩生产一线体验生活。随着与盐工接触的增多和对生活的深入,陈方千等三人和随后来汉沽的北影厂摄影师郭亚克就有了"搞一部反映海盐生产的纪录片"的想法。在汉沽盐场和北影厂的共同努力下,1966年4月,大型纪录片《海盐今昔》公映。为感谢汉沽盐场在影片拍摄过程中的全力支持,导演特意在电影片头写上了"本片承汉沽盐场、塘沽盐场拍摄"几个醒目大字。片头之所以还有"塘沽盐场"四字,是因为影片里采用了塘沽盐场的几个场景。

《海盐今昔》所拍摄的时间,以及影片里所反映的时代,虽然距现在已经不近了,但在我看来,它仍然跟我们的生活、工作很近,是一部很好的教育影片,它的历史价值正如片中的解说词所言,是"一部阶级斗争史,一部盐工血泪史"。我常常想,在物质高度发达的今天,汉沽人特别是汉沽盐场的青年盐工,是绝对有必要好好地看一看。

电影《海盐今昔》主题歌诞生记

郑万友

想从前，肝寸断／声声血泪诉不完／常言道／驴上磨道人上滩／身上压着三座山／帝国主义狗豺狼／封建官僚更凶残／洋鬼子喝干盐工的血／灶户摘走心和肝／／想从前，泪不干／声声血泪诉不完／吃的是沙石老仓米／住的是滩铺不挡寒／病了没钱去医治／死了扔在苦海边／多少人家卖儿女／多少爹娘泪哭干／过去谁知盐工苦／只有渤海声咽咽。这首歌的名字叫《忆苦才知今日甜》，是在汉沽拍摄的第一部电影《海盐今昔》的主题歌。

1965年3月，北京电影制片厂派刘春霖、陈方千和李广同三位电影工作者来汉沽盐场体验生活。当时，正是汉沽盐场的产盐旺季，汉沽盐场担心几位北京来的文艺工作者受不了盐滩工作的苦累，便有意识地将他们安排到交通比较方便、生产条件比较好的一分场十四组。

没想到，北影厂的这三位同志迅速地融入到工人之中，工人干啥他们就干啥。盐滩的海风硬、太阳毒，他们的白脸很快被晒成了黑红脸。但是，他们似乎并没有感到自己有多累多苦，工作之余，陈方千还拉二胡给工人们听。6月份，北影厂又派来摄影师郭亚克体验生活。此时，4人已承担了北影厂"搞一部反映海盐生产的记录片"的任务。其实，电影文学脚本已在陈方千劳动之余创作完成，此时，他正根据大家所提的意见进行修改。一天，正在写场史的崔椿蕃来看望好友陈方千，却见他独自一人在盐场招待所院子里发呆。他一问，才知陈方千正在为《海盐今昔》配不上一首主题歌而一筹莫展。崔椿蕃劝他开心些，耐心寻找下笔写歌词的由头。

几天后的一个傍晚，崔椿蕃从家里吃完饭，到盐场招待所去看望陈方千。刚一进门，就被陈方千一把抓住胳膊，只见他手举着一张报纸激动地连声说："好东西呀！真是好东西呀！"原来，那是一张《汉沽盐场报》，副刊上的题为《不忘阶级苦》中的两句诗给他的创作带来了灵感，那两句诗是："谁知盐工苦，渤海声咽咽。"接着，陈方千又迫不及待地问崔椿蕃,汉沽人爱听什么戏。崔椿蕃告诉他,汉沽人喜欢评戏、唐山皮影戏和河北梆子。陈方千听罢,笑容满面,也不打招呼,转身走了。

是夜,陈方千的屋子里电灯亮到通宵,一阵阵二胡声透过沉沉黑夜传出窗外。崔椿蕃等人知道,陈方千此时已是心潮起伏,夜不能寐,正在如醉如痴地写着《海盐今昔》的主题歌呢。

片头歌和主题歌写好后,陈方千等人并没有请名家演唱,而是决定"由汉沽盐场工人业余演出队演唱并伴奏"。此后,电影主题歌进入紧锣密鼓的排练阶段,由于歌词贴近生活,曲调地域特色浓郁,很快就被演出队的队员们唱活了。随后的彩排和试演,证明了"文艺作品,好的内容必须配以好的形式"这句箴言的分量,在几场彩排演唱中,很多盐工都被感动得流下了热泪。

1966年4月,随着《海盐今昔》在全国盐区的正式上映,这首歌像长了翅膀的海鸥一样,飞遍长城内外、大江南北……

盐民支队
——汉沽盐区的英雄之师

郑万友

在汉沽，解放前的一支部队非常有名，家喻户晓，它就是"盐民支队"。一代代汉沽人之所以爱谈论和用文字记叙、描写这支队伍，应该缘于它是"家跟前的"一支英雄队伍，且带有浓浓咸味的"盐"字吧！

其实，从已知的历史资料记载，"盐民支队"这个番号存在的时间并不是很长。

日本鬼子侵占汉沽后，便对盐化和农渔资源进行疯狂掠夺。为谋生计，一些穷苦人结伙在汉沽至田庄的北宁（京山）铁路上扒火车东西。1942年春，家住杨家泊、双桥子、小神堂、大神堂等村的青年盐工、渔民和农民加入到扒火车的团伙。后来，皂甸人韩振福也加入进来并成为头目。其间，他们曾扒下几箱子机枪，按价折成小米"卖"给了我党领导的路南工作团。1943年8月，为扩大地方武装，中共丰玉宁联合县八区（海防区）区委书记武汉兴出面，将这些人组织起来，取名"飞行组"，由韩振福负责。此后，飞行组战斗力增强，声名鹊起，多次从火车上巧夺日军军火，为我党抗日武装部队提供了很多武器。

1944年夏，飞行队改名为"抗日民族先锋队"（简称"民先队"），陈振东为队长，后任命李景为指导员兼队长。1945年7月民先队编入丰玉宁联合县大队。日本投降前夕，县委决定在路南（北宁铁路以南）组建一支地方部队，经过精心筹备，队伍成立，取名"工人团"，政委由县委书记艾群兼任，副政委王克林，团长武汉兴，副团长王绍义。工人团成立不久，王绍义带领李焕文、张文有、王国章、李焕章、宇光、王德富、李连绥7人，在寨上街化妆袭击了从塘沽来寨上东洋化学厂（天津化工厂前身）执行任务的日本鬼子，夺得"三八枪"12支。这场战斗在汉沽影响极大，振奋了民心，助长了国威，后来（1973年）被汉沽盐场文学创作组写进长篇小说《盐民游击队》，并成为这部书里最精彩的一个章节。

1946年4月，中共冀东十八地委成立了冀东盐务管理处，工人团改称"盐滩自卫队"，

不久，张圻之（副团级）被冀东行署调任于此，根据上级指示，张圻之将盐滩自卫队与盐务处的警卫班合编为"盐民支队"。队长张文有、副队长李焕文，指导员毕长胜、副指导员李振武。盐民支队受盐务管理处直接领导。

1946年9月，盐民支队编入宁河县县大队，为第三连，连长孟庆祥，指导员李振武。为迷惑敌人，有时对外称"铁龙部队"。为粉碎国民党对解放区的经济封锁，1947年4月20日，盐民支队夜袭了傅庄据点，打开了盐区的外围通道；6月，摧毁了盐区内的九棚据点，打开了盐区的内部通道；7月，冀东军分区将盐民支队改为"盐务支队"，下设两个连，邢玉德任支队长，张圻之兼政委，黄宗轩为副政委。盐务支队受十三军分区和冀东盐务管理局双重领导。10月份，盐务支队在杨家泊村准备伏击敌人时，因行动泄密而遭到国民党多支军队包围，损失较大。冀东军分区立刻调整了盐务支队领导班子，郗凤春为支队长，张圻之兼政委。

1948年4月，出于加强海上缉私工作之目的，盐务支队与海卫支队合并，组建成"海防支队"，任命郗凤春为支队长，张东辉为副支队长，张圻之为政委（兼），黄宗轩为副政委。5月，为分片控制国民党当局的海上破坏，中共冀东区委将海防支队分置，恢复"盐务支队"番号，支队长为孟庆祥，政委张圻之（兼），副政委李振武。

1948年12月12日，盐务支队两个连和盐务管理局近百名局机关人员组成接收大队，在冀东行署长芦盐务管理局副局长、盐务支队政委张圻之的带领下，连夜从局机关所在地黑沿子村出发向汉沽挺进。14日队伍来到娘娘庙村，召开了滩区各保长和村民代表会，号召盐工保护滩田及设施，并留下部分干部接收滩田。当日夜，队伍赶到汉沽接收了芦台场署（汉沽盐场前身）。不久，遵军分区命令，将盐务支队二连调任秦皇岛，一连、三连随东北野战军第九纵队攻打塘沽新河。塘沽解放后，盐务支队改编为"人民盐警大队"。1951年11月和1952年4月，盐务支队分两批被编入平原军区和华北军区，战士们或随军南下，或转入国防建设。至此，这支被汉沽老百姓经常称呼为"盐民支队"的红色队伍完成了历史使命。

远去的谭家港

李子胜

戊戌年春节，我母亲在收拾晚辈拜年送来的柴鸡蛋时说，咱家住谭家港（港，读成jiang上声，卤水汪子的意思）时，街坊邻居家养的鸡鹅，都喂卤虫，那些鸡鹅吃了卤虫后，个个都是红爪子红冠，鸡的羽毛鲜艳漂亮，鹅的羽毛洁白耀眼，像从年画里飞出来的。这些鸡鹅下的蛋也不同凡响，蛋黄是橘红色的，很饱满，很有弹性。用海盐腌制出的咸鸡蛋、咸鹅蛋，都饱含丰沛的咸香浓厚的油脂。

谭家港位于滨海新区杨家泊镇西南，西北毗邻东庄坨村，东南挨着海辛庄村，没有姓谭的土著居民，大概是清代有姓谭的人在此开滩晒盐得名。谭家港也被人们称为劳改二队，或者二劳改队；后来又被称为大窝棚、五分场。

我最近读史料，搞明白了与我出生地谭家港有关的一段历史：1951年河北省公安厅从河北省监狱调来了3500百多名劳改犯，240多位管教干部，一个骑兵连，一个营的武警看守部队。在汉沽盐场技术工人（盐工称他们为"抱锨的"）帮助下，在杨家泊、谭家港、洒金坨等地恢复31副荒废盐滩。这些荒废的盐滩都是日本侵略时期，在1951年被人民政府正法的汉奸邵裕卿帮日本人开辟的，抗日战争胜利后盐滩遂荒废。

据《汉沽文史资料》记载，劳改犯们来到谭家港，因为没有足够的住房，临时从河北省各地调运红砖檩条油毡等物资，紧急搭建了临时住所。开滩工程开工不久，因为水土不服等复杂原因，劳改犯们有多人生病，病人先是身体削瘦，然后是严重腹泻，直至死亡，死亡的犯人一度增多，人心惶惶，影响了开滩进度。但疫情很快就被控制住了。恢复盐滩的同时，兴建了一座盐业化工厂，考虑到劳改犯们将通过劳动重获新生，盐化厂命名为"再生制盐厂"（后更名"新生制盐厂"）。

劳改犯们有时候会去海边的渔村干活，看守他们的战士们骑着战马，在堤埝上驰骋，威风凛凛。新生制盐厂南面，有个圈子，圈子里就是劳改犯们劳动的空间。朋友告诉我，曾经有个劳改犯成功逃跑。一个大风天，他在盐坨上劳动时，趁管教人员不备，钻进一

钩沉篇

卷苇席，滚落盐坨，看起来就像被风刮走的。不过几天后他主动回来了，说是想念家人想疯了，回去看一眼，回来继续改造。被改造的人员里，有个双桥子人叫唐紫园的，曾报工业救国梦想，在汉沽与他人合资建设了汉沽化学厂，解放前后对抗新政权，不肯为新中国工作。改造期间，认罪深刻，主持设计了新生化工厂。

1969年劳改犯撤走，几十副盐滩划归长芦汉沽盐场，他们建起来的新生盐化厂，更名为天津市东风盐化厂，隶属天津一轻局，生产卤块儿和液态溴以及金属镁。谭家港新生化学厂的历史沿革可以这样把握：

谭家港——河北省第二劳改总队（包含更生盐化厂、新生盐化厂）——大窝棚盐场——天津市风盐化厂——天津市汉沽区东风盐化厂——汉沽盐场五分厂——长芦汉沽盐场三分场。

1951年河北省第二劳改总队迁移至谭家港，修整日本人留下的荒废盐滩31副。更生盐化厂1952年11月建厂，1953年3月投产，当时叫河北省劳改总队化学部，1956年3月改称河北省地方国营汉沽新生化学厂。1969年是天津市东风盐化厂，1977年更名为天津市汉沽区东风盐化厂，改为第二化工厂的时间是1978年。

我记得，拉着卤块的马车偶尔慢悠悠从唯一的柏油路上出现，我们在路边玩耍的孩子们，看着满车如红糖颜色的卤块发呆，然后就闻到了一股呛人的怪味。大孩子从工厂里偷出一点点金属镁，我们就围在一起，点燃火柴，扔在白银一样的金属镁上，看着镁被点燃，噼噼啪啪燃烧，心中一片迷惘。

劳改犯们离开后，劳改队的管教干部们就地转业，成为了长芦盐场的干部，仍然在谭家港居住，谭家港形成了三个小聚落：新村、总队、新房子。那里的人们口音接近普通话，与汉沽本土口音区别明显。新村居住的几乎都是盐工和盐工家属，总队新房子住的都是盐场干部以及家属。

1970年，我就出生在谭家港新村原来劳改犯住过的宿舍里，那些宿舍被卤风剥蚀严重，红砖都失去了棱角，用手轻轻一刮，就满手红砖的粉末。可就是这样的房子，竟然在1976年唐山大地震中没有倒塌。而距离不远的东风盐化厂职工宿舍却震趴下很多新建房子，包括挨着盐工宿舍给我童年时留下深刻记忆的澡堂子。

小学同学和我说，那片叫做新房子的干部宿舍，地震时候只倒了一个烟囱，这些没有倒塌的房子还是1942年日本人入侵汉沽，疯狂开滩，大肆掠夺百里滩海盐时建的，尽管被卤风侵蚀40多年，仍然经受了唐山大地震的考验。这个说法也许缺乏依据，不过换个角度想，房子真这么结实，足以看出日本鬼子的狼子野心——也许他们就想赖在百里盐滩不走，才把房子建得结实抗震的。而我家居住的新村那十几排大风一吹就砖末飞扬的老房子地震中竟然也凑热闹般地安然无恙,就像不识水性的老人被卷入洪水后毫发无损地爬上了岸,确实更是个奇迹。后来有人用地震波理论解释这个现象,说新村的房子正好在地震波的波谷。地震当晚,我父亲的好友,一个红医来我家吃晚饭,他以前的习惯是,一定在我家住一晚才走,那天也是鬼使神差,父亲高低没拦住他,地震后的几天,就得知他在不远处的东庄坨村遇难了。遇难的地方距离我家也就两三里地。父亲每每用宿命的口吻讲起此事,让我很早就对生命无常有了恐惧的印象;我家同一排有个同学的姐姐,暑假去海边亲戚家,也被砸死了。那段时间,我们去他家玩,小伙伴们都提前嘱咐彼此,千万别在同学妈妈面前提他遇难姐姐的名字,哪怕是名字里的一个字。

日本鬼子8年时间从汉沽百里盐滩掠夺了200多万吨海盐,全部通过海运运回本土,长芦盐场的海盐,成了日本人生产武器弹药的工业原料。我猜想,他们也从谭家港掠夺了很多海盐吧。

谭家港在我童年记忆中,只有一条马路、一个医院、一个商店、一个书店、一个小储蓄所、一个澡堂子、一个工厂、一所学校,学校里每个年级只有一个班。那时,家家点的电灯泡多是100度甚至200度的,很晃眼,大半夜穿针线也看得清针眼儿。夏天时,因为大灯泡散热多,在家里,大人轻易不敢点灯,说一开灯就大汗淋淋。因为谭家港居民从不交水费电费,所以人们难免心生挥霍之意,家家如此,没人觉得不妥。这也是当年企业办社会的特色。

这里像个孤岛一样,随便站在新村周边的某个高处,就能看到水光闪闪的大汪子,大盐坨,以及驳盐沟的堤埝。

那里的人们,闲暇时间就是打鱼摸虾、捞卤虫。到了清明时节,新村的盐工们里会抡旋网的,就会三五成群在周末去盐沟边打鱼,因为盐沟里梭鱼很多,打鱼人只有收货多少的区别,没人空着手回家。新村周末的晚饭,一定是萦绕着浓郁的熬鱼香味。赶上住对门间壁的大人们凑在一起喝酒,孩子们就围着酒桌嬉闹,邻里之间成了一家人一般,让人们心生暖意。平日的早晨,就可以到周边的卤水汪子捞卤虫子。卤虫可以喂鸡鹅,虾子一样颜色的卤虫子晒干后可以卖钱。有的人勤劳,一年晒下的卤虫子能攒一麻袋,可以卖一二百元钱。小伙伴们玩游戏,玩急眼了,就会听见有的孩子打赌发狠话,"不服赌100块钱的!"我们这些孩子觉得,100块钱就是一笔多得吓人的巨款。敢于用100块钱叫板的孩子,很自信地认为抛出这笔巨款,一定能把对方叫呲(服软的意思)了,尽管双方都无处去弄到这笔巨款。

我父母的工作都和盐业无关,他们都在粮食系统工作,可我家却一直混迹于盐工宿舍,时间久了,自然也就被盐工们的日常生活同化了。我父亲热爱打鱼摸虾,他在家里时,

钩沉篇

总是和渔友一起熔化铅水，浇筑网脚子，或者用网梭子在院子里补渔网。我家也养了不少鸡，那些鸡吃了卤虫后好像很聪明，认识自家人。我放学回家，在外面闲逛的它们就伸着脖子低着头，向我狂奔过来，到我跟前就围着我打转，好像我身上藏了很多好吃的。

因为谭家港居住了很多长芦盐场级别很高的领导干部的缘故，这里的日子就像世外桃源一样美好。地震后，每到周末晚上，都会有一个骑着绿色摩托车的络腮胡子的放映员给大家播放露天电影，这个放映员被人们亲昵地称呼为"大刘"。

通常电影放映之前，电影的片名就会不胫而走，很多周边的农村老乡们也会早早赶来，怯生生地在外围观看，个别胆子大的，在不太宽阔的放映场地用小板凳、破砖头占位置。干部子弟和盐工子弟并不团结，白天是学校里的熟稔的同学，到了周末晚上就成了可以怒目相向的对头，总会为了抢好的观影位置发生摩擦，团伙约架是常事；他们偶尔与那些周边村民交火，而且很激烈。有一次因为欺负一个老实的农民，引起了全村人的激愤，转天黑压压地来了几十人，到谭家港盐场领导办公处讨说法。这件事也许是谭家港平静生活中唯一的波澜吧。

唯一的那所盐场子弟学校的院墙西边，隔一条驳盐沟，有一片挺大的玉米地，这块玉米地属于七八里外的海辛庄，每年只是种些抗盐碱的青棒子。那时的谭家港的人们真守规矩，青棒子成熟了，海辛庄人也不会派人来看青。我和小伙伴们在逐渐长高的玉米地里挑过马齿苋等野菜，但是顶多仰望着饱满的玉米咽咽口水。收获玉米时，海辛庄人就像一群天兵天将，出现在玉米地，玉米地毁得一片狼藉。之后，我家就会多一捆剁成节的翠绿的玉米杆，十几个胡须干枯的老玉米。这是海辛庄一个出了五服的大姑爷送来的，玉米秸秆当时是可以当甜甘蔗吃的美味。这些馈赠，直到我家搬走，才停止。

劳改犯们建立的新生制盐厂1971年划归长芦汉沽盐场，更名为"东风盐化厂"后，劳改犯们走了，工厂里又来了很多天津市区的小青年，我们喊他们"天津人儿"。他们这些大城市的青年人，根本不热爱打鱼摸虾养鸡喂鹅，他们从繁华的大城市闯入了这片闭塞腥咸之地，总是穿着让谭家港人指指点点议论纷纷的新奇衣服；他们的宿舍的窗外，总是扔了很多干瘪的牙膏袋，空的午餐肉铁盒，以及一些玻璃酒瓶，新村的孩子们会去那里捡拾牙膏袋酒瓶子，去废品站卖钱后，等唯一一个骑着自行车挎着白色木箱的卖冰棍的大娘的出现。

我上小学后，经常和小伙伴去新村周边的野地里玩，春挖野菜夏钓鱼，秋爬盐坨冬滑冰。野地里有很多坟头，偶尔还可以看到一颗白森森的人头骨，我们会攥着胆子捧起头骨，傻乎乎地端详半天。转过年来，又在同样的地方，还会捧起这颗人头骨，继续端详一会儿。那些野地里的坟头上长着野海茛，有的坟头一侧还有个大窟窿，据说是叫做"骚狗"的草狐狸的窝门。我从没见过骚狗，但是没少被大人用"骚狗"的凶狠吓唬，他们不希望我们总去野地里寻鸟蛋，下鸟套子。

1980年，我在谭家港长到10岁时，全家搬离了这个巴掌大的地方。再后来，因为国家政策变化，很多干部也陆续进城甚至调回了河北省原籍，大家从此真是"人生不相见，动如参与商"了。

如果我不了解故乡谭家港的历史，我觉得那里也就是个寂寂无名之所，没有用文字回忆的必要；如今了解了谭家港的历史，就好像一个孤立的人影置身于隧道口了，他的身后，多了神秘的大山，有了难以测知深浅的纵深感。背板不同了，意义也就变了。

人生过程真像一棵树的成长，过去的日子都会成为成长的土壤，而我们生命之根扎进土壤的长度的增加，意味着我们逝去的生命的漫长，也意味着我们已经根深蒂固地深入到了故乡的历史中，难以自拔。

这几年，我有了空闲就开车去谭家港，有时一个人，有时带着孩子。那里完全变了，三个小聚落都已经消失不见了，连房子的根基也找不到了，学校、商店、医院也再无踪迹。取代那些破房屋的，是几个堤埝嶙峋的养虾池。我只能在想象中推测我家住的位置，我们上课教室的位置，我和伙伴们曾经为了看电影争座位的位置。

我熟悉的那个谭家港、劳改二队、大窝棚盐场、长芦汉沽盐场五分场，已经实实在在地成为了历史。

如今，很多让一个小孩子心惊肉跳的事情回忆起来，早就已经可以付之一笑，童年的玩伴都长大了甚至变老了。少壮能几时，鬓发各已苍。时间是个筛子，早就筛去了不愉快的感觉，只保存美好；时间又是个发酵器皿，把不太愉快的经历慢慢转化为有点甜蜜味道的美好的记忆，并且转化的过程仍没停息。

到了中年，我开始在文学世界里重建我心中的谭家港，我已经为这个地方写了十几部中短篇小说，比如《少年的月光》《少年的电影》《少年的逃离》《少年的废墟》《屋檐下的鱼》《让鱼听到我的忧伤》等等，这些小说的主人公就是一个10岁左右的小男孩，他叫王小军。文字的美妙之处是无论你什么时候打开它们，它们都永远生机勃勃。

谭家港新生盐场京剧团

李子胜

一、成立阶段

1951年,河北省第二劳改总队3500名劳改犯在汉沽杨家泊附近的谭家港修滩开滩工作初步成功后,盐业生产逐步步入正轨,为了丰富管教干部和家属的业余文化生活,1952年至1959年期间,逢年过节都要排练文艺节目。

起初,只是从劳改人员以及刑满释放留用职工里选出了一些能拉会唱的,排练京剧折子戏。河北省公安厅领导来视察工作时,非常支持京剧团,他们成了热心观众,领导给京剧团拨款,购买戏装等各种道具,在食堂搭起了一个小舞台,演员很快达到40多人。1956年已经形成了初具规模的京剧演出团体,定名为河北省大窝棚新生盐场京剧团(当时天津市是河北省省会城市,1967年才成为独立直辖市),人们习惯上也称之为二劳改队京剧团或者二队京剧团。演职员边劳动边排练,演员中很多人曾经是京城京剧团的专业艺人,解放初失业流浪后被收容,并无大过错。还有一部分演员是爱好京剧的票友。他们勤学苦练,生旦净末丑各个行当都有一定水平。50年代京剧团主要演员有:曹志德、杨振武、杨永恩、杨振奎(武生)、胡燕(老生)、唐文学(小生)、李德安、王来喜、常子青、田树资(猴戏)、程奎圣(丑角)、韩焕发、南勇山。当时有两位导演:刘文川、闫志远。他们是团里的骨干演员。

大青衣曹志德,没有经过科班学习,但是唱戏的天赋很好,在保定、天津、唐山等地区拥有众多崇拜者,他身段、扮相、唱腔都很好;唱猴戏的田树资,他的猴戏经常被总队领导点唱,但是他有严重的心脏病,每次下场都要躺在后台呼哧呼哧喘大气,其他演员围着他用扇子、毛巾扇风,给他补充氧气,等下一场开场,监场一声命令,田树资爬起来继续上台,下台后又躺在地上;小生演员唐文学,扮相好,有一副好嗓子,他的艺术水准就是按现在全国各大院团的艺术标准,进哪个院团都没问题;架子花脸杨振武,也是一位好演员,他在赵氏孤儿这出戏里演的是屠岸贾,很出色,浑身都是戏,是个好演员；还有个叫王来喜的武丑演员，他的身手不凡，悟性很好，他在京剧挡马里饰演焦光普，很有彩头，不光身手好，是个演武丑的好人才；不得不提的还有一个，他叫李德安，还健在，现在居住在南堡一劳改队，年龄约85岁，他是男武旦演员，扮相不是很好，但他练功刻苦，演了很多武功的戏，他的把子功，在京剧里叫出手功，演得很出彩，这与他平时刻苦练功是分不开的，现在在全国京剧院团很少看到这样的戏，只有天津青年京剧团有一个女武旦演员演这样的戏，这种戏很吃功夫，不刻苦练功是演不来的。还有一个演员叫常子青，他是老生演员，老生戏他懂得多，是个戏骨子，他是个专业剧团的演员，演唱都有一定的水准。唱老生的胡燕也是身手不凡。乐队的司鼓刘占起，曾经是四大须生之一奚啸伯司鼓；琴师杨维德（原河北省京剧团，犯错误后到谭家港）曾给京剧名家杨荣环拉京二胡。他俩戏路宽，能说戏，被剧团演员尊称为老师。京剧团有一位叫南勇山的老师，武功了得，一个跟头能翻到舞台的天幕上，他当年号称河北第一武生，后来成了剧团的鼓老儿兼武功教练。

这些前辈们是二劳改队京剧团最初的骨架，前辈们每个人都有出彩的故事，他们在团里都有自己的拿手好戏。

二、发展阶段

在20世纪50年代末到60年代，京剧团领导从保定市河北省戏校招了一些十几岁的小学员，同时又从本地招了一些小学员，办起了二劳改队小戏班，由几位老师给孩子们说戏，南勇山老师的女儿南秋丽，幼儿园出来直接进了戏班学习。当时戏校的老师有杨维德、尹元贵、南勇山，孩子们不用去学校上学，戏班有专门的文化课老师，教孩子们文化课的老师叫李秀英。其他演员则不能给孩子们说戏，因为说戏的老师基本都是河北省戏校的，路子正，为了给孩子们打下良好的基础，只让这几位老师教孩子们。南勇山老师负责武戏，每天盯着孩子们练功。老师和孩子们都在一个院里住，每天的练功学习都很正规。严格的学习练功，为孩子们日后演出时，高超的表演技巧打下了坚实的基础。这批年轻的演员有：郭瑞芳、吴本恒、石福珍、吴正月、季秉中、崔建国、张宗让、高峰、李慧英、陈新霞等。京剧团属于业余性质，对外演出基本是免费的，只在汉沽演出时售票，票价两毛钱，也是场场爆满。

三、壮大阶段

京剧团兵强马壮，资金充足，到了20世纪60年代初期，已经拥有了近70位演员。京剧团演出的《白蛇传》《望江亭》《凤还巢》《搜孤救孤》《三岔口》等传统剧目，

叫座率很高。团长王文冲是剧务行家,也是文武场打击乐的能手,曾组织演员赴外地学习观摩,使得演出水平不断提高。

1960年,京剧团去北京中国大戏院观摩梅兰芳的《穆桂英挂帅》,看完了回到谭家港就排练,19岁的郭瑞芳扮演穆桂英。当时,二劳改队京剧团是最早跟进梅兰芳这出戏的。《穆桂英挂帅》是从豫剧移植到京剧的,当时梅兰芳已经60多岁,演这出戏已经很吃力(整场戏需要4个小时)。梅先生在接受报纸记者采访时说,我年事已高,年轻演员如果演这出"挂帅"戏,可以多加唱腔,多加东西,于是二劳改队京剧团就在《穆桂英挂帅》中加了很多独有的唱腔内容,这在国内京剧团中也是少有的,体现了二劳改队京剧团的强大实力。

《芦荡火种》也就是《沙家浜》出来后,二劳改队京剧团马上排练演出,"文革"期间,一共拍了十多出现代京剧。比如《江姐》《红灯记》《洪湖赤卫队》《八一风暴》《雷锋》《白毛女》《地下长城》《海港》等。《江姐》这出戏,是从天津话剧院要的话剧剧本,二劳改队的演员、导演将之改编成了京剧,唱腔唱词都是独立创作,演出后,非常成功。

二劳改队京剧团演员阵容强大后,大概是1962年,京剧团从化学厂附近搬家到了新总队。新总队西面盖了一个新礼堂,当时不敢叫礼堂,叫饭棚子,可以坐800人左右。"文革"时,还为盖新礼堂的事被人诟病,说是欺骗上级领导。

四、京剧团解散

1964年,一场运动迅速蔓延,很快波及到了谭家港。1964年之前,这里的人们家家都不锁门,运动开始时,时不时有愣头青的红卫兵闯进居民家检查,此时,家家户户才开始锁门。1964年底,劳改系统领导更换,不允许二劳改队拥有独立的剧团,京剧团被迫解散。在总队居住的每家每户都分得了京剧作为四旧的许多衣物,有的人家就把戏装改成了被面。京剧团不得不在蒸蒸日上茁壮成长的时候被政策腰斩。很多留用职工出身的演员去了南堡盐场第一劳改队,那些戏校招来的十几岁的小演员则被分配到了修配厂等单位,当上了工人。很可惜,这批很有才华的青年演员很多人还没等到正式登台的机会,京剧团就匆匆解散了。当时二劳改队领导还幻想京剧团有重整河山那一天。1969年,随着河北省第二劳改总队搬出谭家港,迁移至南堡盐场,京剧团恢复之梦彻底破碎。

五、后京剧团时期

进入20世纪70年代,全国都在普及样板戏,当时大窝棚新生制盐厂以及其化学部已经更名为东风盐化厂,隶属天津市一轻局。1970年,500多位天津市区青年被分配到了这里。当时新任的厂领导得知职工里有很多文艺才能超群的年轻人，就决定成立了东风盐化厂职工文艺宣传队。在这个阶段，宣传队主要演出一些小节目，同时也排练了两出样板戏：《红灯记》《沙家浜》。很多谭家港人至今还记得扮演李玉和、沙奶奶、铁梅、阿庆嫂、胡司令的演员都是谁。尽管两个样板戏也很叫座，但是已经难现当年京剧团的辉煌。

六、京剧团主要演员回忆

1. 回忆大青衣曹志德

曹志德，现年 91 岁，祖籍直隶省保定任丘，十几岁到北京学徒，时值抗日战争全面爆发。他当时在北京一家自行车行学徒，车行主要是批发自行车零件。他工作时要陪着很多客商在北京游玩，客商里很多爱好文艺的，见曹志德生得眉清目秀又有一副好嗓子，就指点他学习了几个青衣唱段，很多人都惊讶于他的天赋，说他不该学做生意。后来有个毕业于著名京剧科班"富连成"的绰号"王大头"的师傅，教了他一年多青衣戏。一年后，日本投降，车行破产，他就回到了任丘。

1951 年以后在谭家港二劳改队改造期间，就开始登台唱戏，很快成了京剧团的台柱子，公安厅领导都爱点他的戏，他们都习惯地说："听小曹的戏吧。"成为留用人员后，他在京剧团工资最高，是其他职工的两倍，达到每月 77 元，年底还有 100 多元的奖金。他演出的足迹留在了保定、天津、唐山等地，粉丝无数。1956 年，京剧团去北京观摩张君秋演出，张君秋还看了曹志德的表演，并对他给予肯定和指点。在汉沽周边农村演戏，赶上夏天，很多大姑娘小媳妇情不自禁闯进后台，给曹志德扇扇子，一是为了给他纳凉，一是为他驱赶蚊子。演出结束后，这些女粉丝还迟迟不肯离去。唐山京剧团曾想调入曹志德，无奈二劳改队不肯放人。

1964 年，曹志德去了南堡一劳改队，至今定居南堡。曹志德是很多戏迷无法忘却的剧团主要演员之一，至今仍耳聪目明，后来他找了一个农村女人过生活。在京剧团里，他属于刑满留场人员，在劳改队这样的单位，他的地位是低下的。年轻时的曹志德在剧团是大青衣，他不是科班出身，但扮相俊美，嗓音亮丽，影响力很大。50 多年过去了，还有很多曹志德的戏迷常提起他。当时他演出时有很多男士以为他是漂亮女子，很多人不知他是男旦，在茶淀演出时，还有两人为他是男是女打赌 20 元。有一个当年的戏迷，经多方打听，知道了曹志德在第一劳改总队，专程带着自己 40 多岁的女儿，买了水果、酒以及各种补品前去看望，还给了曹志德留下一些钱以改善生活。最近几年，每年都去看望，以解仰慕之痴情。

2. 郭瑞芳的回忆

1959 年 1 月，郭瑞芳来到了二劳改队，她们就在夜里坐火车来到了谭家港。芦台下车后，只看到远处滩地的微弱的灯火，连一幢楼房都没有。

二队总队领导张兴华、陆平、刘志春接见了他们。那时张殿如、郭福泉管生活，安排她们住在了化学厂宿舍，20 多个人一个房间。郭瑞芳京剧行当是花衫，所谓花衫，是 20 世纪 20 年代以后，综合青衣、花旦、刀马旦的艺术特点发展而成的新的旦角类型。在花衫形成之前，一个演员一般不能兼演青衣和花旦两个行当。王瑶卿为了丰富旦角的表演艺术，充实艺术表现能力，所以他融和青衣沉静端庄的风格，花旦活泼灵巧的表演，刀马旦的武打工架，创作出一种唱、念、做、打并重的旦角行当，人们把它命名为花衫（花旦和青衫的结合）。

京剧团人才济济。很多人的背景特殊。比如，京剧团的刘文番，黄埔军校毕业的，黄埔军校毕业后，犹豫不决，不知道该去延安还是去西安，结果他去了西安。北京人艺的高胜林，也是二劳改队京剧团演员。有个做戏装的工匠，不知其名，掐了一段电话线，判了半年，成了职工后，留在了京剧团。

二劳改队京剧团在汉沽演出时，场场爆满。当时汉沽京剧团演出，还要找二劳改队京剧团借服装。到南堡劳改一队演出时，跟到家一样，一队领导发觉演员戏装旧了，马上拨款买新的。

河北省公安厅的王东宁、刘兆祥等领导经常来二劳改队看戏疗养。困难时期，保犯人不保干部，犯人定量每月 50 多斤，不允许饿死　个犯人。

郭瑞芳是很聪明的人，从小上学数学很好，也热爱阅读历史书籍，有很好的文化基础，1964 年破"四旧"之前京剧团解散了，她到了二劳改队供应站当出纳。后来去保定华北劳改干校进修了一年，60 位同学来自河北省各个劳改队，他们毕业后将在华北铁路局工作。郭瑞芳在那里成绩优异，兼任 6 个学习小组的辅导员。当时河北省省长林铁的儿子也在那里学习。二劳改队一共推荐去了 4 人进修。一年后，他们即将毕业之际，"文革"开始，郭瑞芳回到了二劳改队，她供应站的工作已经有人做了，就去了十中队当会计。

"文革"后，二劳改队来了很多部队战士，他们发现二劳改队有很多京剧演员以及演出行头，招了一些演员，组建了宣传队。郭瑞芳又开始进入二劳改队宣传队。宣传队排练样板戏，到处巡回演出，曾去过天津海员俱乐部、唐山、汉沽农场以及部队等地。

因为家里学医的人很多，郭瑞芳不久就调入二劳改队医院，当针灸医生。由于她刻苦学习，医术提高很快。当时二劳改队医院的医生人才济济，有个女病人，据回忆是一个叫冯秀奇的管教干部的妻子，当时40多岁，患严重的肝硬化腹水，被天津市区大医院拒收，回家等死了。二劳改队的医生们从古方中找到了治疗肝腹水的药方。用从菜园摘的野芹菜，给病人口服外敷，病人奇迹般地痊愈了。后来又活了30多年。"文革"期间，郭瑞芳有多次机会可以调入专业京剧团。最初，二劳改队冯营长在天津市京剧二团任职，把郭瑞芳介绍给了京剧二团。与此同时，天津市京剧三团恰好此时要来汉沽，但是团员仍然在天津市区排戏不肯来汉沽，京剧三团已经给郭瑞芳、李慧英下了调令，汉沽文化局说，天津京剧三团不来汉沽，就不放郭瑞芳和李慧英走。双方就僵持住了，当时，郭瑞芳师从名中医窦华新学习针灸，已经初步掌握了针灸治疗技术。有个叫高营贵的人，脑梗7多年，只能盘腿坐在炕上，经郭瑞芳姨针灸治疗，一周左右下地。很多人就劝郭瑞芳坚持从医，大家认为，医生越老越值钱，还是从医吧。李慧英当时的孩子刚掐奶，生活不便，于是二人就放弃了调入天津市京剧三团。不久，某年春节期间，郭瑞芳回保定老家探亲。炮兵司令部的人带着调令来到了二劳改队，要调走郭瑞芳，但是郭瑞芳本人半年后才知道此事。半年后，政治处主任程炳来总看着郭瑞芳笑，郭瑞芳问其笑的缘故，程炳来才说："你知道炮司来调你了吗？"郭瑞芳说不知道。程就说了半年前炮兵司令部来人要调走郭瑞芳的事情。二劳改队领导不愿意放走郭瑞芳，他们认为郭留下了，随时可以演出，甚至还幻想恢复京剧团，就对炮司的人说郭瑞芳病了。炮司的人说，不要紧，等她病好了，我们去她家接她。炮司的人要拿走郭瑞芳的档案，程炳来不给，这事又黄了。程炳来对郭瑞芳说出调动内幕时，已经过去半年了，郭瑞芳也就放弃了再与炮司联系的想法。从此，她就与京剧表演舞台渐行渐远了。

郭瑞芳退休后，在汉沽一街菜市场附近开了私人诊所，据老人回忆，诊所根本没赚钱，就是为了救死扶伤，帮助老百姓。

3. 南秋林回忆父亲南勇山

据南勇山的长子南秋林回忆说："那个时候我父亲在河北省京剧院也就是京昆剧团当教练，是河北省第一武生。他到二劳改队后做武功教练。他以前在河北有4个师兄弟，他是老大。他很有创作能力，创作的很多把子功都在那个教学大纲上边。他那时候也不懂什么专利不专利的，反正谁创造出来以后大家就都跟着学。"

4. 高峰的回忆

据李玉和扮演者高峰回忆说，他上小学四年级时，音乐老师把他喊去，问他会不会唱京剧，高峰说不会，但是会唱歌。于是就唱了一首《社会主义好》，老师很满意，就带他见了十几个陌生人，这几个陌生人就是河北省戏校的老师。高峰还是被问了音乐老师问过的问题，还是唱了同样的歌。当年夏天，他就收到了河北省戏校的录取通知书。

钩沉篇

当时，天津市是河北省的省会城市，也将成立戏校。高峰就这样，与另外7个天津市区的孩子，来到了保定河北省戏校。他们坐科需要7年，但是3年后的1961年，因为瓜菜代，很多单位要减少人口，13岁的高峰只得回家。1961年的某一天，他家里来了找他的两位客人，一位是戏校老师，一位是大窝棚盐场京剧团的王文冲团长。他们两人带他坐火车经塘沽到芦台下车，一辆吉普车把年仅13岁的高峰接到了总队招待所，此时，河北省戏校已经来了8位小演员：郭瑞芳、吴本恒、吴正月、石福珍、高峰、季秉中等。高峰来到这里的印象是，这里条件简陋，但是吃得很好，他们被安排在了小灶吃饭。在那个年代，每顿饭都有大鱼大肉，他们就很满足了。对环境的失望很快被口腹满足掩盖了。

因为比郭瑞芳她们小一岁，唱老生的高峰，在后来拍样板戏时，才大放光彩。

1964年京剧团解散，17岁的高峰与吴本恒一起当了电工。"文革"开始后，东风盐化厂组织了文艺宣传队，又把当年的京剧演员召集起来，再从天津小工人中选了一些业余演员，组建了新的京剧表演团队。当时排练了两出戏：《红灯记》《沙家浜》，也是一炮走红。

地震之前的某一年，东风盐化厂已经归属天津一轻局，也是隶属天津一轻局的天津自行车某厂搞春节联欢会，把东风盐化厂文艺队请去了。演员们坐着敞篷卡车，裹着军大衣，就像一群乡下人进城，来到了自行车某厂。当时已经是中午，工人们从车间里出来，到饭厅吃饭，看到了这些土包子，很多人一脸不屑，以为来了一帮老坦儿。吃完了午饭，演员们到了后台化妆。化完妆，专业出身的演员都闭目养神，几个业余跑龙套的，在后台很高调地吊嗓子。演出开始后，京剧团的演出技惊四座，大家听得如醉如痴。演出结束后，经久不息的掌声，自行车厂的职工观众们久久不肯离去，演员们又加演了一些唱段，大家才恋恋不舍离去。当晚，自行车厂领导决定宴请全体演员，各种高档菜肴上了一桌。厂领导诚恳邀请全体演员多来厂演出。从此，东风盐化厂宣传队的京剧表演在一轻局系统名声大噪，东风盐化厂厂长孔广春，就是以京剧表演为外交方式，在一轻局系统争取了很多生产支持。

当时高峰与爱人李慧英等高水平演员带着这两出戏，走遍了汉沽的各大企业、事业单位。最初到天化演出，天化有几个业余拉弦的票友，水平很高，开始并不服气高峰他们，但当高峰他们一亮嗓子，都叹为观止了，从此心服口服。在汉沽俱乐部的一次演出时，高峰发现节目单上有几个"京剧清唱"节目被圆珠笔划掉了。他询问缘故，主办方解释说，听说你要清唱，他们都不好意思唱了。在汉沽一中演唱时，汉沽一中礼堂水泄不通，有个叫李志平的人对高峰和李慧英崇拜得五体投地。他就是后来从汉沽走出去，在天津戏校，中国戏曲学院学习，毕业后分配到了天津京剧院唱老生的李特的父亲。李克平后来拜师高峰后，多次请高峰指导李特的演唱，李特的很多演出，高峰都要去驻场把关。

5. 吴本恒的回忆

1962 年，在河北戏校学习老生三年的吴本恒已经分配到了邯郸市京剧团，经艺术学校校长协调，7 月 18 日与其他几位戏校同学来到了谭家港。这批演员到来的前两年，没有工资，管吃管穿管住，每月只有 2 元零花钱。京剧团先后 3 次从河北省戏校招来了十几名学员。1962 年还从汉沽评剧团调入几名演员。省艺校的李艳云、李滨华、金少甫经常来谭家港说戏，并与演员们同台演出。京剧团慢慢开始脱产，集中吃住学习，每天 5 点起床吊嗓子练基本功，白天有 4 个小时的文化课，学习语文等课程，晚上多数时间有演出。频繁的时候，每周演出三四次。京剧团常到谭家港周边的农渔村，以及芦台汉沽甚至乐亭、大清河劳改队演出，受到群众热烈欢迎。深入农渔村演出时，一演就是半个月，管吃住，因为没有什么音响设备，演出完全靠演员深厚的艺术功力。每次在农渔村演出，都是人山人海。

剧团解散后，18 岁的吴本恒留在修配厂当了电工。

6. 后人回忆王文冲

京剧团团长王文冲是河北安新县人，小时在家乡上学，解放后在北京上革命大学，毕业后分配到保定公安系统，后调入河北第二劳改队，成立剧团后任团长，1980 年初调往第一劳改队任剧团长，2005 年去世，享年 74 岁。王文冲的长子王毅如今在南堡第七劳改队工作，一直从事演艺事业。

7. 张宗让回忆

张宗让是二劳改队管教干部张录的次子，1960 年从子弟学校众多学生里被选拔到了京剧团，与来自保定戏校的学员以及本地的十几个孩子一起接受老师训练。他翻跟头很利索，但是嗓音一般，于是专攻武行。

三年后，京剧团解散，他被总队领导留在了办公室，整天给袁忻之、杨庆丰、陆平等干部打扫办公室卫生，收拾会议室。后来他申请去了车队，学习一年开车后，没有考驾照就去了张家口当兵。在学开车期间，曾经独自一人去拜访天津曲艺团团长李润杰，并得到了李润杰的徒弟张志宽、王佩元指点，学习快板书；后又去中国铁路文工团拜访侯耀文、石富宽。当兵时，因为文艺才能和开车的技能，被调入师部，5 年后复员，再次回到了谭家港车队，任班长。后调入汉沽运输公司，20 世纪 90 年代初，只身来到了海南省，如今定居海南。

七、二劳改队老乡们的回忆

很多人都记得，当年每当听说大礼堂要演节目时，整个二劳改队的三个聚落就像过节一样。小孩们没有零食吃，就到野地里去挖一种叫甜根的野菜，等到看节目时一边看，一边津津有味地吃甜根。提前占好座，有时临时取消节目，有的小孩不知道就在大礼堂睡着了，大人半夜在大礼堂找到，叫醒后带回家。每次看节目，估计有一个连的部队人员整齐列队进入大礼堂，一般在前10排给部队预留，可有的小孩占到前几排座，解放军叔叔有时抱着小朋友一起看。

每逢总队礼堂上演京剧时，很多四六八庄的村民们也闻讯赶来，他们有的要步行十几里路。演出时，礼堂内外人山人海，开演前很久就没有座位了，晚到的人只能站到礼堂的窗户上和放电影二楼的楼梯上观看，整个礼堂里黑压压，人头攒动，演出一开始，顿时鸦雀无声。

当时京剧团也好，文艺宣传队也好，是二劳改队和后来的东风盐化厂与周边农渔村改善关系的润滑剂、万金油。他们的演出，博得了这些农渔村对二劳改队盐场的好感，生产上没有发生任何人为干扰。

当时二劳改队领导里，行政级别最高的老干部是张兴华，行政12级，在二劳改队任书记，后调入冶金部。袁忻之，行政14级，二劳改队党委书记。杨庆丰是总队长，14级。王振海、刘志春副总队长，最早的总队长叫李彦田，也是高级干部，行政12级，后调到公安部了。当时二劳改队与汉沽是平级的。二劳改队调出谭家港后，只有杨庆丰、陆平留在了汉沽。

八、尾声

在采访曾经在京剧团担任主要演员的几位老人时，我就像逆着顺序看一部情节大起大落的电影，尽管预先知道了结局，但是影片故事的跌宕起伏，百折千回，依然让我感叹、感慨。但是我同时发现，老人们在谈到这样的人生节点时，往往是很平静很平淡地讲述着，甚至在造化弄人之处，还要报以两声大笑。郭瑞芳老人在谈到自己错失两次调入更好的京剧团的机会时，就是这样地大笑，好像这样的遗憾里真能品出幽默滋味，而且她配合着笑声同时还说："我现在特别认头，我这小命运啊。"我还是第一次听到在命运前面加了一个"小"字，进行修饰。人生大梦就要醒来，梦里的一切悲欢离合都已远去，远得让人如水里捞月一般，看得清楚，却怎么也抓不到手里了。

在京剧团众多前辈的命运轨迹里，人们感受最强烈的是个人力量的卑微，是世事弄人的悲哀，是对造化安排的无可奈何的接受。

这种无可奈何花落去的宿命感，在不断增添老人们脸上的岁月痕迹时，也让他们学会了达观面对苦难，学会了随遇而安享受生活，懂得了顺命运之波，逐岸赋形。人生不再有那么多紧张地抓住，取而代之的，是学会了轻轻松松地放手。

戊戌年春节后，我不经意间写的一个小随笔《远去的谭家港》，开始在微信里迅速传播，很多在谭家港河北省第二劳动改造总队以及后来的天津东风盐化厂厂区工作生活过的人们，从四面八方聚拢起来，大家在微信群里，每天钩沉历历往事，重温百味记忆，缝补时光碎片，盘点人生苦难。历史的沉淀物被一层一层揭开，已经逝去的曾经鲜活的生命在集体回忆了复活，让我惊叹那么不起眼的小地方，曾经是那么的惊心动魄。那么个藏龙卧虎的地方，虽然从形迹上已荡然无存，但却可以通过这次挖掘，变成更富有生命的文字。我很欣然接受了这个历史任务。连日以来，二劳改队的以及东风盐化厂的乡亲们，不遗余力地支持我，帮我搜集老照片，帮我打听各种线索信息，让我如梦如幻般一直沉浸在一种绵长的幸福感之中。——写下上面的话，表示对乡亲们的感谢。

谭家港的地震

李子胜

2018年春节后的某天,我和母亲说起了1976年唐山大地震时的谭家港,当然,叫东风盐化厂更准确。

母亲说,你不知道,地震那晚,东庄坨的牲口们咋叫唤,听着都瘆人啊。

我可以很容易就回到我6岁时的朦胧记忆里,回到那个窒闷的夏夜,但是我怎么也搜寻不到牲口们的惨叫,尽管那个叫东庄坨的小村落距离谭家港也就不到1000米。

一、地震前

就像很多灾难降临后,人们才会突然想起灾难来临时的种种预兆,42年前的那场大地震也是,在地震来临前的十几个小时里,大自然其实给谭家港的人们释放了很多提醒和暗示。

我家的以及其他人家养的来亨鸡们,在那天晚上,就跟商量好了似的,谁也不肯进窝睡觉。大人孩子不得不联起手来,不得不费了好大力气,在白家院子里把一只只咯咯惨叫的鸡堵在墙角,再猛然一把薅住,塞进黑暗狭小的鸡窝。但是,整个晚上哀鸣和惨叫仍然从鸡窝里传出来,那叫声就像黄鼠狼来到鸡窝边时,看到有的伙伴被黄鼠狼叨住了发出的求救声音一样,而大人们全都浑然不觉地忙别的事情去了。

其实,在白天时,好多人去晒盐的工区上班,自行车骑过大埝时,驳盐沟里的海鲇鱼就异常地浮在水面上,小脑袋瓜密密麻麻。有一位青年盐工心想,嚯,这么多海鲇鱼,明天一定来钓鱼。也是在地震前的几天,谭家港的孩子们早晨去盐池子里捞卤虫子时,发现很多盐碱滩都冒出了沙浆,沙浆很细腻,踩上去时脚底板很舒服,孩子们就当一个新鲜的游戏去体验,也全不知这是一场超级大地震的前兆。

据生于20世纪60年代初的李学东大哥回忆,地震前一天下午,他和刘继会、吴国强俩同学在新房子马路对面东庄坨玉米地垄沟里,看见水塘中小鱼不断翻腾,有的鱼都翻到岸上来了，他们在岸边捡了不少鱼。然后发现水塘里和岸边有无数个冒水点，向外冒出黑水和黑砂，当时摸那冒出来的水，感觉冰凉刺骨。

其实，大家都知道，预测地震不可能精准到测出地震发生的具体时间以及震级，只能通过宣传的方式提高大家防震的意识。

很快，关于如何读懂地震前的预兆，如何预防地震，如何救险等内容的宣传画就在谭家港张贴，一匹大马充当了宣传地震的形象大使，这匹马被谭家港人一眼就认出来了，它就是谭家港菜园里的那匹来自日本的大马。

还是要说个事，就在地震前两天，汉沽区三个气象观测点都预测出了近期要发生地震，但是预测是将要发生5.9级左右的地震，地震的破坏力不大。于是区领导决定，只在领导层传达，不能传达给群众，以防引起社会混乱。

就在地震前的晚上，在谭家港东风盐化厂总队北面的篮球场，来了一个吴桥杂技团，杂技演员为谭家港人表演了走钢丝、顶碗、踩大缸等杂技，让大家大开眼界。当晚，这些演员回到汉沽区，他们本来要下榻在汉沽区最好的饭店——大众饭店。当晚，大众饭店来了一批江苏连云港来汉沽开会的人，大众饭店已经客满，就是这些连云港人救了杂技团小演员的性命。当然，这些几个小时后罹难的连云港人是很不幸的，那晚是他们在人世的最后一个晚上。

那一晚，谭家港人在外面住宿遇难的人数，多于在谭家港震亡的人数。总人数加起来，大概是11人。

二、地震来临

地震是在凌晨3点42分发生的。当时，绝大多数的人们已经熟睡，很多人醒时听到了隆隆的声响，看到了窗外的地光。地光很像闪电，十分诡异神秘。

地震来临时，很多未眠的人看到了耀眼的地光，这地光比最强烈的闪电还耀眼十分，天地瞬间通亮，地光直冲九霄，先后闪过3次。过后，大地深处传来了闷重的轰鸣声，就好像一辆辆汽车从远处驶来，也像是庞大的野牛群在狂奔，也像是坦克部队的机械轰鸣。接着，大地突然升高，然后猛然降落，降落后，大地再次抬升，再次自由落体一样更猛烈地坠落，所有的光亮都消失了，世界一片漆黑，瞬间死寂。但是死寂只有短短的瞬间，随之而来的，是大地开始猛烈摇晃。此时，一片片的房屋等建筑物开始颤抖摇晃，十分剧烈，房屋开始冰山融化一样坍倒，大地又一片轰隆轰隆的轰鸣声。此刻，有的人跑到了门口，竟然被悠荡回了床上；有的人在宾馆房间里，一眨眼，自己已经到了街上；有的人身手敏捷，在大地升降时逃出家门，却在大地摇晃时被倒塌的山墙砸到。

谭家港人住的房屋尽管大多破旧不堪，但在这么剧烈的摇晃中竟然没被震趴下，倒是很多人家的院墙、屋顶的红砖烟囱都倒塌了，许多谭家港人梦里的声音，就是许多院墙集体倒塌的声音。

地震发生时，下着细密的小雨。这场雨一直下到了第二天上午 10 点。

高师傅在化学厂附近的 30 米高的水塔工作，当晚，他刚下中班，地震时，他连滚带爬跑到了马路上，他惦记着接班的工友，就奔水塔方向跑去，眼看着容量 100 吨的水塔摇摇晃晃，随后轰隆一声倒下了，腾起的烟柱就像原子弹爆炸时的蘑菇云一样，烟柱足有两个水塔的高度。好在水塔倒下时没砸到值班的泵房，但把金属镁车间附近的厕所完全覆盖了。他被突然到来的灾难弄蒙了，他身边的机修车间倒塌时，他竟然没觉察到。就在他愣神的时候，也就半个小时左右，解放军指战员开着几辆汽车，天兵天将一样出现在了谭家港。他立刻与部队战士一起投入到了抢险救灾之中。当时，化学厂的食堂倒了，粮站也倒了，银行也倒了。厂武装部的人给几个表现积极的工人发了枪支，但是没发子弹，交给他们的任务是保护粮站、银行和水塔。因为很多厂里的干部就是原来河北第二劳改队的管教干部，具备很高的军事素养，所以大难来临，忙而不乱，很多公共设施被迅速保护起来。因为谭家港房屋震毁很少，周边农村却被震平了。接到领导指令，大家从食堂的废墟中扒出了很多馒头，每人一个馒头，作为干粮，然后大家就奔赴去周边农村救人。

地震发生时，赵志远师傅因为当晚看完了篮球场的天津体操队表演，回南圈又看了电视节目，感觉天气很热，到 1 点左右，下起了小雨，才睡下。躺下就睡着了，地震时也没醒。地震时他从床上被摇晃到了地下，迷迷糊糊爬起来还想再上床继续睡，手一摸，发现床上都是砖头。他们住的南圈宿舍，原本是劳改犯住的房子，大教室一样，中间有不到顶的单砖隔断墙，墙倒塌砸在了他的床铺上。

此时，赵志远听到工友在窗外喊："志远，快出来，地震了，喊你半天了。"他这才从窗户下的破洞钻了出去。到了外面不久，有人举着大喇叭高喊，"紧急集合！"他们这些逃出来的人就直奔平时集合点，化学厂的汽车就开过来，有人给他们发了枪支、铁锹、雨衣，直奔距离最近的村庄东庄坨。

地震发生时，王润霞和妈妈逃到总队宿舍外面，与很多刚逃出来的邻居们汇合，有邻居发现王润霞的妈妈还光着脚丫子，就给了她两只鞋。天亮后，才发现这两只鞋都很大，而且不是一双。在凌晨的黑暗中，汇集在一棵大树下的人们淋着雨，茫然无措。突然传来了一阵"呜呜"声，有人高喊，大家快蹲下，有余震！于是大家齐刷刷地都蹲下了。余震过去后，这人又高喊，这里不安全，赶紧转移。人流就开始向西面移动，最后在东庄坨的玉米地停下了。等地震险情过去后的第二天，人们离开了玉米地，在玉米地留下了大片重重叠叠的泥泞脚印。

地震发生时，化学厂食堂值夜班的贾淑芳突然感到一阵凉风吹进值班室的窗户。当晚，化学厂夜班工人12点下班，她和任焕新、孙树英忙完夜班工人夜宵后，已经是大汗淋漓。她们又把早晨的稀饭、馒头准备好，贾淑芳就洗了个头，所以她对吹进来的凉风很敏感。凉风过后，瞬间就感到天摇地动，外面到处是火光一样的闪亮，她以为战争来了，是原子弹爆炸了，就喊着任焕新向外跑。任焕新回身去拿卖饭处的门钥匙，她就赶紧向外跑。化学厂食堂厨房售饭口外面有油毡的遮雨棚，连接大礼堂，她没来得及跑到外面，遮雨棚的屋顶劈天盖地砸了下来，幸好一张木饭桌顶住了落下来的油毡屋顶，她在空隙间钻出废墟，而去取钥匙的任焕新被砸在了售饭处门口。

地震发生时，工人刘丽华被大地的隆隆声吵醒，她看到窗外天空都红了，一个大火球落在了大院里，接着就是地动山摇般的抖动。她一骨碌爬起来，迅速冲出屋门，发现没穿长衣服，她又不顾危险，返身回屋。此时，她冷静下来，看到同宿舍的室友还在昏睡，就一把抓住她，俩人提着衣服再次冲到了外面。这时，有一位已经逃出来的师傅趴在地上喊："丽华，快出来，地震了！"这个师傅挨个喊住宿的工人名字，"……你们别找衣服了，披上点什么赶紧出来！"呼喊他们赶紧逃命。

三、抢险救人

贾淑芳惊魂初定，环顾四周，食堂已经消失了，只剩下一片夹杂着横七竖八檩条的瓦砾废墟。想到两位工友没有逃出来，她立刻紧张了，她突然听到距离自己不远的废墟下，传来了任焕新和孙树英的微弱的呼救声。孙树英喊着："小贾，快救救我，我一辈子都忘不了你的。"贾淑芳很快把两个人的位置找到，把两人脑袋上的覆盖物清除，让两个人能够呼吸。此时，任焕新的情况已经十分危急，她的双眼凸出，眼珠子都要流出眼眶。贾淑芳实在刨不动了，她想到食堂附近的两排平房住了很多工人，她嘱咐两位工友别着急，她去找救兵。到了工人宿舍附近，她看到很多披着被单子，裹着破油毡的工人站在路边，很多人地震时是赤身裸体逃出来的。贾淑芳喊："快和我去救人啊！"有个工人问："男的女的？"贾淑芳着急了："都啥时候了，还管男的女的。"她又发现住单身宿舍的食堂管理员王福禄赤身裸体躺在路边，满脸鲜血，赶紧找东西给王福禄盖好，然后招呼大家把王福禄送到医院去。

贾淑芳带着几个裹着油毡被单子的工人回来时，住附近宿舍的勾伯英已经赶来救人了，她对贾淑芳说："快去找把斧子吧。"贾淑芳说："现在去哪里找斧子啊！用手刨吧。"此时，贾淑英才觉得手指生疼，她的手已经渗出了很多血丝。

此时,天已经亮了,李质夫、尹希兰以及一些公检法干部整整一车人赶来了。他们听说食堂全部倒塌,就急忙赶过来救人。贾淑芳一直护送任焕新去了医院,当时任焕新的裤子已经无法从红肿的大腿上顺利褪下,只能用剪刀剪开。她被砸伤的大腿黑红黑红的,肿得像房梁一样。听说化学厂食堂砸死人了,贾淑芳的爱人,地震时在家里受伤的母师傅让13岁的大儿子母齐军去食堂找妈妈。他在家里还得照顾一个女儿和另外两个儿子。

后来,当贾淑芳的子女们问妈妈,为什么地震后没有第一时间想到回家先救家人时,贾淑芳说,那时候,光想着把他们俩救活了,什么都忘了。

据地震后被评为出席中央抗震救灾先进个人的张朝根回忆,他说:

"地震那天我正在上夜班,开始天气很热,尔后下起了小雨,这时车间里的生产正在紧张有序地进行着。我记得大约是在凌晨3时40分,四周由远而近传出了奇异的隆隆声,还没等我回过味来,就看到远处放出了一片耀眼的光亮,瞬间眼前就变得一团漆黑了,只觉得大地在抖动,车间在摇晃,顷刻一场灾难性的大地震爆发了。

"这时,我正在车间楼上蒸发罐岗位工作,危急关头,不容犹豫,我在猛烈的晃动中尽力保持着身体的平衡,摸着黑,快速关闭了所有的料液截门,不让料液从蒸发罐内排净。如果蒸发罐里的料液放干了,而罐内的蒸汽不能一下清散,造成压力增高,就可能发生蒸发爆炸,那将会毁掉车间危及全厂,后果不堪设想。我把蒸发罐的工作处理完后,从楼上下来一看,车间周围不少的房屋已经倒塌,灾情很重,当时余震还在不断,车间时时被震得发出怪响,眼前的一切告诉我生产是根本不可能了,这是我有生以来第一次经历的如此强烈的地震,我愕然了。但我很快又想到应及时把蒸发罐内的料液排净,不然整个蒸发罐将堵塞,就会报废,给国家造成损失。我马上把这一想法告诉领导,可领导担心我的安全,我没顾上这么多,就冒着余震,不顾一切重新冲回楼上,又把所有的截门打开,放掉加热室的蒸汽、排净料液,等一切都处理妥当后,才放心地下来。"

天亮后,忙着救险的人们发现东风盐化厂总队院里的几辆没停进车库库房的汽车还完好无损,厂领导就继续动员有能力的干部职工去帮助周边的农村救险。刚初中毕业的李学东大哥就亲自参与了去农村抢险,他和大家一起坐着天津生产的140汽车到了东尹村。

东庄坨村是距离最近的一个村落,第一批救险的干部工人都以为那个被五场人熟悉的神算智障人一定遇难了。早晨天还没亮,抢险队伍就到了村口,人们看到了孤零零的一个人影站在村口,走近了,一眼认出此人竟然就是智障人——神算张连亭,他在村口傻呆呆地挥舞着胳膊来回走动,他这个腿脚不利索的智障人住在草棚里,竟然毫发未损,第一个跑出来了。他看到来人了，就大喊大叫，"快来人呐，都埋里头了！"大家都认识他，赶紧赶过去，智障人指点着说："我爷爷，我兄弟……"大家按照他指点的位置，把他家人很快救了出来。他家人没有受伤的。

救援队到了东尹村、羊角村、魏庄村，发现村里的房屋全部倒了，一片废墟，空气里都是呛人的尘土气味，废墟上传来阵阵惨叫声、哀嚎声，十分瘆人。汽车把第一批刨出来的浑身是土的人们拉到了东风盐化厂总队对面的医院。医院的大夫对救险的人们高喊，不要把死人拉过来，你们看看，要有气儿的就拉过来。

据当时在医院抢险的高师傅回忆说，当时部队战士从农村居民废墟里救人时，十分困难，因为农村都是墼子房，屋顶都是苇箔的，房屋倒塌后，加上雨淋，土坯已经变成泥坨，扒起来十分费劲，很多人不是被砸死的，是被泥土活活呛死的。

天亮之后，居住总队大院的很多孩子没有什么事，就跑到马路对面的医院看热闹，他们看到很多伤员和遇难者家属在路边哭，这些人眼神呆滞无助，他们都是来自东庄坨等附近农村的人，孩子们亲眼看见一个小孩，只有三四岁吧，在他妈妈的怀里永远的闭上了眼睛，他的妈妈目光呆滞，欲哭无泪，就像一座永远凝固的雕塑。

年逾耳顺之年的吴双喜先生回忆，28 号早晨，他到了东风盐化厂的小车班，看到正在大修的东方红小轿车自己冲出了车库。他是这辆车的司机，上午厂领导派他和龚洁师傅开着吉普去了唐山，寻找周南江一家的下落。公路上到处都是断裂的障碍物，非常难走。到了唐山，看到房屋建筑全倒了。保卫科长李质夫也骑着挎斗摩托车前往唐山，但因唐山的房屋倒塌得太严重了，无法寻找。15 天后，周南江一家人的遗体才从废墟中被清理出来。据说，他的孩子就在他身子下面。这件事让性格坚强的李质夫很长一段时间没缓过劲来。大灾面前，人类都极其渺小，何况是一个人呢。

冯中才老师是杨柳青人，1970 年分配到化学厂，开始在滩地上班，后调到东风盐化厂子弟学校任教。冯老师脸特黑，一口杨柳青口音，生活俭朴。他总爱说"黑煤块再洗也是黑的"这句话，所以学生给他起了外号"黑子"。他结婚时也算大龄了，妻子是桃园中学老师，刚结婚不久，就地震了。地震时，冯老师全家都住在桃园村，他的老婆孩子当时就被砸死了，他被救援人员刨出来送到谭家港医院时，他哭着喊着说不想活了。他告诉身边的人，他眼看着有个人把他的手表从手腕上撸走了。因为他全身没有任何伤痕，当时肢体重伤的人又太多，医院的医生就忽视了对他的照看，转天，冯老师就死了。他可能受了内伤而死。是因当时那么多危重伤员，实在顾不过来细致诊断了。

工人高师傅被派到了总队对面的新医院协助救人。因为还在下雨，人们就把医院里的帆布、被单拿出来，搭成了很简易的防雨棚，保护重伤员。起初，有的被砸伤的人在喝了几口水后，立刻就死亡了，于是医生们就命令，立刻停止给伤员喂水。

28号晚上，医院里的死人越来越多。很多伤员无法尿尿，而导尿管又不够用，只能用胃管导尿，伤员十分痛苦。

刘丽华在地震发生后不久，先是被派去滩地救人。把滩地的伤员举上卡车车厢后，滩地的道路都是沙浆涌起后形成的小山包，汽车行驶时很颠簸，刘丽华就把伤员的脑袋放在自己腿上，给伤员减震。

也是当晚，大神堂村养的貂、猪、大牲口，从20多里外的海边渔村逃离，竟然一路狂奔，来到了谭家港，一只只的"逃犯"从医院墙边往火葬场方向乱窜而过，场面也很恐怖。这些牲畜预感要发生海啸，都从海边的渔村逃离了，一路上谁也拦不住。最后它们到了西庄坨的菜园附近的一块空地上，发现这里有吃有喝，就不走了。白天，巨大的苍蝇落在人的尸体和牲畜的尸体上，嗡嗡狂舞乱叫；夜里，不知从何而来的巨大的黑蚊子，也密密麻麻围拢到医院，很多人平生都没见过这么大的蚊子，嗜血的蚊子一团团地飞舞着，蚊子的恐怖的叫声与伤员的呻吟声让当晚的医院更加凄惨吓人。也是当晚，一辆130汽车从汉沽运来了少量的药品——四箱输液用的生理盐水，少量的消炎药。

白灰厂看基建库的老八路邢大爷的孙子媳妇刚生下小孩三四天，产妇的妹妹来谭家港照看姐姐，地震时都被砸在了邢大爷家的炕洞里了。被解放军刨出来后立刻送到了新医院。天津一轻局给东风盐化厂配备的一辆大轿车成了抢救伤员的临时病房，很多被砸伤的职工就住进了大轿车里。邢老爷子的孙子媳妇、孩子和她妹妹就住进了大轿车里。当晚，高师傅就在大轿车里为伤员们轰了一晚上蚊子。

29号时，部队的飞机开始给汉沽空投食品，很多工人都去汉沽领取空投的食品，他们也都是饥肠辘辘地一直在忙碌。在地震抢险中，他们的贡献功不可没，谭家港的居民们感谢他们。

地震后，那些没有受伤的工人，无论男女，都积极投入到了抢险救灾中。很多人去了东庄坨等附近农村。救灾中，没人给他们吃的喝的，他们就忍着饥渴救人。很多人32个小时水米没打牙，大家都精疲力竭地回到化学厂时，有人建议赶紧找吃的，赵志远就和一个工友从食堂废墟里掏出一筐箩馒头。当时馒头已经发霉长毛了，大家也顾不得许多，用雨水洗洗馒头，用步枪上的刺刀串起馒头，就着咸菜，吃了一顿饭。吃完了，就又集合来到了汉沽大众饭店救人。赵志远回忆说，到了大众饭店，看到一个人裹着印有"大众饭店"字样的毛巾被，正站在废墟边，他过去搭讪，那人是邯郸人，来汉沽出差，所有衣服都砸在废墟下了。地震时，他稀里糊涂地被连床带人摇飞到了马路上。那时住旅店，人们因为怕虱子，睡觉时一般都一丝不挂，把脱下来的衣服挂在屋里的晾衣绳上。

赵志远就为这位邯郸人找附近居民要了一身衣服，好歹换上。邯郸人说："邢台地震时，我在邢台出差；辽宁海城地震时，我在海城出差；这回唐山地震，又让我赶上了，以后我再也不出差了。"赵志远问他，要不要给他点路费粮票啥的，邯郸人说不用，政府会安排我返程的，我有这个经验。后来赵志远师傅又被派到芦台火车站看护国家物资，当晚，他困得不行，又累又冷，看路边一个人盖着被单子熟睡，就凑在那人身边，扯过一点被单，睡了一宿。

据工人周美玲阿姨回忆，她们十几个女工后来就回到化学厂食堂，用从食堂库房里挖出来的面粉给大家烙饼。那些面粉被雨淋过，已经有点发酵，一袋子面粉就中间有点干面粉。和面的家什就是工人们的洗脸盆洗脚盆，那时真是顾不上许多了。烙饼时，没有水没有油，就用澡堂子池子里的洗澡水和面，锅底不用油，直接烙饼。淡水用完了，就用盐沟里的卤水和面。就这样如今想起来觉得很难吃的烙饼，大家都舍不得吃，都主动留给了伤员。

刘丽华的父亲和哥哥在地震转天开车来到了东风盐化厂，找到了刘丽华，想带她回家，但是当时她负责厂里最大的保险柜，保险柜里有两千多元现金，抢险救灾购买物资，还得从保险柜里支钱，刘丽华毅然决定，留下来继续救灾。她让几个工人搭着哥哥的车回去了。

几天后，紧急救灾告一段落，一直没有住处，吃不上饭的工人们结成团队，准备回家看看。有个别人扒汽车走了，大多数人只能步行回天津市区。因为军事管制，芦台到天津市区的路不让灾区的人通过，他们只能选择从谭家港到汉沽，再到北塘、塘沽，然后到市里。周美玲阿姨说，走过蓟运河大铁桥时，枕木都摇晃了，如果失足落下大桥，就会被泥浆翻滚的蓟运河水吞噬，过桥的一幕，多年后回想，还是心惊肉跳。一天一夜的步行，没有一口可以喝到的水，没有充饥的食物，他们很多人虚脱在半路上，大家的脚上都磨出了血泡。

返回家里的几天后，高师傅就接到厂里通知，继续抢险救灾，他就搭供电局来汉沽抢险的汽车回来了。

等工人们陆续从市区返回，东风盐化厂在总场大院中间搭的帐篷，作为场抗震救灾指挥部，这里也成了一些在汉沽工作的无家人员的避难所。会议室的大桌子放在东头，南北两边各一排大长椅，晚上大家轮流躺会儿，睡不着时就去场部门口的马路上溜达。

地震中，涌现了太多舍小家顾大家的高尚的人。例如，东风盐化厂车间主任苏士义（根据声音判断的姓名），一直坚持在东风盐化厂救人，他家里人骑自行车到厂里喊他回家，说家里死人了，赶紧看看去。他说，我哪里走得开啊。再例如，地震后的当天，王润霞

的妈妈冒着危险回到家里，把前天蒸的一锅花卷抢出来，站在谭家港唯一的柏油路边，把花卷分给路过的抢险的人们。还有徐德萍的妈妈每天都要去医院，给砸成截瘫的同事送饭，不仅她送，孩子们也帮忙送饭。

震后，修配厂等集体被评为抗震救灾先进集体，张朝根、贾淑芳等人被评为地震抢险先进个人。

当然，地震中也有一些不和谐的音符。个别人趁机偷抢人家的自行车等物品。但是在五分场生活区，没有一件性质恶劣的偷盗事件。地震前，供应站进了一车西瓜，地震后很多天，也没人打这车西瓜的主意，只是厂子安排在供应站后院看守供应站物资的几个初中生，晚上吃一两个西瓜，但是也没有一个人把西瓜拿回家。

地震后，东风盐化厂迅速成立了民兵小分队，护厂巡逻，站岗放哨，保障治安稳定。

在大灾大难来临的时候，最能检验一个人的灵魂。

地震前，二劳改队管教干部子弟吴双喜与天津小青年邵新荣经人介绍开始谈恋爱，接触次数不多，还处于观察体会彼此的冷静恋爱阶段。7月30日晚上，吴双喜毅然决定和女友带着一辆自行车，搭车去了天津市区，看望女友家人。他的这个决定为他赢得了一生的幸福。邵新荣家里也对这个相貌普通但懂得关心他人的小伙子感到满意。他们凌晨两点到邵新荣家。7月31日、8月1日他俩到没能回市区家里的吴怡、陆晨等同事家里看望，8月2日凌晨4点多，他们踏上了返回谭家港的征程。当时还下着小雨，他俩骑着那辆自行车从市区返回谭家港，100里的路程，路上到处都是鼓包断裂，俩人一路上换着骑车，互相体恤，互相照顾，互相鼓励，两颗心很快靠近了。等到了汉沽火车站时，俩人累得几乎瘫在地上，但是他们却收获了一路的幸福。正是这段经历，迅速加深的俩人的感情，他们的这段故事也是地震时的一段佳话。吴双喜后来到了天津大学读书，邵新荣调回市区，两位恋人结婚，一直幸福地生活着。大灾大难，最易见到真情，也最容易得到真情。

地震时还有两位青年，小伙子很喜欢那位姑娘，但是地震后，小伙子不见了，他骑车回了老家，一个月后，他才站在了姑娘的面前。但是此刻的问候已经太迟了，姑娘本来想，如果地震后第一时间听到小伙子的问候，她就下决心嫁给他了。但大灾大难，却看清楚自己在别人心中究竟有多大的分量，做出感情的取舍，也不那么艰难了。

四、震后生活——伙住临震棚的日子

刚地震完，没有自来水，人们去附近的河里弄水，但是因为大面积喷涌沙浆的缘故，河水浑浊，很难喝。大家就继续四处找水源，后来发现供水房机器处往外冒水，孩子们

就和大人们拿桶去舀水,那个水也浑浊得没法喝,有人就拿来明矾放桶里,过会儿,水就澄清了,脏东西都沉底了,人们才知道明矾有净化水的作用。后来又有人在某个村找到水了,厂里出车,各家出人去弄水。人们带着水桶和扁担,到了村口,车就开不进去,就下车去挑水,走很远呢,所以就能挑一趟。让人觉得奇怪的是,水井往外冒水,周围冒的都是细的白色沙子,在同一位置冒两股水,一股是甜的,可以饮用;一股是咸的,尝了尝,齁咸不能喝。

粮店震塌了,没法供应粮食了。到了中午大家都饿了,食堂也开始做饭,但只供给单身工人,因为他们宿舍里基本没存粮。于是大人们才商量做饭的问题,家里有粮的,都让回家去拿,那时还有余震,好多人不敢回家。也有奋不顾身的,自告奋勇回家去拿存粮,拿盆往面袋子里装,拿出来后,大人们就用砖头临时垒一个简易炉灶,放个大铁锅,点燃柴草,开始烙饼。那时的人们思想境界真的很高尚,大家都无私地把家底儿贡献出来,与左邻右舍分享。大灾大难把私心杂念都一扫而光。

后来人们从倒塌的粮店弄出了粮食,开始挨家挨户分粮食,是按人口分的,不要钱。谭家港的人们即使在粮店倒了很久后,独自挨饿,也没有抢粮食的。

吃饭喝水问题解决了,下面就是住的问题。

28号下午,东风盐化厂开始用汽车给居民点运送油毡、塑料布、竹竿、铁丝等材料,让大家以家庭为单位几户家庭自由结伙,搭集体临震棚。

人们用厂里发放的材料,在马路边、空旷地带搭三角棚子,棚子很矮,基本能钻进去。棚子两边露着口,便于出入和通风,棚子的一头有锅灶,一般是三户两户关系不错的伙着住一个棚子。第一晚,因为棚子里狭小逼仄,大人们就让孩子们进去睡觉,他们则在棚子外面看守,聊天,都忘记了困倦。第二天,人们又拿来更多的材料,于是又搭了更大的棚子,大人们也住了进去。

这段类似人们想象中的共产主义生活的伙住临震棚日子,后来都成了谭家港人美好的回忆。因为是自由结伙,伙住一个帐篷的几户人家肯定是平时关系很好的,大家都争着抢着把家里的老底儿贡献出来,唯恐落后。孩子们看到大人们如此友好,更加亲密地一起玩耍,他们兴奋地在低矮的帐篷里钻来钻去,好像在钻战争年代的山洞。

距离谭家港不远的二道沟,也就是史料记载的小盐河,也许是因为地热水喷涌,也许是沙浆造成河水浑浊,很多死鲫鱼白花花漂了一层,人们就用捞拎捞出死鱼,用麻袋运回来,妇女们就在临震棚旁边给鱼开膛破肚,一次吃不完的鱼用盐腌制后晒干,一直吃到了冬天。

但是,震后不久,汉沽大众饭店遇难的那批连云港人以及一些汉沽本地遇难者的遗体被浅埋在了二道沟堤埝上。尸体是横着埋的，每具尸体都套个塑料袋，大约十里长的堤埝，坟头像女儿墙一样。为了防止瘟疫，人们对坟头喷药，喷药时，人们注意到，很多坟头前都插了木牌子，上面写着"连云港某某某"。直到几年后，连云港人的骨殖才被运回故里安葬。

地震后三四天吧，厂里的大卡车带着家住总队的一些学生去"菜园"摘茄子，那年菜园茄子大丰收，很快拉来了满满一车茄子，孩子们就坐在茄子上回来了。卡车到了总队门口，呼啦啦围上来很多人，不容分说开始伸手抓抢茄子，没一会儿，茄子就被抢光了。转天，卡车又去拉了一车茄子，大家抢茄子的热情就低落了。没几天，家家户户都分了很多茄子，很多人第一次尝试用茄子包饺子。也有人去菜园摘豆角等别的蔬菜，开始还很有秩序，没人多摘，后来可以去菜园随便摘菜的消息不胫而走，有的人就拿着麻袋去了菜园，直到把茄子秧子都拔走了。如今看这个事，也没什么，完全可以从心理学上解释：大灾来临后，人们思想境界瞬间升华；地震后，面对日常生活，有的人就恢复了日常心态吧，有点私心很正常。还有就是，几家几户搭伙过日子，多为小集体弄些蔬菜，心里也踏实吧。

这样的简易棚大概住到了天气转凉时，各家各户才在自家院子里搭建了小砖房子。建房时，也是左邻右舍来帮忙。所以，那段灾难的日子，并不缺少人情的温暖。艰难的日子在同舟共济的精神支撑中，也不那么难熬了。

应该说，地震时的谭家港人是十分幸运的，因为三个主要的聚落——总队、新房子、新村，没有一间房屋倒塌，尽管房子本身并不结实。而不可思议的是，谭家港北面不远的东庄坨村，几乎被夷为半地，南边的的化学厂，建筑物也倒塌严重。这也是谭家港三个聚落震亡人数仅仅5人的缘故。

谭家港居住的多数人是原河北省劳改二队管教人员和家属，其他人员也是东风盐化厂职工及家属，这样的人员组成，使得地震后，治安稳定，抢险有序，震后生活和谐，恢复正常生产也很迅速。

大难已远，逝者长眠，唯望生存者不忘那段难忘的历史，不忘谭家港人乐于助人的高尚精神。

牌坊街的牌坊

冯 伟

牌坊，是我国古代用以表彰忠义、尊崇孝悌的礼仪形式，也是中华文化中能够反映民族特质、极有故事的传统建筑。

有清一代，牌坊的发展达到鼎盛。当时，沿蓟运河左岸的汉沽、寨上、营城三个区域，均建有节孝牌坊，坊主分别为崔钰之妻杨氏、李达有之妻韩氏、邵连瀛之妻张氏。其中，尤以寨上李兴庄的"故处士李达有妻韩氏节孝坊"最为壮观，该坊伫立在穿庄而过的自然土路上，民间习称李家牌坊。寨上牌坊街的称谓即源于此。

李兴庄始建于明代中期，为李氏家族聚居地，具体位置是今天铁坨里辖区的牌坊西街一带。1930年，河北省政府将县级以下的"区、里"建制变更为"区、镇、乡"建制，当时的宁河县第五区寨上镇，下辖两乡，乡之下还有街道，李兴庄就是这时改称牌坊街的。

1953年，汉沽工农业聚力发展，带动城区扩建改造。因便利交通的需要，遂将牌坊西街的节孝坊拆除。

60余载沧海桑田，牌坊西街早已成为汉沽地区最为繁华的商业街，而节孝坊的故影仅留在过来人的记忆和描述中，或偶尔出现于艺术家勾勒汉沽旧貌的画作里。但这些，都不如影像资料来得更为直观可感。那么，牌坊街的牌坊到底长啥样呢？

有幸的是，一张拍摄于1948年的寨上节孝坊老照片不久前入藏笔者的天津滨海藏报馆。此照出自辗转购于南京的一册民国老照片集。这册影集的主人王愤强先生，1948年前后曾任职于天津化学工业公司汉沽工厂（天津化工厂前身）。影集展现了他求学、工作和社会交往等履历，并且精心地进行了分类，几乎在每一张照片的背面都作了文字说明，也为我们今天解读历史深处的信息省却了很多考证的工夫。

关于此坊的来历，清光绪版《宁河县志》卷十《贞节》中记载得十分清楚，原文为："韩氏，李达有妻，年二十四，夫卒。无子，翁老家贫，氏以妇道兼子职，抚侄瑞麟为嗣，入武庠。氏年六十六卒，道光元年旌表。"

清朝乾隆年间，李兴庄人士李达有娶妻韩氏。李达有病故那一年，韩氏24岁，膝下尚无子嗣。韩氏坚守妇道，终身未嫁，不仅为公爹养老送终，而且认侄儿李瑞麟为子，含辛茹苦，培养他考入军校。韩氏66岁寿终，其事迹为乡里称颂。1821年（清道光元年），由官府出面为其造石坊一座，立于韩氏门前。

从照片上看，此坊横跨灰渣路面，为四柱三间冲天式石牌坊，风格清雅，气势肃然。中门高阔，利车马通行；边门低窄，供行人出入。路面两侧多为土木结构、两面坡屋顶之民居。部分宅院门前设高台阶，近前的阶上站立3人，因发觉有人拍照，故头脸和目光皆投向镜头。石坊西面还有拉车行路的人，白衣者在前，肩上缚一绳索，戴斗笠的人垫后，防护车上麻包掉落，近旁还有二三儿童随行嬉戏。因时值盛夏，照片中人物均着单衣，也有穿短衫短裤的。

照片背面写着两行潇洒的钢笔字，第一行是"塞上风光"，第二行是"（民国）37·8·30摄在汉沽"。"塞"字为笔误，应作"寨"。另有铅笔痕迹，疑为当时拍照的编号。

清道光二十四年（1844）手绘本《宁河图说》中，已有李家牌坊的绘注，可见此坊确为一处知名景观。

节孝坊中间的两根金柱通高4.2米，旁边的檐柱高3米，柱身雕刻蟠龙，柱头是精巧的石狮。金柱前后饯抱鼓石，檐柱则为三面抱鼓石，鼓顶亦雕刻石狮，与柱头石狮形态有所不同。

中门宽5米，匾额上镌刻"故处士李达有妻韩氏节孝坊"阳文楷书，顶部正中是竖排"圣旨"二字。边门宽1.7米，东面的两块匾额自右向左镌刻"芬流""史乘"两组阳文行书，西面的两组则为"台接""怀清"四字，同一面均落上下款，分别有"嘉庆二十五年"和"道光元年"字样，前者为请求旌表时间，后者指牌坊建造年份。

牌坊整体雕凿精美，综合运用圆雕、镂雕、浮雕、线刻等技巧，瑞兽、花卉、书法等装饰无一不精，堪称一件工艺精湛、坚实纯美的建筑杰作。

故处士，是对李达有的敬称，即已经去世、有德才而又隐居不愿做官的人。芬流史乘，是赞颂韩氏节孝的美名流传于正史。台接怀清，则把韩氏比作秦朝的节妇，这一典故源于《史记·货殖列传》。巴郡有一位叫清的寡妇，十分贤良能干，她继承并发展了亡夫开采朱砂的产业。秦始皇称其为贞妇，为她修建了怀清台，以彰其德业，也为后世开启了旌表贞节妇女的先河。

旌表制度是导民向善的表彰形式，因其严谨的申报、查勘、复核等流程，而享有极高的民众认同度，亦相当于现在的政府嘉奖。一个普通人，能够青史留名的缘由，在于其一生遵循着天地人伦、尽孝尽义这一法则,在道德层面,他们高于常人、不让公卿。牌坊的坊主,其实也是地方文化的代表、传统道德的楷模。一座节孝坊的背后,不只是斑斑血泪和困厄苦痛,还体现着道德操行的坚守、家风传承的熏染和风雨同舟的担当。在今天,对于弘扬优秀传统、坚定文化自信仍然有着不可忽视的启迪意义。

昔日的蓟运河渡口

冯 伟

蓟运河是穿流汉沽全境的唯一河流,被汉沽人亲切地称之为"母亲河"。蓟运河汉沽段,起自宁河区董庄乡东升村南,止于清河农场后港,自北向南逶迤而下,绵亘汉沽、寨上、茶淀三个街道,经防潮闸由北塘口汇入滔滔渤海。此段岸线总长 28 公里,流域面积 111.9 平方公里,河底深度约 6 米。河岸最宽处在茶淀东辛村,达 675 米;最窄处在寨上大桥,只有 177 米。

明代以降,蓟运河汉沽沿岸人烟聚拢,渐次形成村落,得享舟楫之利、灌溉之沛、鱼虾之饶。两岸民众及物资往来,除去水面结冰的数九寒天尚可成行之外,其他季节则非船只而不能沟通。由此,码头和渡口应运而生,在促进两岸工、商、农、渔各业融合发展及经济、文化交流上发挥了重要作用。但是,随着时代的进步,路桥建设异军突起,水运不再一枝独秀,渡口亦趋衰落,直至彻底消失于人们的视野中。

目前,蓟运河汉沽段共有桥梁 8 座,其中京山铁路桥是唯一的一座铁路桥,余者寨上大桥、汉沽大桥、营城大桥、蓟运河大桥、唐津高速桥、津汉改线桥、南环大桥均为公路桥。寨上大桥(原名京汉公路汉沽大桥)是汉沽最早的公路桥,始建于 1969 年。而此前,联系两岸的交通枢纽则基本依靠渡口和人工摆渡。

渡口多利用自然河坡而成,年渡期基本由农历雨水起至大雪前止。按照渡船承载内容的不同,摆渡分为人渡、车渡、混渡等,混渡既能载客,也可装卸车辆、货物。摆渡船载重量有限,往返费时费力,且效率不高,所以民间流传"最累不过脚夫,最苦不过船夫"的说法。

汉沽最原始的摆渡工具,仅仅是河上打鱼的普通渔船,岸边的一声招呼、一个手势,即可乘舟行渡。至清朝末年,一些较为殷实富足的沿岸村落相继设立渡口,并由全庄集资制造木质渡船。由于船小,水面就在船舷外触手可及。上得船来,渡者始终悬着一颗心,尤遇风急浪大的时候,水花常常溅到衣襟上,行渡者惊慌失措,情状十分险急。建国后,沿河行政村纷纷置备吃水较深的平板大船，在几个专业船工的操作下，劈波斩浪，往返于两岸。平板大船除行人、自行车外，还可摆渡牲畜、物资等。也有的渡船不用桨，于河道两侧各搭建一个基桩，中间系上一根牢固的钢索，船工分站在船舷两边，一人紧拽钢索，一人手持长篙，支撑着河床奋力向对岸缓缓驶去。

据史料记载，蓟运河汉沽段共有渡口12处，始设于明代的1处，清代的4处，民国的3处，建国后的4处。

窑上渡口：明朝末年设立，位于原大田庄乡下坞村西、蓟运河北岸，与南岸茶淀乡李自沽村互渡。下坞村西为烧砖之所，故得名窑上。窑上渡口古时地处交通要冲，曾于清雍正元年（1723）由村民重新捐修，可混渡行人及车马、货物，为汉沽历史上设立最早、规模最大的渡口。民国后，该渡口的交通地位日衰，于建国初期停运废弃。

大马杓沽渡口：清乾隆十五年（1750）设立，位于原大田庄乡大马杓沽村西、蓟运河东岸，与西岸前、后沽村互渡行人，停用于1965年前后。

西孟渡口（原名孟家庄渡口）：清乾隆年间设立，位于后沽乡西孟村南、蓟运河北岸，与南岸大田庄乡互渡，是汉沽最后一处停运的渡口。互渡的两岸河面宽240米，单程8分钟。20世纪90年代末有载重量20余吨大渡船一只，年渡行人量2万人次，车马4000辆次。

李自沽渡口：清乾隆年间设立，位于原后沽乡李自沽村北、蓟运河南岸，与北岸大田庄乡互渡行人。

留庄渡口（原名刘家庄渡口）：清乾隆三十七年（1772）设立，位于原茶淀乡留庄村东、蓟运河西岸，与东岸汉沽庄互渡行人。该渡口创设时，刘家庄尚未更名为留庄。光绪年间，清政府修筑京奉铁路和蓟运河铁路桥，原规划需占用该村土地，因刘家庄戴彬元家族的功名而改变选址。其后刘家庄改称留庄，即取"保留"之意。新中国成立后，又增置大木船一只，摆渡车马和农产品。1970年寨上大桥通车，该渡口作用式微，1980年汉沽大桥通车，该渡口停用。

李公庄渡口（简称李庄渡口）：清朝末年设立，位于原茶淀乡李公庄村东、蓟运河西岸，与东岸寨上牌坊西街互渡行人。在1948年12月解放汉沽的战斗中，解放军曾利用该渡口过河，切断敌人退路，迂回包围固守在汉沽蓟运河铁路桥的国民党青年军。

崔兴庄渡口（简称崔庄渡口）：清朝末年设立，位于原茶淀乡崔兴庄村东、蓟运河西岸，与东岸寨上秦家台街互渡行人。在解放汉沽战役中，人民解放军曾利用该渡口过河，阻歼守桥敌军。1970年寨上大桥通车后停用。

后沽渡口：清末民初设立，人渡，1970年停用。

茶淀渡口：1956年设立，车渡，1970年停用。

桥沽渡口：民国初年设立，位于后沽乡桥沽村东、蓟运河西岸，为桥沽村与东岸大田庄乡大、小王鄌村互渡行人，有村内富户捐资建造木船一只。1961年重修，1974年停用。

孟家鄌渡口（简称孟鄌渡口）：1970年代初设立，人渡，一年后停用。

汉沽大桥南渡口：由汉沽市政工程处设于1982年10月，两岸互渡行人，当年11月停用。

乘摆渡需要购票，旧时物质缺乏，人们生活水平普遍不高，单枚过渡票的面值有2分、5分、1角等区别，能上一个人或一辆自行车。过渡票大多是20世纪70年代前流通使用的，纸张及印刷比较粗糙，票面不大，一般印有渡口名称、票价及流水编号。在1958年"大跃进"浪潮中，汉沽农村大办人民公社，将国家基层政权机构和劳动人民集体所有制的经济组织合二为一，其管理机构分为公社管理委员会、管理区（或生产大队）、生产队三级。此外，在建国后的20多年中，汉沽行政区划变更尤为频繁，特别是"文革"期间实行政治挂帅，乡村、街道的名称统一改为又红又专的革命化称谓。这些时代特点，在小小的过渡票上均有体现，印证了汉沽乡村和人民公社制度的变迁。

如今，蓟运河上大桥林立，人流往来和交通运输畅通无阻，人工摆渡早已退出历史舞台，成为人们不太遥远的记忆。小小的过渡票，也随蓟水涓涓东去，淹没在历史的尘埃中。旧时代的票证，就这样给人留下无尽的回忆和怀想。

与时代发展渐行渐远的蓟运河渡口，虽然称不上历史遗迹，但随着时间推移，则越来越显示其重要的存在价值。特别是从打造蓟运河旅游景观的角度来看，不啻于一档见证蓟运河生态变迁的活化标本。

周连义先生提供

昙花一现的汉沽京剧团

冯 伟

在汉沽历史上，虽然专业性的戏剧团体不乏其数，但汉沽京剧团却鲜有人知，即便是《汉沽区志》，虽对其偶有提及，亦语焉不详。

汉沽京剧团产生于"文革"的特殊年代，存在时间不足4个月，可谓昙花一现。追溯其历史渊源却相当深厚。

为适应战备和革命形势发展的需要，认真搞好斗、批、改，1970年2月24日，天津市革命委员会文教组下发文件，决定从市区剧团选调人员，组建天津市汉沽京剧团，并将其编制暂定为95人，包括演员50人，乐队27人，舞台工作队9人，行政管理人员9人。并规定，除行政管理人员由汉沽区革委会负责调配外，其他人员一律由市革委会文教组统一调配。

第一批调来66人，名单如下：

1. 和平区长征京剧团36人：张振宇、陈明汉、杨永珍、闫树强、苏承龙、马少良、冯连仲、苏少英、张建、马维民、从玉明、李春明、于洪民、张雁林、孟春明、曲瑞泉、崔克礼、马希英、郑秀茹、孙玺珠、张学玲、高德亮、张伯华、金子明、倪凤玉、于克良、刘保录、杜中、安桂新、宋宝林、韩奎武、李宝华、刘树华、朱宝善、张少臣、李承玉。

2. 河北区红艺兵京剧团11人：刘林童、郑玉林、吴朋远、张永年、申文杰、魏伟、周德仁、李开屏、赵红、周卫东、张铁球。

3. 河西区延安文工团7人：安永年、戴淑珍、杨丽丽、王泽、张义生、冯凯、王立才。

4. 红桥区东方文工团8人：赵士敏、李爱臣、刘晓明、李玉森、陈永义、刘津顺、苏桂生、刘子彬。

5. 汉沽区五七干校4人：张振民、韩殿友、赵宝芹、赵贺明。

1970年3月4日，汉沽区京剧团正式成立。不久，又从汉沽寨上公社革委会调来马芳，从汉沽五七干校调来肖俊山、吴玉林、韩光华、赵士芬，并从寨上公社和天津化工厂等处雇佣炊事员、锅炉工 5 名从事临时性工作。同时，安永年、安桂新、张学玲于 4 月 18 日调回市区，魏伟于 4 月 30 日赴济南军区服兵役。

汉沽京剧团的主要任务，一是在汉沽区革委会的领导下，有计划地安排演职人员参加劳动锻炼，接受工农兵的再教育，使全体革命文艺战士高举毛泽东思想伟大红旗，贯彻执行毛泽东的革命文艺路线，突出无产阶级政治，活学活用毛泽东思想，全心全意为工农兵服务，为无产阶级政治服务，走与工农兵相结合道路，实现思想革命化。二是把舞台变成宣传毛泽东思想的战场，把剧团办成红彤彤的毛泽东思想大学校，学好排好革命样板戏，为夺取文艺革命的更大胜利，进一步巩固无产阶级专政而贡献力量。

汉沽京剧团的日常管理工作由寨上公社革委会原主任马芳主持。在文艺革命方面，则接受市文化系统革委会的指导。

汉沽京剧团成立后，不断加强建设，购置服装道具及舞美器材。截至 7 月底，由财政累计拨付经费 71,700 元。

当时，适值市文化系统革委会在 4 月 30 日至 5 月 26 日组织"红五月"戏剧演出活动。作为纪念毛泽东《在延安文艺座谈会上的讲话》发表 28 周年的重头戏，汉沽京剧团和天津市京剧团、河北梆子剧团、评剧团等剧团参加展演，共演出 100 多场。汉沽京剧团参演的以《红灯记》为代表剧目的革命样板戏受到热烈欢迎。

这次活动的影响很大，观众除了天津各阶层群体外，还有黑龙江、安徽等省的 20 多个剧种的同行和来自港澳地区的爱国人士，以及波兰、英国、日本、埃及、希腊、挪威等国家的商人和海员。也为之后天津市掀起普及革命样板戏的高潮奠定了基础。

6 月 7 日，市文化系统革委会成立《红灯记》剧组和《海港》剧组，决定将汉沽京剧团成建制转入《红灯记》剧组。7 月 28 日，汉沽京剧团张振宇等 61 人调往《红灯记》剧组，改属市革委会文化系统直接领导。另有花园小学女教师梁凤鸣，也调往《红灯记》剧组。

此后，汉沽京剧团不再购置舞美器材，但仍为演职人员发放工资及福利，至当年 9 月底结束。12 月 6 日，市文化系统革委会开具介绍信，派《红灯记》剧组邢金松、吴玉林二人到汉沽区革委会办理上述 62 人的人事档案及交接手续。

汉沽京剧团存在期间，成立了革委会和革职会，建立了党支部和团支部，实行了军事化组织管理，编为 3 个排，深入开展思想整训活动，大学《老三篇》，召开活学活用毛主席著作讲用会，彻底改变旧戏班的思想和作风，肃清文艺黑线的余毒。在此基础上，积极排练《红灯记》等革命现代京剧，曾先后在天津人民礼堂彩排一场，公演 2 场，为市革委会学习班和招待家属各演出一场。在天津市干部俱乐部公演 9 场，招待文艺界 1 场。

场场爆满，受到各界欢迎和好评。

1971年底，《红灯记》剧组更名为天津市京剧三团，《海港》剧组更名为天津市京剧二团。

1995年8月28日，天津市京剧团和天津市京剧三团合并，组建了天津京剧院。天津京剧院名角荟萃，行当齐全，文武兼长，阵容强大，是国内重要的京剧表演艺术团体，也是由国家文化部评定的全国京剧重点院团。

附：汉沽京剧团主要成员艺术简介

马少良 男，1943年生，国家二级演员，工武生。自幼随父马宝山习艺。1958年参加天津市京剧团，曾向程正泰、曹世嘉、徐盛昌、郭仲麟、厉慧良、袁金凯等问艺，1961年拜李少春为师，1980年拜曹艺斌为师，1981年拜李万春为师。

马少良于1970年调入《红灯记》剧组，后在天津市京剧三团一直担任主要演员。1977年在新编现代京剧《骄杨颂》中塑造了领袖毛泽东的艺术形象。1977年，恢复传统剧演出后，马少良在津首演了《逼上梁山》，观众反响空前热烈。此后又陆续与赵慧秋、王则昭合作演出《红鬃烈马》，与李经文主演《三休三请樊梨花》，受到各界的好评。

马少良除了具有扎实的武生功底外，在人物刻画方面尤显突出，尤其难得的是他在运用高难技巧时，随时注意到与剧情、人物的结合，与刻画人物心里活动和精神状态相结合，成功地塑造了众多的舞台形象。其代表剧目有《逼上梁山》《伐子都》《战冀州》《挑滑车》《曹营十二年》《古城会》《万水千山》等。

苏承龙 男，1928年生，京剧演员。1939年入天津稽古社子弟科班学艺，随启蒙老师韩舒声学习京剧老生，曾从叶德凤学过《五雷阵》《将相和》等戏。1988年经天津市文化局咨询委员会评定为文艺一级演员。

1945年曾住在奚啸伯家里，奚啸伯请谭富英的内兄宋继亭为苏承龙说戏，后拜奚啸伯为师深造，是奚啸伯解放前四大弟子之一，得其亲授《文昭关》《失空斩》等戏。建国后回到天津，随周啸天边学习边演出，直至1957年。1957年后，自己搭班，任老生主演。曾搭班于长春、哈尔滨、苏州、天津市京剧团演出，后转入天津市京剧三团，1982年由天津京剧三团调入天津艺术学校任教。

李开屏 女，京剧艺术大师王瑶卿亲传弟子，是中国戏曲学院（原中国戏曲学校）1956年第一届毕业班高材生，曾向戏曲教育家王瑶卿、萧长华、章小山、施砚香、程玉菁、华慧麟、王幼卿、李卿云、林秋雯、黄斐秋、陈施耐等学艺。

因天赋条件好，并有一副清澈甜润宽亮的嗓子，扮相俊秀端庄，又勤奋刻苦，在校期间特别得到艺术大师王瑶卿先生的青睐与器重，亲自传授了《玉堂春》《王宝钏》《连环记》《回荆州》《汾河湾》等戏。又得艺术大师梅兰芳的不断指导，并于1955年参加了《梅兰芳舞台生活40周年》的电影拍摄。毕业后先后在北京青年京剧团、陕西省京剧团、保定市京剧团、苏州市京剧团、天津市建新京剧团、天津市京剧三团工作，与赵松樵、小盖叫天、李元春、李铁英、张文娟、陈云超、马少良、于世文、罗荣贵、王则昭等多位名家合作演出。

宋宝林 男，1922年6月生，天津京剧院国家一级演奏员，与著名鼓师姚占崎、陈宝书、于又泉并称天津四大名鼓，舞台造诣深厚。

幼年随父兄学艺。1939年进入天津稽古社搭班。建国后在北京、石家庄等地为奚啸伯、梁慧超司鼓多年。1959年，应邀为尚小云先生司鼓，拍摄舞台艺术片《失子惊疯》《昭君出塞》，灌制《梁红玉》《御碑亭》等京剧唱片。1970年到津后与多名著名演员合作，深受演员和观众的喜爱。2014年1月15日在天津去世。

陈永义 男，1944年生，山东聊城人。1963年毕业于天津市艺术博物馆泥人张彩塑工作室。天津京剧三团舞美设计兼绘景。

1963年7月在天津市益民河北梆子剧团任舞美设计兼绘景，此期间曾设计过《青年一代》《红色娘子军》《前沿人家》《红云崖》《减地夺粮》《煤店新工人》《雨夜》等。70年代参与设计了《红灯记》《杜鹃山》《龙江颂》《五把钥匙》《审椅子》《万水千山》等戏并兼绘景。其中《包公摆宴》的舞美设计，在天津首届戏剧节上荣获舞美设计二等奖。

马希英 女，1948年生，京韵大鼓演员。自幼在东北角与京韵大鼓表演艺术家侯月秋为邻居，耳濡目染，深得侯月秋喜爱，13岁拜师。后加入和平区曲艺杂技团，在青年队担任主演。

"文革"时期转到天津市建华京剧团、天津市京剧三团演武旦、刀马旦。此间承蒙老一代京剧表演艺术家杨荣环、张世麟等的教诲，对其唱念做打进行指导，打下了坚实的基础。"文革"后于1979年重新加入以和平区曲艺杂技团为主要班底组建的天津市实验曲艺杂技团。

马希英嗓音高亢、板槽扎实，表演生动传神，颇似乃师风范。常演曲目《金定骂城》《徐母骂曹》《博望坡》《南阳关》《古城会》《百山图》，曾上演新编曲目《荔枝泪》《春到险峰》《麒麟送子》《心向陕北》等。

加工蚶子合

冯 伟

汉沽濒海跨河，水产品极为丰富。分布在汉沽近海 1~5 米水深区的毛蚶，即为其中一种。特殊的地理环境，丰富的浮游生物，造就了汉沽毛蚶的优良品质。

毛蚶成体壳长 3~5 厘米，壳面膨胀呈卵圆形，两壳不等，壳顶突出而内卷，且偏于前方；每面壳面有放射肋 31 条左右，肋窝间有褐色绒毛；铰合部平直，有齿约 30 个。毛蚶繁殖力强，生长快，寿命一般不超过 8 年。汉沽人称毛蚶为蚶子，并将汉沽口音谑称为"蚶子味的"。

1963 年以后，由于小黄鱼、鲙鱼等经济鱼类资源衰减，汉沽的海洋捕捞开始转向毛蚶，当时业内有"够不够，蚶子凑"的说法。20 世纪 70 年代，海洋捕捞总量比 60 年代增长 38.5%，其中毛蚶的增长比例高达 109.9%，即增加了 15,977 吨，占总产量的 53.9%。1975 年，毛蚶产量跃至巅峰，全年达 5 895 吨。由于无序过度地采捕，以及生态环境条件的改变，导致后来资源锐减，1985 年毛蚶年产量仅为 11 吨。

手里保存着一本 42 年前天津汉沽水产公司发放的蚶子合加工手册，可以感受汉沽人与毛蚶的不解情缘。

这本蚶子合加工手册，在封面上显示着加工户姓名、住址、发放日期及编号等信息，还加盖了一枚"天津市汉沽区水产公司革命委员会寨上水产门市部"的公章。

每年春、秋两季，是毛蚶的旺产季节。其加工期与捕获期基本一致，即上半年的 3—4 月和下半年的 10 —12 月。

1973 年 10 月 15 日，寨上水产门市部为加工户发放了这本用于领取蚶子合和交回蚶子肉的凭证。

手册内有领取蚶子合日期、数量、出品率、应交蚶子肉数量、实交蚶子肉数量、多交蚶子肉数量、少交蚶子肉数量等明细，各项均由发放单位填写，并在每季度加工结束后由加工户交回发放单位，核算加工费用。此外还规定，加工手册如有遗失，必须向发

放单位声明，按遗失手续妥善办理。

寨上水产门市部位于杨家寨上街路南东首，多年前已拆除，代之而起的是高耸入云的"海宁湾"商品楼。记得小时候，这里常常门庭若市、人头攒动。尤其到了冬天，前来购买带鱼等海货的人们排起几路纵队。由于当时供应不足，很多水产品要凭证限量购买。

那时住在大清宿舍，每次上下学路过水产，都能闻到一股难掩的海腥气。门市部里出售的货品，除了熟虾、海米、海蜇、虾酱、虾油等干货及腌酱品外，几乎全是冰冻海鲜，不像现在，带海水、打氧气，活蹦乱跳的。种类也少，冰冻鱼和贝壳类居多，虾蟹难得一见。

20世纪六七十年代，由于毛蚶的丰产，普通百姓从水产公司领回蚶子合，择出蚶子肉，以每斤一毛多钱的价格再交还给水产公司，便成了家庭的另一份经济来源。蓟运河埝支锅灶，全家上阵剥蚶壳的场面，成为当时汉沽的一道特殊风景。

择蚶子是件苦差事，时间长了，手背就会被毛蚶的汁水蛰得奇痒难捱，于是不得不腾出手来挠几下，痛快痛快。看着择出的蚶子肉在容器中一点点变高，最后攒出了尖儿，一种劳动丰收的喜悦之情便在人们的脸上荡漾开来。

民族实业家李叔良与合记汉沽工厂

冯伟

李叔良（1883—1954），又名李秉成，河北高阳人，民国时期著名工商实业家。他曾于1931年"九一八"事变后在汉沽投资办厂，留下了一段振兴民族实业的历史佳话。

李叔良有着显赫的家世，作为高阳庞口李氏望族，其祖上自明代始，计有12位进士、46位举人。其中尤以清末民初的李鸿藻、李石曾父子最为著名。

高阳素有"纺织之乡"的美誉，"高阳布"久负盛名，在中国近现代纺织史上占有重要地位，成为民族工商业发展的缩影。李叔良利用家乡的这一产业优势，年轻时即投身工商实业，主营布匹，并为德国商人代销颜料，从而逐步积累了原始资本。

1919年，李叔良兄弟4人和孙月奇、杨爱卿在高阳县城南关，开办了高阳第一家染布工厂，因系合股经营，故称合记工厂。经过多年打拼，创立了"晴雨牌"阴丹士林布、"放羊牌"纳夫妥红布、"仙女牌"灰布等一批备受民众喜爱的国货名品，并在河南、陕西、山西、四川、云南等地设分号。

20世纪30年代初期，高阳县内的大小染坊不下100余家。硫化碱和元明粉作为生产染料的重要化学品，有着很大的市场需求量。但当时这些化学原料基本上被日本和德国垄断，价格昂贵。1931年爆发了震惊中外的"九一八"事变，在国家和民族危急存亡之秋，李叔良决定把经营拓展到化工领域，全力发展民族实业。

是年，李叔良在天津注册成立了合记化学制造股份有限公司，并于1932年6月投资20万元，选址汉沽寨上庄南的蓟运河西岸（今滨海新区寨上街汽车修配城一带），建成了合记汉沽工厂，成为继渤海化学工业股份有限公司汉沽工厂之后汉沽地区的第二家化学工厂。合记先后聘请张文约、殷芷江担任厂长。出品的硫化碱和元明粉分两个等级，一级品为"红象牌"，二级品为"蓝象牌"。产品发送华北、东北等地，颇为畅销，对日商的东洋货形成了极大的制约。不久即受到日本势力的横加干涉，说什么"日本人在天津享有硫化碱生产的唯一专利权"，想尽办法阻挠合记汉沽工厂的发展。

李叔良气愤之极，和日商对簿公堂，据理力争，并一直打到南京国民政府。当时李叔良的同族李石曾在国民政府任中央委员，通过李石曾的多方争取，合记汉沽工厂打赢了官司，但李叔良也因此受到日商的嫉恨。1935年，几家日商联合起来，采取大幅削价手段，欲一举挤垮合记汉沽工厂。关键时刻，又是李石曾拔刀相助，疏通中国实业银行，为合记提供资金支持，迅速从日商手中夺回了失去的市场，坚强渡过难关，保全了民族工业，也极大地振奋了当时的民族工商业者。这一时期，从北京学徒归来的刘宝忠曾入合记汉沽工厂做电工，在工作实践中打下坚实的技术基础。刘宝忠在解放后当选为第一至三届全国人大代表和全国劳动模范，一生实现重大技术革新60多项，这些成就的取得，是同他在合记汉沽工厂的艰辛磨砺分不开的。

1937年"七七"事变后，在日本军国主义的强权支持下，日商肆无忌惮，加快蚕食本来就很薄弱的中国民族工业，合记汉沽工厂再度出现危机。1938年6月，日商清水一太郎在合记汉沽工厂北侧建汉沽大清化学工厂；1939年7月，青岛维新化学工业株式会社在汉沽庄北（今滨海新区汉沽街滨河路滨河家园住宅区）建汉沽工厂。这两家日商背景的工厂均主产硫化碱和元明粉，无异于使合记汉沽工厂腹背受敌，一时间陷入窘境，产品和市场逐渐萧条萎缩，濒临停业的边缘，在夹缝中勉强度日。

1945年8月日本战败投降时，李叔良已六旬开外，面对风雨飘摇中的工厂，自感精力体力大不如前，唯有横下一条心继续苦苦支撑。至新中国成立前，他在天津、汉沽、高阳等地的产业均出现不同程度的减值缩水。

1951年3月16日，李叔良忍痛将合记汉沽工厂作价8 000万元（旧币值），售予天津市人民政府油脂公司，改建为该公司的生产基地。从此，李叔良与汉沽彻底切割、再无瓜葛。1952年，油脂公司的这个生产基地改隶河北省工业厅重工业局，并更名为汉沽化学厂，陈绍森、马惠民分任厂长和党总支书记，其后又相继并入海星化学厂、新华化学厂、新达第一联厂等多家民营小企业，但仍以硫化碱、元明粉为主营项目。1957年将原维新化学工场场址辟为新厂区。1958年之后，汉沽化学厂与天津化工厂硫化碱车间合并，先后改称天津化工厂第一分厂、硫化碱车间、无机盐车间。原合记汉沽工厂的厂址，南半部改为天津化工厂家属工厂，北半部划入天津化工厂运输科汽修队。

1954年，时年71岁的李叔良去世。

蔡家堡挖泥船

冯伟

新中国成立后,渔业生产得到长足发展,在渔船扩容、渔获量增长势头较快的情况下,渔民对发展渔港的要求更加迫切,渔业后方建设得到国家有关方面的高度重视。

1975年3月,全国第一次渔港建设现场会在山东胶南召开。会上,天津汉沽蔡家堡公社、山东石岛渔港、山东胶南石米崖渔港、广东水产局筑港工程队、广东海南清兰渔港、辽宁丹东水产公司、山东胶南船厂等10个单位,分别介绍了坚持因地制宜、土洋结合、发动群众、大搞技术革新和技术改造,多快好省建设群众渔港的先进经验。会议材料组为此印发了《自力更生、艰苦奋斗——建渔港十例》经验材料。

蔡家堡公社《自力更生、土法上马,造简易挖泥船》的经验介绍,为这本材料的第一篇。

1973年以前,由于蔡家堡海岸一公里内全部是滩涂,渔船不能停泊靠岸。渔船收港时,渔民趟着没膝盖的泥水,或推、或扛、或挑、或抬,将鱼卸上岸边,再把油、水、网具、生活资料等送到船上。这种耗费极大人力、效率又很低的运送方式严重制约了渔业生产的发展。

1973年,广大渔民在蔡家堡公社党委的领导下,以大寨人自力更生、艰苦奋斗精神为动力,男女齐上阵,在海埝外修建了一处长200米、宽30米、深2米的停泊港池,挖成一条长700米、宽20米、深1.5米的航道,可容纳渔船30艘。之后又自行设计、自己动手,仅用半年多的时间,利用30立方米木材、22吨钢材,自筹资金4万元,并申请国家补助3万元,制造了一艘每小时挖泥40立方米的绞吸式木壳挖泥船。

绞吸式挖泥船的原理,是利用转动着的绞刀绞松泥滩土壤,与水混合成泥浆,经吸泥管吸入泵体,并经排泥管输送至排泥区。在生产过程中,挖泥、输泥和卸泥都是由自身连续完成的,生产效率较高。非常适用于像蔡家堡这种风浪小、流速低的渔港的疏浚。

这条挖泥船长11米、宽3.5米、吃水0.68米,由三个部分组成。一是在操纵台上安装10马力柴油机1台，操纵船只移动航行及绞刃桥梁的上下、左右移动；二是在操纵台后面安装6英寸泥浆泵和4135型100马力柴油机各1台，可以将吸起的泥浆，经过浮筒吹到50米以外；三是在由绞刀、刀架和桥梁构成的挖泥设施上，加装10马力柴油机一台，带动绞刀绞泥，最深可至3米，一次最大摆动宽度达10米。

通过以上改造，船上配备操作人员5人，每小时可完成挖泥量40立方米。比新造一艘同一类型挖泥船缩短了一半的制造时间，节约投资5万元。

全国第一次渔港建设现场会召开之际，国内沿海地区兴建渔港的积极性十分高涨。汉沽大神堂渔港就是在1975年开春建成的，当时可容纳渔船70余艘。

汉沽解放后的第一个劳动节

冯 伟

1949年5月1日，汉沽人民迎来了本地区解放后的第一个劳动节。这一天，距1948年12月14日东北野战军攻下汉沽铁桥、解放汉沽全境，时隔仅四个半月。

伴随着汉沽的解放，人民政权接管了这座满目疮痍的滨海盐城。1949年3月1日，以原宁河县第五区的寨上镇、汉沽乡、营城乡，第六区的北塘镇、蛏头沽乡，第二区的小神堂村，以及丰南县大神堂村为基础，组建了汉沽特别区，成立了区委和政府班子，任命李太英为区委书记、齐雨田为区长。当时，汉沽特别区属晋察冀边区冀东第十五专区，为县级建制。在此基础上，夯实基层民主政权，设寨上、汉沽两镇和25个行政村，废除保甲制，改保为街，改甲为居民小组。

针对汉沽特别区经济结构偏重于盐业和化学工业的性质，还建立了职工会筹备委员会，由李太英兼任筹委会主任，这是汉沽总工会的前身。

汉沽的盐业、化工和各项社会建设，在国民党政府留下的经济基础极为薄弱、财政金融濒临崩溃、物价上涨几近失控、投机活动异常猖獗的烂摊子上艰难起步。

在盐业生产上，当时还存在大量私营滩。为了迅速恢复滩晒工作，中国人民银行天津分行合作部为此筹措资金，放出贷款，协助汉沽灶户和盐民如期进行春晒，解决了近6 000名长短工的生活问题，预计全年可完成25万吨原盐的生产任务。

天津市军管会贸易接管处盐业部还采取灵活办法，用盐区急需的玉米等生活原材料交换盐民手中的存盐，并在汉沽设立了办事处，直接承办此项业务，便利了滩产原盐的及时运销。

在化工方面，国营大厂克服重重困难，率先恢复生产。天津化学工业公司汉沽工厂于2月初复工。全体职工脱离了旧社会的苦海，以报答党恩的思想，发扬不畏艰难、连续奋战的精神，用冲天干劲啃下一块又一块硬骨头，产品产量较解放前超过了三分之一强。时有动力部工人刘德善的诗歌《你也干，我也干》为证，他写道："你也干，我也干，干字里边有分辨：你干多生产，我干大出汗。给你记大功，我们也好看。工友要明鉴：盐从哪里咸？醋从哪里酸？吃水千万莫忘挖井汉。"

进入4月份，汉沽工厂相继迎来了两批高校观摩学习团。5日下午，北京大学化工系一行32人，兴致勃勃地参观了烧碱、盐酸、溴素等生产线。15、16日，南开大学化学、化工两系的教授和学生共40人也来厂学习观摩，15日晚上还举行了盛大的茶话会，师生与职工畅谈交流，表演联欢，气氛非常热烈。大家还一起高呼口号："将革命进行到底""打到江南去，解放全中国"。

与此同时，汉沽特别区的铁路、航运、电力、邮政、电讯等公用设施也均陆续恢复。

4月6日，汉沽邮政局开始收寄去往冀东各地的包裹业务，并实现通汇；12日，恢复山东各市县的快递邮件。

北宁路汉沽车站站长参加了平津铁路管理局运输会议，学习取经，落实工作，为完成军事运输任务和稳定客货运输秩序创造了条件。

仅仅4个多月，汉沽特别区在战争的焦土上坚强站立起来，工、商、农、渔等各行各业呈现可喜变化。时近一年一度的五一国际劳动节，区委和政府作出决定，在劳动节当天举行全区庆祝大会。

1949年5月1日，汉沽特别区五一劳动节庆祝大会在杨家寨上街东头广场隆重召开，位于南侧的主席台特意搭设了席棚，自简朴中透露出庄严，行业英雄上台接受表彰，台下群众欢欣鼓舞、摇旗呐喊，场面壮观热烈之极，也让汉沽人民真正感受到解放区晴朗的天和当家作主后的扬眉吐气。天津化学工业公司汉沽工厂的年轻职员王愤强，在这一天，用自己的相机拍下了汉沽解放后第一个劳动节的实况。

镜头中，1949年的汉沽虽然缺少色彩，却充满生机。会场西侧原秦家台小圣庙，与坡屋顶的民居之间，栽着几棵大树，树影婆娑，摇曳在春风里。

作为建国前后汉沽举行大型集会主要场所的杨家寨上东首广场，民声鼎沸，旗帜飘扬。人们扯起"庆祝五一劳动节"的大字横幅，各行各业的职工心潮澎湃，热烈庆祝自己的节日。排头还站着不少看热闹的小孩子。全体落座后，面南朝向主席台台口。人们戴的帽子极具特色，礼帽、前进帽、窄沿的白色帽子等均有。其中一张照片中，北宁铁路标志的路旗含羞半掩，旗下路警的制服非常抢眼。

高高的主席台上，贴满红红绿绿的庆祝标语，"劳动创造社会"尤显突出。席棚内拉有电线，大灯泡放出强光。台上的人全部站立，各工厂选出的劳动英雄胸佩大红花，接受表彰。刘宝忠也在其中，1950年9月他荣获了全国劳动模范称号，多次受到毛泽东主席的亲切接见。

庆祝大会结束后,群众上街游行。走在人民的土地上的劳动者,此刻无比自豪。街道两侧的民居多为土草结构,地面为土路,坑洼不平,呈现出十分显著的盐区地貌。

汉沽工厂的职工们还临时扎制了漂亮的彩牌坊,搭建在工厂门口的南侧。彩坊的最高一层是"庆祝五一劳动节"七个大字,下一层是"加紧生产,支援前线"字样。走过牌坊的职工,兴高采烈地挥舞着写有"天津化学"的小旗子。

照片拍摄人王愤强,时年25岁,浙江海盐人,国立浙江大学毕业。1948年8月5日入职天津化学工业公司汉沽工厂,为甲种实习员。汉沽工厂于1950年8月正式定名为天津化工厂,他曾于1950年8月至10月之间,以基层通讯员的身份,在《天津日报》发表报道天津化工厂及其大沽分厂的新闻,有评模庆功、开展安全竞赛、企业增加职工福利等内容,之后调离天津化工厂。

天津滨海藏报馆提供

泥房

姜茂树

几十年前,我的家乡神堂村人家住的几乎都是土坯房。这样的房子墙码得宽、房顶苫草厚实;泥压的多、搪风隔热、冬暖夏凉。

虽然土坯房优点很多,但它却有一个最大的弱点,就是遇到长时间的雨淋,房顶会漏雨。墙皮脱落斑驳难看,严重的还会有土坯掉落甚至坍塌的可能。

村里有句祖辈相传的老话:不怕顶风撑渔船,就怕连阴老雨天。假如谁家今年不泥房,经过一年雨雪风霜的侵蚀,泥层已经松散透气。到了夏季再遇上连雨天,那可真是老天下大雨,老房屋里下小雨。浑浊的泥水像从屋顶撒下的豆滓子,噼里啪啦地往下掉。屋里人无处躲藏,孩子哭闹大人抹泪,这是渔家人撑船出海最为担忧的事情。

为预防和阻挡漏雨、掉泥皮的最有效、省钱的办法就是泥房。土坯房结实不结实、延年不延年,泥房最关键。到了谷雨节气后风轻日暖,水汽上升平缓,黏泥摊薄不易裂,晾干更结实。所以不论多忙多累,人们都会挤时间、抓工夫泥房,这样心里才踏实。因此年年泥房,也就成为村里家家户户的一项重要活计。

那时常听老人说,阳春三月燕子回家的时节,村东高岗子的松凌土一捏会有粘手的感觉,和出的泥也特别筋道、黏糊是最好的泥房土。用它抹好的扁指厚的泥层硬挺、瓷实、光滑,雨水落上很快就会流下去。

记得我小的时候,父亲常出差,哥哥又是乡医,每年春季大渔汛都要随船出海为渔民服务,家里泥房的事就谁也顾不上了。眼看着雨季就要来临,家家都在忙活泥房子,母亲急的整天在房前屋后转圈子。

这天前半晌,正当她抬头望着高耸的房顶发愁时,就见海五爷领着一拨儿人扛着木锨、铁锨、三齿子,抬着铡刀,挑着水筲,拿着抹子、托泥板儿等工具乐呵呵地走来了。

大家和奶奶、母亲打声招呼后就边忙活边说笑地干起来,很快就把泥和好。接着就不断地用脚在泥堆里踩踏并反复倒腾"熟"了。让我纳闷儿的是,和泥是在地场宽绰的西窗跟前，可他们却把泥抬到放着酱缸、场地狭窄、干活很碍手脚的东窗底下。

看着我迷茫不解的样子，海五爷指着房顶说："老祖宗留下的规矩是住房东屋为大，理应住长辈人。咱们这头一锨、头一抹子的泥就得从长辈人住的那间屋顶开始干，这里边的道理等你长大后自然就会知道了。"

那时我懵懵懂懂地感知，这也许就是乡村人家常说的讲究孝道的一种方式吧。当我也能干泥房的活计时真的明白了，也一直就是这么做的，海五爷的话至今我仍牢记在心。

大友哥站在地面甩出的泥，犹如一只只觅食的海鸥，准确地飞落在预定的位置。在房顶上接泥、倒泥既累又很危险，需有胆量、耐力和灵活性。端着黏稠的泥在很陡的房顶上行走，须集中精力、格外小心，稍有不慎就会出现闪失。那年，猴三儿哥在房顶干端泥的活计，因惦记响午与伙伴喝酒的事，就着急地催促掌抹子的人手头儿放开点儿、再快一点儿。结果稍一分心踩在泥上，趔溜溜便收不住脚了。幸亏他年轻，身手灵活反应快，忙用力蹬房檐，使身体迅速改变方向掉在泥堆里，大家的心也都跟着落了地！

掌抹子是个技术活。别看五大三粗的李顺叔显得有些笨拙，可干起这个活儿来却是又快又好。他先用大抹子把泥往四外一摊，娴熟地抖臂、转腕、左推、右拉，然后再用小抹子使劲赶压。李顺叔的手劲大，压得实、到位；手腕灵活，赶得均匀、平滑。经他反复碾压过的泥面，立即就会显露出一层水光，而且他的身上从不沾一个泥点儿。看他泥房的动作，犹如在观赏一场杂技表演似的。

等大家从房顶上下来，抹好四周的墙面、清理干净场地、涮好工具洗净手脚后，奶奶赶紧端来烟管笸，我也提起水壶递过水杯，母亲则忙张罗他们到屋里吃饭。

海五爷笑着连连摆手："咱们都是前后街、东西邻居住在一起，大伙儿搭把手出点儿力，啥事都好办。"说完，他又领着大家带着工具，到北街的孤老户刘二奶奶家去了。

刚泥好的房顶光滑平实，墙面平整，就像为乡下女人的脸上抹了一层厚厚的雪花膏，又好像给老人穿了一套新衣裳，使满院子都显得光鲜。正可谓：黏土春泥抹老房，残墙旧顶换新装，老少全家安乐业，刮风下雨不心慌。

泥房这活儿，绝不是哪一家靠一两个人就能完成的，它需亲朋、街邻的相互帮忙。大家在泥房的过程中有拉不完的家常嗑，扯不断的新鲜事。又说又笑，既增进了友情，又是亲情、乡情的相聚。

如今村里的土坯房早已绝迹，住在有暖气、电风扇、空调的大砖瓦房里，乡亲们再也不为泥房的事情操心费力了。对于住老土坯房和泥房的往事，老一辈人有着一种割舍不断的情结，也在我的心中留下了难忘的记忆。

怀念火炕

唐云好

居住着有暖气、煤气的新楼房，感受着冬的温暖，却时常怀念儿时睡过的火炕。

火炕也叫土炕，是用土坯或砖砌成的睡觉用的长方型的台子。小时候我家所在的小渔村，家家盘着火炕，那时如有谁家搭木板床睡觉，会让人觉得不入俗或有些另类。渔家人祖祖辈辈沿袭着睡火炕的习惯，与北方冬季的寒冷和所从事的生计有密切关系，在物资匮乏的年代，以烧火炕取暖过冬无疑是既经济又理想的选择。终日在风里浪里闯荡的渔民们对生活的奢求，不过是"老婆孩子热炕头"的日子。下了船，回到家里，烫上一壶烧酒，与家人吃上一顿可口的饭菜，然后躺在自家热炕上美美地睡上一觉，既解乏又祛寒。火炕是渔家人真正的"席梦思"。

火炕虽土气简陋，但它还承载着渔家人的待客之道。家里有长辈或要好的朋友来串门，主人都要请到炕上一坐，边抽烟、喝茶，边唠嗑、拉家常，尤其是对远道而来的亲戚，更是高看一眼，一进屋，主人就会张罗："快脱鞋，到炕上歇歇。"若客人没按主人意愿去做，主人心里会有些不落忍的，临走会嗔怪："看你，到了家连炕都没上就走了。"

我是在火炕上降生的。在火炕上哭，在火炕上笑，在火炕上与弟弟妹妹嬉闹打逗，度过了无忧无虑的童年和少年。虽然那时生活很清苦，连个玩具都没有，但不知愁滋味的我们并不缺少快乐。记得在滴水成冰的冬季里，父母总是把我们看得很紧，不让出屋，于是暖暖的火炕便成了我们尽情玩耍的舞台。文的武的一块上演，文起来坐在一起玩叠纸、玩织绳儿、玩搬骨肢儿什么的；武起来从炕头滚到炕尾，又从炕尾滚回炕头，甚至翻跟斗，打把式，拿大顶，花样百出。尽管屋外呼啸的寒风将门窗拍打得山响，可与热炕上的我们毫不相干。有时闹腾大了，免不了招来父母的喝斥："悠着点，别把炕蹦塌了！"

上学了，火炕成为我的第二课堂。放学回到家，第一件事就是把桌子往炕上一放，专心致志做老师留给的作业。分小组学习轮到我家，当我把同学带到家里时，母亲已在堂屋把桌櫈摆放好迎接着我们。遇到降温天气，母亲还会在灶膛里烧上把柴草，招呼我们到里屋炕上去学。每当这时,我和同学们都感激地为她竖起大拇指,而母亲只是浅浅一笑算是回应。我家的热炕头一般都是父亲的所在,父亲在盐场干盐工,是重体力的活,需要休息好。每天晚饭后,父亲总是习惯地坐在炕头,背依着墙,一边包身子,一边用纸片卷锥子状卷烟,准备转天干活时抽。这时,我和弟弟妹妹会乘虚而入,凑到他跟前缠他,让他讲古经,讲新鲜事。父亲肚子里简直是个"杂货铺",装着讲不完的故事,什么《武松打虎》《三英战吕布》,什么《司马光砸缸》《孔融让梨》《孟母教子》等等,讲起来滔滔不绝,我们听着也格外入迷。父亲上过一年私塾,兴致来了他还会摇晃着头,吟上一段背得滚瓜烂熟的《百家姓》《三字经》《弟子规》。那时,我虽然对"人之初、性本善"这些句子懵懵懂懂,但从中能悟出一些做人的道理,学到不少课堂上学不到的东西。

冬天的夜来得早,气温也降得很低,疯跑了一天的我们早早钻被窝睡了,只有闲不住的母亲,依然在为我们忙碌着,她一会到堂屋灶膛添些柴草,让火炕保持着温度;一会坐在灯下一针一线地缝补着我们穿破的衣裳和鞋袜,直到深夜。凌晨,天还没亮鸡还没叫,母亲就开始在堂屋生火拉风箱做饭了。忙活了一阵,饭做熟了,炕也热了,母亲将灶膛的一部分煤火铲到内屋煤炉里,将炉火生着,然后把我们起床要穿的衣服,一件件在烟筒上烤热,招呼我们起床。母亲对儿女心甘情愿地付出和无微不致地呵护,永远定格在我的脑海中。

令人难忘的是一家人坐在炕上围着桌子吃饭的情景。那时粮食按定量供应,以粗粮为主。虽然顿顿离不开窝窝头、籼米饭、高粱米粥,或蒸山芋、煮土豆等饭食,但有小鱼小虾当下饭的菜,我们顿顿都吃得有滋有味。家里孩子多,只靠父亲一人养家糊口,日子自然过得紧巴,大姐十五六岁就干活了。每天母亲做饭,都要蒸上两个白面馒头或花卷给她带干粮,大姐知道我们几个小馋猫的心思,每次都拿出一个来分给我们吃。那时,我们正长身体,饭量大,肚子里又缺油水,一盆饭端上来,你一碗、我一碗,三下五除二就吃个底朝天。家里粮食经常出现不够吃的情况。每次父亲的工区食堂改善伙食,或蒸豆馅面龙或炸油饼,他都舍不得吃,将自己那份带回家来分给我们吃。我们虽然很贪吃,但吃起这些稀罕食物来,总是你让我,我让你的,一家人就是这样其乐融融地过着既清苦又紧巴的日子。

火炕上留下当年无数的记忆。清贫中的祥和,祥和中的温情,温情中的笑影,每当回忆起来,内心深处都会滋生一种甜蜜!

家乡的夯号

唐云好

小时候,家住在靠海边很近的一个半渔半盐的村子。村里有一半人家以上船打鱼为生,有一半人家以在盐场干盐工和给盐场干零活为业。那时,由于条件所限,家家盖的都是土墼子房。俗话说"房屋平地起,牢固靠地基"。凡是盖房人家都把夯好地基当成一件很重要的事来做。当地基槽子挖好后,房主就开始张罗请人打夯。请扶夯师傅一定要请有盖房经验和会喊夯号的,请抬夯的大多是请亲戚朋友和靠得住的人。讲究人家,开夯前还要喝开夯酒,放鞭炮。

夯是石料的,有200多斤重。一架夯通常由10个人组成,扶夯师傅和助手面对面站在夯的中间,其余8个人分别站在两侧。随着师傅喊出的号子,抬夯的人一边应和着,一边用力抬夯。

家乡夯号虽然简单,但很有特点,夯词大都是三五个字组成的短句,现喊现编,像顺口溜。调子也朴实无华,喊起来不急不躁,朗朗上口,听起来抑扬顿挫,高亢有力,很适合夯起夯落的节奏。例如,扶夯师傅喊:"都来了喂。"抬夯的应:"来嗨呦嘿。"扶夯的接着喊:"大家齐用力呦。"抬夯的接着应:"来嗨呦嘿。"扶夯的继续喊:"夯夯有力量呵。"抬夯的继续应:"来嗨呦嘿。"扶夯师傅的夯词随机应变,尽情发挥。抬夯的则不断重复着"来嗨呦嘿。"号子应声齐,夯就落得实。就这样,合着号子声,石夯时起时落,一下一下地将地基夯得平平实实。

村里有个人称二哥的,是公认的夯号好手,谁家盖房子打夯几乎都少不了他,外村也有慕名请他的。早年,他读过两年私塾,肚子里有点墨水,加上平时勤奋好学,善于积累,他喊的号子不但调准,听着顺耳,词来得也快,常给大家带来劳动的快乐。无论盖房子打夯,还是拉渔船上岸,有他喊号子,场面就火爆,就提气氛。二哥号子一出口,就能把抬夯人的劲头鼓动起来:"叫各位呦,大家齐用力呦,夯才能起得高呦。"那夯落在地上,一个夯窝接一个夯窝地向前行进。如果发现谁在其中偷懒耍滑,他马上施以激将法:"人有脸哪,树有皮呦,谁不出真力呀,谁就是八爪鱼呦。"抬夯的个个都不敢懈怠,将夯高高举起,落地时发出"砰、砰、砰"的声音,足以震撼人心。有时兴致来了,二哥还能来上一段讨好房主的夯号,活跃一下沉闷的气氛:"叫东家呦,你好运连连哪,今年盖新房呦,明年娶新娘呦,后年胖娃抱成双呦。"让房东笑得合不上嘴,大家听着也觉得在情在理。见一只黑狗溜达过来凑热闹,二哥灵感突来,冲着那狗就喊:"叫狗老弟呦,听我言哪,你狗挑门帘呦,露一鼻子呀;你狗戴帽子呦,假装文明人呀。"那狗似乎听出点滋味,朝二哥"汪、汪"两下。他又喊:"你狗咬吕洞宾呦,不知好人心呀。"一连串幽默滑稽的号子,逗得围观的人群笑声不断,那黑狗也跟着"汪、汪、汪"地叫个不停。

我有两次打夯的经历。一次是16岁那年,放暑假的我在家闲着,邻居盖房子打夯即将完工时,要找个童子抬几下夯,以求新房盖得顺顺当当和日后多子多福。经母亲同意,我高兴地去了。打夯是大人的事,一个未成年的孩子参与进来,颇受叔叔大爷的关照,一再叮嘱我注意脚下安全,别太用力,做做样子就行。应着夯号声,我与大家一起起着夯,虽然只抬了一会儿,但额头上还是冒出了汗珠。从第一次打夯中,我真切感受到,看似简单的打夯,实际上是一项集体性很强的劳动,大家心齐力合,同频共振,才能打好。还有一次是我进盐场工作的当年,正赶上冬季修滩会战,当时安排一些人到一处卤井子打夯,我自告奋勇去了。到了活场,见有两架石夯摆在那儿,大家摩拳擦掌来了情绪。人员配齐后,领导又给每架夯增添了两名女工,说是干起活来能调节气氛。人手是齐了,可没有会喊夯号的,我提议,大家轮流来喊,得到一致响应。于是,我鼓足勇气开了头一炮:"叫各位呦,铆足劲呦,人心齐呀,泰山移呦。"一个女工接着喊:"叫大家呦,使真劲呀,男女搭配呦,干活不累呀。建设新盐场呦,人人都有份呀。"在号子的引领下,两架夯在同一个节奏上不停地起落。凛冽的寒风中,夯号声合着劳动的欢笑声在广袤的盐滩上久久回荡。

家乡的夯号,通俗而不粗俗,大胆而不出格,涉及广泛,鲜活生动,神韵无穷,有表达渔民出海打鱼生活艰辛的:"一网没有鱼呀,两网去赶集呦,三网落了网呀,四网逮大鱼呦";有倡导家庭和睦的:"行船不离舵呀,织网不离梭呦,秤杆不离秤砣呀,老公不离老婆呦";有弘扬孝道的:"水有源哪,树有根呦,爹娘恩情重呵,儿女要尽孝心呦";有调侃儿女情长的:"菜园当中一堵墙呦,苦瓜丝瓜种两厢呀,郎吃苦瓜想情妹呦,妹吃丝瓜念情郎呀。"

家乡的夯号,如同家乡人的性格,朴实、直爽和豪放。它把本来清苦、单调的渔民生活演绎得如此轻松和乐观,它承载了家乡人多少喜悦、哀愁和酸甜苦辣?!它虽然随着时代的变迁而远去,但永远回荡在家乡的土地上。

寨上民立长芦小学堂

王雅鸣

汉沽盐滩星罗棋布，商贾云集。于是，人们富而思学。

光绪三十年（1904年），兴学办校之风方兴未艾。初春，经长芦运使批准，长芦中学堂招生，但只招收盐商及滩灶户子弟。到1906年初，丰财场灶户又建起邓沽长芦小学堂。与此同时，宁河县下辖汉沽及各镇陆续也办起了地方蒙养小学堂，招收非滩灶户子弟，作为滩灶户聚集地的汉沽庄也开始酝酿兴学办校。

光绪三十二年（1906年）2月21日。汉沽盐滩首富张廷惠及20滩灶户，联名向芦台场署提出申请，要求在寨上庄就近办学，理由充足，言辞恳切："芦台场寨上庄，地虽滨海，实为长芦所属，其庄民灶杂居，不下七八百户，有灶籍者居多……前蒙本县谕饬，设立地方蒙养小学堂，已于去冬开办，惟在灶籍者，未免有向隅之叹，拟自行筹款兴办长芦小学堂。俟毕业后，稍有成效，再送长芦中学堂。"

这20家灶户是：李义厚、张济宽、张廷有、王廷琛、张文萌、王镜华、张文华、王有惠、张文治、王有文、张文銮、杨文卿、张德馨、王允明、张文萱、张淇澜、肖殿元、张济先、李宗周、张廷锦等。这里就包括张氏家族十五世祖、十六世祖和十七世祖的多位富商，张氏家族对兴办教育的急迫之情可见一斑。

芦台场署接到信件后及时进行了批复，但要他们补充详细的办学方案。4月2日，张廷惠代表灶户提交了办学纲要，承诺经费将由这21家灶户悉数捐出，估算各灶户每年各产盐20万包，从每百包里可筹银3钱，全年即可抽厘600两银子作为经费。学堂地点拟设在萧神庙内（今天的汉沽电大所在地）。时任芦台场管理寨上坨和营城坨的坨务委员周公佑，还建议仿照邓沽长芦小学堂的先例，学生毕业后也可考入天津的长芦中学。7月28日，长芦盐运司署批准了建校申请：

"……将于斥卤之乡，进以文明之化，具见热心教育，深堪加上，应准照办……"收到批复，灶户们不敢怠慢，筹集银两，召集人手，将萧神庙内的16间闲房按照学堂格局进行大面积改建，设立了讲堂、礼堂、研究室、休息室、延接室等。在赶造桌椅板凳的同时，前往天津购买初级小学教科书。在师资力量上，设监学1人，堂长1人，教员2人，司事1人，堂役1人。堂长兼任体操课。每月计划50两银子支付人员薪金及零星杂费，学董堂长不支薪金。经过灶户商议，张廷惠和李义厚为首届学董，全权负责学堂各项事宜。

经协商，限于学堂规模，当年只招收两个班40名学生，并仅招滩灶户子弟，人数不够后可由非灶户子弟进行后补。学生年龄要求在8至14岁之间。初级班学制5年，毕业后经考试合格，20名优秀者可升入本学堂的高级班。高级班学制4年，毕业后即可报考天津长芦中学。彼时的长芦中学毕业生，多由长芦盐运司署安排工作，所以众多学生都呈积极进取之态，以考上长芦中学为荣。落榜者，回去子承父业，兴业安邦。经过紧锣密鼓的筹备，同年11月3日，"寨上民立长芦小学堂"正式挂牌，开汉沽教育一代先河。当时学校任职情况如下：

头班教员：生员，张廷沛；二班教员：生员，王廷琛；监学：岁贡生，张文华；堂长：生员，张廷献；司事：五品衔，张济宽。

两年后（1908年），汉沽"裕善堂"崔以敬与乡人杨小舟、刘德庵等人利用"三官庙"旧址，将"汉沽庄私塾馆"改为"汉沽庄初等小学堂"。这样，不大的汉沽庄就有了两所小学堂，教学规模也逐渐扩大。

据《汉沽区志》记载，成立于1906年的寨上民立长芦小学堂，距今已有112年的历史。校名几经更迭，现在称汉沽河西第一小学，地点也从原来的河东寨上片，迁往了河西片的茶淀街道辖区。新学校依傍着秀丽的蓟运河畔，与汉沽老年大学毗邻。一小一老，相映成趣。百年传承，筚路蓝缕，桃李芬芳。

当年的毕业生们，天各一方，在不同的岗位上，以一己之长，成为国之栋梁。1920年出生的张金哲（汉沽首富张廷惠的重孙子）就是从这所学校走出去的优秀代表之一。张金哲曾任北京儿童医院小儿外科资深特级专家和小儿外科特级主任医师及博士生导师，为中国工程院院士，第七、八届全国政协委员。他以96岁的高龄坚持坐诊，为人们所称道，被称为"中国小儿外科创始人"。

汉沽第一所私塾

王雅鸣

自晚清以来，汉沽崔氏"裕善堂"之家以盐渔为事业，传承耕读育人，成为汉沽地域上颇有名望的"书香世家"。而崔以敬就是汉沽崔氏第十五世传人，也是"裕善堂"之家创始人。

汉沽崔氏祖籍江苏，明永乐二年（1404年）由洪洞县分迁顺天府霸州、宝坻，嘉庆年由宝坻县崔家铺迁至芦台，其四世祖崔峘然于万历年间（1573—1620年）由芦台分迁汉沽。十五世曾祖父崔以敬在汉沽街建崔氏"裕善堂"之家。正门挂有一副楹联：博陵世族，东海名家。南门楹联上书：岂但盐渔为事业，从来耕读课儿孙。"裕善堂"分"四大支"，家业分别由崔以敬长子崔增荣、三子崔毓荣、五子崔棨荣、孙崔致善先后掌管。

光绪三十二年（1906年），"裕善堂"购滩2 744公亩，1918年（民国七年）购滩2 870公亩，有刮金板等滩无数，并遗有滩契数十张。1941年开新滩3 633公亩（新兴五号），东沟港养鱼场一处，1925年在南街打新式饮用深水井一眼（汉沽第一眼井），由崔增荣（字乃瞻）操办经营。

崔以敬（1838—1941）字德舆，号少农。幼家贫，就读私塾，学习刻苦。12岁（1850年）考中秀才，后为副贡生。咸丰十年（1860年）设馆教书。咸丰十一年（1861年），曾任山西县主薄（正九品）。据《汉沽区地方志》中教育志记载："本境私塾教育起始年代无考，清咸丰十年前后，崔以敬在汉沽庄开办一所私塾，是今人所知最早的名塾。"

据记载，光绪初年，崔以敬开始任四川酉阳直隶州州判幕僚。两年后，回乡教书，至80高龄离教，先后任教58年，培养学生200余名。汉沽庄后来的私塾先生多为他的学生。

随着洋务运动的深入，国人"废科举、办学堂"呼声日盛，办学之风兴起。光绪年间（1906年），崔以敬先将自己48年之久的"私塾"移入改建好的"三官庙"西厢房新教室，改名为"汉沽庄私塾馆"。

光绪三十四年（1908年），崔以敬与乡人杨小舟、刘德庵等人商议，以正殿和后殿的6间神室斋房为基础，将设在"三官庙"的"汉沽庄私塾馆"改为"汉沽庄初等小学堂"。

申报到宁河县政府得到批准后，他心情振奋，立志将学堂办好。学堂主要经费由崔氏家族的大户捐赠。在经费不足的情况下，他不仅以个人财力、物力慨然相助，并四处奔走，求助于本地乡绅、养滩户资助，为学校的筹建投入了很大精力。

在时任县长周登皞主持下，"宁河县汉沽庄初等小学堂"正式成立，当时被称为男女合班的"洋学堂"。小学所用的国文、修身等课文，是蔡元培、张元济等几位著名学者所编。课本内容高瞻远瞩，深入浅出，将近代思想、科学知识和历史典范有机地结合起来。彼时，设校董11人，校长崔术森，教员4名，招收学生40名，男女兼收。民国初年，学生增至80余人，校长崔仲云。其中，崔墨卿的长女崔乃然，人称"墨大姐"，是汉沽地区最早的女教师。

崔以敬不仅是该校的奠基人、创建人，又是校董之一。他支持并主张女孩上学，成为本地区男女合班最早的官立学校。对当初的教育思想、办学方向、知识传播产生很大影响。他是倡导新式教育的先驱者，为汉沽地区早期教育事业的发展做出了重要贡献，深受民众的尊重和爱戴。后人颂曰："建校伊始，筚路蓝缕。校舍无着，辟庙为堂。借神净地，启幼蒙稚。众绅捐资，奠基大业。"

现汉沽一小已建校百余年。一路走来，从原来的初等小学堂发展为汉沽完全小学、汉沽第一国民小学、汉沽小学、汉沽第一小学。校名几度变化，但教书育人宗旨不变。几代教师立足讲台，传教解惑，青蓝相接，弦歌不断。

话说蓟运河

王雅鸣

辞海中,这样描述纵贯汉沽全境的"蓟运河":"源出天津市蓟县北,南流到天津市宝坻县九王庄附近与西源沟河合流,始称蓟运河,下游至北塘入渤海,长301公里。"

在营城,我有个二哥,从小生长在蓟运河边,搂草、打鱼、出船。他记忆最深的是两件事。一是划银鱼,二是出船。16岁那年,他跟着父亲去划银鱼。数九寒冬,宽阔的蓟运河上全冻透了,冰面上寒光闪闪,青瘭瘭地刺人眼目。他挎着一只柳条篮子,跟着父亲踏上冰面的一刹那,感觉风像刀子一样割人脸,脚下像没穿鞋,砭骨头冷。到了河中间,父亲选中一处地点,拿着冰镐,在冰上打了一道横沟,足有十几米长、十几厘米深。人们称为"划"冰。他跟着父亲一起刨,一会儿脸就冒热汗了。

被划出一道深沟的河面上,开始冒热气,碎冰碴铺了一河面,像晶莹剔透的玉石,太阳一照,闪闪发光。

也就一袋烟工夫,就看见有不少银鱼从四面八方朝破冰碴这聚齐儿。

父亲说,这种银鱼,只有河海相交的地方才会有。而蓟运河的下游就是防潮闸。涨潮时,将闸门提起来,潮流儿就会顺势漫进来,带进来鱼虾河蟹。落潮时,再将闸门关上,防止海水倒灌,这样才形成河海相间。这种海淡水的两合水交替融合,为银鱼的生长和繁衍提供了得天独厚的生长环境。

"它们是出来透气的!"父亲说,呵出来的白气在眼前缭绕。

这回二哥看到了,这些银鱼有手指粗细,有个显著标志:"红脖绿娘"。雄的,脖子上有几道红线,非常显眼;雌的,发绿、透亮,身量比雄的纤细。它们一群群游到冰面破口处,就停住了,呼吸着新鲜的空气。冷风一吹,身体开始发冷、僵硬。这时候,二哥就用带来的捞拎往筐里抄。

有时一对,有时一条,直干得大汗淋漓。记得运气最好的时候,也不过20多条。

在蓟运河里,让二哥认识到了许多种鱼。听父亲说,家乡的这条河可有名了。俗语说:蓟运河三宗宝:银鱼、紫蟹、芦苇草。银鱼是首位。但鱼里的品种就很多了——小铡刀似的快鱼、大小刀鱼、纤板刀鱼（小塔目尖儿）、二青子（也称小塔目）、嘎鱼（黑头，黄身子，大点的叫灰王）。银鱼可是过去给朝廷上贡的，一般老百姓吃不着。关于银鱼的捕捞，光绪年间出版的《宁河县志》专有记载。清朝诗人关上谋有诗云："银鱼雪白是冬天，凿破层冰出水鲜。寄语衔杯应细嚼，许多辛苦到尊前。格外凄凉不忍看，冬初时节及春残。满流雪气身徐下，一寸深来一寸寒。"

蓟运河不仅给人们带来了财富，滋养了沿岸的一代代父老乡亲，但也深藏着许多凶险，时常吞噬着船工的性命。那时的河面很宽，水流也很湍急，由于它是随海水潮汐而流淌，所以，不少地方形成了急流漩涡，这也是它神秘而凶险之所在。比如：大嘴、胳膊弯等多处夺人性命的地方听起来就毛骨悚然、不寒而栗。稍有不慎，就会船毁人亡、倾家荡产。

营城有一户姓郑的人家，家境殷实，以跑买卖而著称，他家新排了一条船叫高头鸟，船头高耸，船身三丈三，装有五个大桅（一般船有两个足矣）。说有一年正是发洪水的汛期，郑家从南方装了一船布匹和粮食，足有70多吨。满载后，想运到汉沽杨家寨上码头卸货后，再装上一船盐返回去。刚走到大嘴，搪上了天气，再加上正是天文大潮的日子。风大浪高，眼看着高头鸟在水面上摇摆不定、东倒西歪。驾长眼都急蓝了，扯着嗓子下令：抛下软锚！不管事。船的速度太快了，一眨眼就溜到了大嘴附近。情急中，又让放下第二盘缆绳，碗口粗的缆绳都放成空轴了，船还像是断了线的风筝一样往下漂。驾长真急眼了，趔趔趄趄跑下船头抡起太平斧动手落（砍断）"威风"。渔家人管船上的桅杆叫"威风"。最后五根"威风"全落干了，船还是一头扎进了大嘴窝！从此，老郑家一败涂地，家道中落。

如今，蓟运河面水流平缓，风景如画。老人们常常怀念过去那千帆竞发、百舸争流的场面。20世纪六七十年代，正赶上疏浚河道，挖出了一摞摞镶着银边的瓷盘瓷碗，有人考证说是元青花瓷，有人说唐山瓷。推论可能是郑家失事船上的货物，也可能是赵氏家族搪上天头船上遗落的物件。但不管是谁的，都是渔家人痛彻心扉、挥之不去的一次次遭难的痛苦追忆。

饥馑年代

王雅鸣

解放前，桥沽村是个穷村，穷到什么程度呢？不妨举两个例子。

那时，穷人"面朝黄土背朝天"忙活一年，最后还是应了那句俗话："织席的睡土炕，泥瓦匠住草房。"人们度饥荒的时候，到什么季节吃什么。开春了，柳树刚刚发芽，全家倾巢出动，跑到村边去捋枝条上的"小耗子"吃。所说的小耗子，就是还没开败的柳树芽儿。捋时要动作快，手脚麻利。因为它花期短，稍纵即逝。又过一段，榆树也发芽了，长出了绿油油的嫩叶，全家又跑去捋榆钱吃。榆钱比柳树的小耗子好吃，除了嫩外，还可以拌上玉米面或高粱面蒸着吃，也可以熬粥喝。所谓的粥，清亮的很，可以照进人影去。先是将榆钱煮熟，然后抓来一把玉米面，象征性地撒上一把，一个人喝上几大碗，吃时觉得很饱，还撑得慌，但一泡尿出去，人就饿得前心贴后心。冬天到了，树上的叶子都光了，没啥可充饥的东西了，于是，就吃棒子轴，也叫棒子骨头儿。棒子挫下粒，全交地主了，只剩下棒子骨头。但吃那东西刺嗓子，噎得慌，难以下咽。即使咽下去了，也胀肚，拉屎时又拉不出来，一蹲大半天，那罪受得有苦说不出！

那时，水少，一味靠天吃饭，只能种大田作物，种得最多的还是高粱。由于种子少，显得很金贵，男人就将高粱种子出来进去地拴在腰上，当裤腰带用。知道为什么吗？因为几个孩子眼都饿蓝了，天天嗷嗷叫，老爷们生怕女人心一软，将高粱种给孩子们熬粥喝了。所以，即使睡觉男人也是睁一只眼闭一只眼，担心女人给偷走变成一锅粥。种子真没了，那一年的地就会荒着——因为没粮种子了。

村民高文山家穷得只剩下四口儿，四个孩子饿得走路都打晃，一个个饿得两只眼睛跟大眼灯似的，随时都会流出来。万般无奈，只好让他们到下坡子（垃圾堆的代称）都捡白菜帮子去，捡回来就给洗洗，当好东西给煮着吃充饥。最后，下坡子没有菜帮子了，就让他们到地里去刨。俗话说，立冬锄白菜。下雪了，抢收白菜，然后都进了窖。可也有没刨净的白菜——坏的，小的。刨着了，是他们的造化，全家也就有了一天糊口的东西；刨不着，他们就穿着一双破棉鞋，露着脚指头，深一脚浅一脚踩着雪水找吃的，青紫色的脚指头冻得生疼。

俗话说：老天爷饿不死瞎家雀。那天，老大在刨白菜帮的时候，竟然刨到了一个耗子窝。他们欣喜若狂，就一直刨到底，看到了里边贮存的粮食。无疑，那是耗子们准备过冬的口粮，足有二斗多。弄到家，妈妈高兴坏了，好歹淘了下，就烀了一锅香喷喷的高粱米饭。那天做饭时，天天在外边疯跑的几个孩子似乎一下子听话了，谁也不肯离开灶台半步，生怕错过了这难得的一顿盛宴。

受刨耗子窝的启发，几个孩子想到了去马厩找粮食的办法。因为大牲口是需要吃粮食的。那时大家主儿再省吃俭用，也要将大牲口喂饱，它们是下田干活的主力。于是，他们趁天黑的时候，偷偷地潜入一家马棚里，借助昏暗的光线，看到马槽子旁、地下有牲口吃料时掉下来的高粱、黑豆、玉米粒就扫起来，积少成多，也能找到一捧，赶快送回家。当妈的看到了十分高兴，马上放水里涮涮，晾干后打成了面子，做饽饽、熬粥。一吃，还是有一股浓浓的马尿味，吃得个个直咧嘴。

尝到了甜头，几次三番去马厩找马料，终于让富家主发现了。那天，老大爬进马厩，刚一站起身来，迎面碰上正起圈的赵罗锅，看到老大在这个地方出现，立刻明白了。于是，四处看看没人，抓了一把黑豆装在老大的口袋里，催促他们快走。老大感激地冲他直撺手，后立马消失在黑暗中。但最后一次就没那么走运了，他撞上了富家主，对方怒火中烧，破口大骂，直追得他连滚带爬、屁滚尿流，从此断了进马厩找粮食的这条道。好在终于熬到了解放，也结束了全村人饥馑难熬的日子。

墼子房

王雅鸣

20世纪五六十年代，汉沽的人们普遍居住在墼子房里（墼读 jī 音）。这是源于当时人们的经济收入和生活条件所限，也是那个时代汉沽典型民居建筑的一个缩影。

在汉语词典中，墼子的释义项就是土坯，但老汉沽人又不太认同这个定义。确切地说，应该是简陋的土坯或土坯的前身才算恰当。制作墼子，程序简单而实用。人们利用开春后地气上升时形成的湿地，在自建房的附近就地取材或到野地里找一处长有马辫草的土地，先是用碌轴夯实这些土，然后用铁锨一块一块地挖出来，方方的，晾干，形成土坯。一锨墼子，是方形的；二锨墼子，是长方形的，死沉死沉的。找土里长有马辫草的地块，是为了增加土坯的拉力，使土坯更有筋骨，就像我们往混凝土里加钢筋一个道理。在自家附近挖墼子，一般是挖园子里的土；而在野外挖，还要在一块块的墼子晾干后，用小排车一趟趟往家里拉。人民公社成立后，土地为国家所有，如果想挖土地，首先需要提出申请，经批准后才能去干。几间房的墼子准备好后，就可以动手盖房了。

为什么同是天津境内的农村，汉沽却用墼子，而不去脱土坯呢？一是当时汉沽地广人稀，就地取材方便；二是经济实用，可以减少盖房成本；三是汉沽滨河枕海，土地湿润，便于取土成墼。

盖房前，和泥是必不可少的准备工作之一。拉来土后，泡上，加入稻毛或麦秸，反复倒泥，使之泥熟透后才能使用。坐地基时，按工匠要求，在房的位置挖下地基，用碌轴夯实，再拌上三合土再夯，直至可以码石头为止。起地基时，有条件的起三兴石头五兴砖，条件差的起两兴石头。在此基础上，开始垒墙。墙上码墼子时，一层墼子铺一层铁杆苇子。这些苇子必须是当年生晒干的，皮厚，杆长，富有拉力，一般来源于营城邵家圈（后改为苹果圈）、茶淀崔家圈等地。左右房山及周围均为三七墙，间隔为二四墙。这样的房子优点为冬暖夏凉，缺点是低矮阴暗。

汉沽人古道热肠，一看见邻居家和泥，不用招呼，立刻三五成群地围过来，齐帮动手。这个挑水，那个甩泥（技术好的，负责往前檐甩泥），那个搬墼子，人们都围黑了。干完了，也不吃饭，各自散去，上班的上班，上学的上学，让东家感动不已。两三天工夫，三间房就盖起来了。上梁时，根据自家条件，有的五檩三柁，有的五檩二柁，

还要放响鞭。一则庆祝建房吉日，二则请各位大仙原谅让道。梁上张贴红纸，上写"上梁正逢黄道日，竖柱巧遇紫微星"。主体工程完工后，有条件的户，外墙要抹水泥，没条件的用泥抹上或刷上白灰即可。但泥墙的弊端太大，需要年年花时间和精力去维修。这项工程一般是放在开春，要赶在雨季之前完成。那时，汉沽城乡呈现出一幅全民抹房的热潮，形成了一道别致的风景线。

1976年7月28日大地震发生后，由于墼子房属土木结构，墼子房无一幸免，全部倒塌，遍地瓦砾，给汉沽人民带来了灭顶之灾，殁于地震的人数达上千人！这些往事让人在怀念这些墼子房的同时，也在心中时常产生一丝惊悸与惧怕。如今，墼子房已被宽敞明亮的楼房所代替，它也随之成了一个符号或名词。但它依然温暖着汉沽几代人，见证着一个时代的发展与变迁！

小拖轮

王雅鸣

"小拖轮,长又长 / 拖着槽船运盐忙 / 要问盐儿去哪里 / 堆成盐山够太阳……"这是 20 世纪六七十年代在汉沽少年儿童中广泛传唱的一首儿歌《小拖轮》。

歌中所唱的小拖轮,就是在小盐河中运盐的船队。在长芦汉沽百里盐滩上,要想将分布在广袤的十几个盐滩地块的原盐运到寨上的坨地上来,就需要艚船进行漕运,因为那时很少有汽车运输。一条几十里长的盐沟七沟八叉,四通八达,蜿蜒曲折,从东向西将百里盐滩贯穿起来。发达的水系无疑成了汉沽原盐的运输命脉。不管盐是远在洒金坨,还是近在咫尺的二号门,只要一声号令,小拖轮就会用几十条鸭嘴船将盐运到你的面前,人们管这叫驳盐。

早先听大人们说,这条运盐的河叫小盐河,后来叫驳盐沟,传说是三国曹操专为运盐而开凿的。解放后,百里盐滩散落着大大小小的盐坨,所有的盐就需要运到今天新开路旁的坨地来。只见小盐河不太宽,二三十米,但是一条重要的运盐水上通道。

那天,我们正在战斗街南边的小盐河里钓鱼,对门的大哥说:"来船了!"我放眼望去,没有啊。他却说:"你看水啊。"只见河面有波浪在不停地涌动,拍击着堤岸,且一阵比一阵大。过了一会儿,就听见从远处传来了低沉的汽笛声,由远及近。一艘快艇似的小拖轮突突地喘息着驰进了河道里,后边拖着二十多条平头的艚船,这一长长的驳盐船去海边时是空的,回来时却是载满了饱满的大盐粒。我明白这是物理现象中的水传导啊!这也是我第一次看到小拖轮。

汉沽过去家家入冬前都要腌咸菜、雪里蕻,一看家里没盐了,家长就喊:"没盐了,弄点大盐去!"一个"大"字,形象地描绘出了汉沽原盐的粗砺与饱满。于是,我们这些孩子像得了尚方宝剑,顺手抄起一个什么袋子,一溜烟似的朝小盐河跑去。边跑边谛听有没有低沉的汽笛声。这时如赶上空船去海边,就会一下蹦到空船上,打扫那些空船底子。那是拉完盐的船舱没清干净,我们好歹划拉几下,少半袋子盐就压得人肩膀生疼,足够腌半缸咸菜使的了。如果正赶上驳盐船,堆的冒尖的原盐在船肚里一路闪着诱人的光泽，神圣的使命让你忘记一切危险。混浊的盐沟水让拖轮一带，起伏跌宕，泛起一层层白色的泡沫。上船有上船的技巧，要等一大溜串船到弯道时才能往上跳。眼看船就傍上岸边了，你就纵身一跃，脚下就是半人深的原盐。此刻你不能怠慢，口袋朝盐尖上一撂，三下两下就将盐刨进了口袋里。一看有小半袋了，将口袋嘴儿顺势三卷两卷，然后将口袋扔向岸边，紧跑几步，跳下了串船。在汉沽上点年纪的人，谁没有这样的经历？

有时上盐船扒盐也有失手的时候。有一次，我打好提前量，让过拖轮后，刚从桥上落到船上，忽然从船头站起一个人来，大喝一声："干什么的！"吓得我魂飞魄散，慌不择路，正遇上船拐弯，我又纵身跳了下来，连口袋都丢在了船上。我猜想，肯定是见盐丢得多了，大人们加强了防备，以防止更大的损失。其实，大家都明镜儿似的，小孩子扒点盐都是家里用，吓跑就算了。我算幸运的，但我的一个同学四毛却在一次因惊慌失措跳船时，一脚踏空，卷入了滔滔的盐沟里，等在一个桥涵底下找到他时，早就没了呼吸，脸泡得脸盆大，像盐一样白。

那时，我就爱看小拖轮运盐，浩浩荡荡的运盐船队老远开来，鸣着汽笛，像在告诉人们：我来了！盐船经过的拐弯处，岸边被磨得又亮又平。船队穿过长长的河道，穿过小桥，经过张家码头、二道沟、一路向西，再穿过三角湖，就抵达了盐场总场的坨地。那里有小火车，有停泊的盐沟，还有四五座高高的盐山。盐山有百十年的历史，总让芦苇帘盖着，像神秘的古埃及金字塔，巍巍壮观。坨地围着木栅栏，那里常年晒着成千上万个麻袋，沟里除静静地泊着长长的艚船外，也扣着不少等待修理的船只。我们常常跑到那里玩藏猫猫，那里曾藏着我们童年的欢乐与忧伤。

择蚶子

王雅鸣

在汉沽，一提起择蚶子，就会让人油然想起20世纪六七十年代全家动员、日夜鏖战的情景。虽然已成为那个年代特定的一种别致景观，但仍记忆犹新，历历在目。

麻蛤，又叫毛蚶，生长在渤海的浅海泥沙中，由于特殊的生长环境，所以肉质肥嫩、味道鲜美，营养价值也很高。咸丰年间一位名叫周宝善的天津诗人，在其组诗《津门竹枝词》之中这样写道："葛沽岁产密窝窝，其奈吾津莫嗜何。胜似江瑶柱味美，鲜蛏青蛤不如它。"这里所说的"密窝窝"就是麻蛤，汉沽人俗称蚶子合子。20世纪70年代初，我在汉沽上初中，每天途经的汉沽体育场上铺着一领领苇席，上面晾晒着红黄色的蚶子肉，这些蚶子肉在阳光的曝晒下，使空气中到处弥漫着一阵阵特有的海腥味，并挥之不去，熏得人脑袋疼。

当时由于人们普遍收入较低，择蚶子合子卖钱就成了各家各户的经济来源之一。当时在汉沽有两处趸蚶子合子的地方，一个在蔡家堡码头，一个在杨家寨上西侧蓟运河的码头。 到秋季，许多船只就会运来成山似的麻蛤堆在河边，因为刚从海里打上来，有的还沾有不少的泥。也有许多马车去蔡家堡码头去拉，然后分给各公社各村庄。城里人家家户户就近在蓟运河边码头去拉。那场景，人山人海、人头攒动。为了多挣些钱，多采用小车推、大人扛地往家里运。汉沽人讲诚信，可以从码头上赊蚶子合子，只需要记下你的名字和所赊的数量。那时的蚶子合子非常便宜，质量好的二分钱一斤，一麻袋交二块钱，估摸着那一麻袋也就一百斤吧；一般的一分五厘。蚶子合子运回家后，用自来水一冲或到河边涮涮，就倒进大锅里（不用加水，因为蚶子合子里含有水分，加热后自然分泌），盖上锅盖。十几分钟后掀开锅盖，只见一枚枚蚶子合子全都咧开了嘴，露出了嫩生生的肉。看到还有没张嘴的，就用铁铲子翻个个儿。几分钟后，"哗"地一下倒在大盆后，一家男女老少一起动手，麻利地将蚶子肉择出来，那些有一层白霜的蚶子肉，正是蚶子肥嫩的体现。在缭绕的热气腾腾的水汽中，刚出锅的蚶子肉烫手、鲜嫩，一边往盆里拣肉，一边往嘴里扔，真是又热又鲜又香。几锅下来，你也就吃个不大离了。没张口的蚶子合子也不要紧，只须用改锥、汤匙、铲子等物件往它的屁股门儿一撬，它就会张开，肉也就出来了。有经验的人家，开合子都是煮个八成熟，开完后还要泡在蚶子汤里，这样可以多涨点分量，钱自然就多了。那年月，一到傍晚时分，家家户户一片忙碌，到处可以听到"哗啦、哗啦"铲子碰触蚶子合子的声音，简直是一部全民演奏的协奏曲。

转天，那些蚶子肉就要交到水产门市部。早早地，那里盛蚶子肉的竹筐已排起了长队。一般来说，100 斤合子出 16 斤肉，你只要交水产部门 14 斤肉即可，每斤公家收购时给你一毛四分钱，剩下的蚶子肉归个人。人们在获得收入的同时，还落了个白吃。从秋季干到冬天，哪家都可以挣个几百块钱用以补贴家用。择蚶子合子，作为学生的我们非常愿意干，结算时，家长会酌情给予我们奖励，或给一两块钱，买文具，买小人书……

蚶子肉质鲜美，不仅可以炒菜，还可以吃馅。包纯蚶子馅饺子是羊肉味，可好吃了。各家各户剩下的几十斤或上百斤蚶子肉，要找盐用大缸腌起来，防止变质，什么时候想吃就抓上一把。如今，由于人们的过度捕捞，作为麻蚶已成为了稀罕之物。有人还发明了"绝户耙"，专门将正在冬眠的蚶子合子从沉睡中勾出来，更加剧了麻蚶的稀缺与灭绝。前几年，最贵时，价钱从 10 块钱 1 斤到 100 元 3 斤，令人咋舌！今年，人工养殖的麻蛤陆续开始上市，价钱也还算公道，这预示着在我们广袤的渤海海域耕海牧渔、捕养结合的良性循环经济模式正在初见成效……

放卤抓鱼

李子胜

你能想象吗，当你夏秋季节偶然路过百里滩海边滩涂上的一个个水汪子时，也许会遇到这样的情景：一条条鱼儿在浅水岸边冒出头，大口大口地喘息着，你要是悄悄走到水边，快些伸手，就能抓住这些呆傻的不太挣扎的小鱼。这种抓鱼的经历，很多百里滩人都体验过。

沿着百里滩曲折的海岸，可以俯瞰到很多波光粼粼的水面。这些水面很多都是"盐田法"晒盐的盐池。通过海边水门的扬水站，把海水汲取上来；通过很多盐沟，海水流入一个个晒盐池，海水在盐池里慢慢蒸发，池水的盐度越来越高，直至盐水下面结晶出原盐。能结晶原盐的池水，往往是铁锈红的颜色，齁咸。拉水、沉淀、晒水、制卤、结晶——从海水到海盐，基本就是这个过程。在这个过程里，拉进晒海水的蒸发池的海水，就滋养了大量的鱼虾。

水的咸度，决定了鱼虾的肥瘦，水越是咸，鱼虾越是黑瘦，直至水咸得只能生长卤虫，鱼虾根本无法存活。通常，海水刚拉进来，混合着污泥、鱼虾卵，一般海水要先在广阔浩渺的沉淀池中沉淀一下，再把海水输送到晒盐池继续蒸发。于是，沉淀池就成了人工的小海，天然的养鱼池。百里滩人都知道，沉淀池的海水是头道水，沉淀池里的鱼虾是最肥美的，它们的鲜美超过了生长在大海里的同类。沉淀池里的海鲇鱼，脊楞背儿都是土黄色的。那些盐度高的能生长炸炸毛的大汪子里的海鲇鱼，脊楞背儿都是墨绿的，这号鱼刺硬肉少，味道较差。入秋后，沉淀池的鱼虾膘肥体壮，极其肥美。这些沉淀池，是鱼虾生存的天堂，也是百姓取之不尽的菜肴仓储。

沉淀池是热爱钓鱼的人最向往的地方，往往得托很硬的关系，才可以在沉淀池钓几回海鲇鱼。人们形容沉淀池里海鲇鱼多，往往会说："鱼真厚啊，（甩）下去（鱼钩）就抻（鱼），俩小时准钓一大篮子。"

把吃不完的海鲇鱼腌制后晒成鱼干儿，是百里滩居民到了秋后都要忙活的事。晒干的海鲇鱼，放到了冬天，是老百姓一日三餐的重要食材，可以烤制，可以熬制，可以蒸制，这里不再详细介绍。

我小时候，在盐场一个叫谭家港也叫大窝棚的工区居住。那里原来是河北省第二劳改总队，羁押了几千名劳改犯。后来劳改犯们迁走了，大量的管教人员有的就转业留在了谭家港的东风盐化厂。这个工区就拥有了三个职工家属聚落：两个说普通话的（管教干部及家属，多河北籍），一个说汉沽话的（百里滩本地招来的工人及家属）。说普通话的多是干部，干部的孩子瞧不起工人的孩子，他们和工人的孩子经常打群架。打群架是那时孩子们重要的业余生活内容。

我上小学一年级的暑假，有一天，我突然看到很多大人往东边跑去，不论是说普通话的还是说汉沽话的，大家拿着脸盆、破麻袋，乐不可支地主动友好地打着招呼。我听到他们在说："鱼都呛上来啦，快去抓吧！"

我们几个正在玩摔泥锅的小伙伴们愣住了，傻乎乎看着奔跑的大人们、大孩子们，突然，有小伙伴招呼："咱们也去抓鱼吧！"

于是大家作鸟兽散，回家拿了家里仅剩的家什——有破脸盆、破铁桶、快散架的竹筐、满是老鼠咬出窟窿的面口袋，喜气洋洋冲向三个聚落东面的大盐汪子。

这个盐汪子平日没人注意它，完全由老天爷来牧养，属于纯天然野生状态。这里面的鱼究竟是哪里来的，没有统一明确的答案。也许以前海水也拉进了这个汪子，后来觉得这个汪子价值不大，就废弃了，于是鱼儿开始悠闲地生死轮回。我小时候猜想，偶尔海水里的鱼卵会随着雨水落入汪子里，才给这里带来生机吧。这个汪子也不理会大家的好恶，只是每年生长了很多叫扎扎毛的头发丝一样的绿色水草。汪子水面很大，扎扎毛也生长得铺天盖地。——由于水不肥，这里的几种小鱼都像难民一样，面黄肌瘦。它们和扎扎毛一样自生自灭生长着，无人打搅。

可是那一天，这个汪子边可热闹了，我赶到时，看到好多人挽着裤腿水鸟一样立在大埝边上的水里，低着头伸着手捞着什么。

我凑到大人丛中，才看清了，十几条黑瘦的海鲇鱼，正纷纷从汪子中间的炸炸毛丛游向岸边的清亮的浅水区域。这些鱼，很像后来我上初中时读到的柳宗元《小石潭记》里写的："日光下彻，影布石上，怡然不动。"这些鱼游到浅水，就几乎一动不动地等着你去伸手抓了。事实上，那些水鸟一般的大人们，早就开始抓它们了，他们已经抓了很多了。

我们这些晚到一步的孩子们立刻兴奋了，这种完全陌生又新鲜的游戏一下子激发了我们的玩性，立刻你争我夺地抓起鱼来了。

鱼不大，身子还很滑溜，看似僵尸一般，被抓的一瞬间，还会本能地挣脱，失手几次后，伙伴们互相提醒，得快点下手。

很快，伙伴们就发现自己的盛鱼设备带小了、带少了。鱼已经满满一盆，或者沉甸甸地半面口袋了，我们端不动也提不动了。于是大家就抓起鱼直接扔上岸，小鱼很快全身裹了一层厚厚的盐碱土。

这一天简直是少年时代的狂欢节，我们每个人都抓到了很多小鱼，多到没有赶上这次徒手抓鱼盛宴的大人们收拾这些黑瘦的小鱼时，因为太麻烦，心情由欣喜变为烦躁、恼怒。好在大人们也不是真恼火，我们还是得到了他们难得的肯定。

那晚，整个聚落飘满了雷同的鱼香，大家的晚餐吃着雷同的熬鱼，屋檐下晒着流水线生产的一般的，大小统一的海鲇鱼干儿。后来的几天，聚落里又充斥着晒臭咸鱼的闷重气息；耳边挥之不去的，还有被咸鱼招来的大绿豆蝇的轰鸣。

后来，我才从大人嘴里得知，可能是长芦盐场工区的晒盐池不知何故，排放了卤水，卤水流进了这个汪子，水的咸度突然增加，鱼无法适应，都被呛晕了，才拼命往岸边游。

这次的抓鱼记忆，让我第一次感受到家乡盐蒿碱蓬间，死寂沉沉的水面下，还水藏着一丝丝神奇。很可惜，盐场放卤水的失误，就那一次。但就那一次，也足以成为我和小伙伴们一生的谈资了。

寨上的庙宇

王雅鸣

解放前，寨上虽然占地面积不大，却有着悠久的历史，且庙宇星罗棋布，其中以三官庙、盐母庙、娘娘庙、财神庙、小神庙、张家家庙等最为有名。

三官庙、盐母庙：寨上原花园小学旧址，现电大所在地。

据光绪年间的《宁河县志》中盐场大使金承诏撰写的《重修寨上盐母三官庙碑记》所述："芦台地滨海，厥产惟盐。粤稽五代时，盐绝岁余，忽有老姥，教人为盐之法，随即化去，人皆神之，因建祠曰盐母庙……嘉庆戊辰年(公元1808年)村人李斗宾等义捐资，创建三官庙之左，后则观音殿也。而前之抱厦，后之配房，以及后殿之右，有斋房，左有禅室……琳宫整洁，法象庄严……"至今，记录重修盐母三官庙的石碑尚存，从上面斑驳、模糊的捐资人的姓名、金额看，可见当时工程的浩繁与艰巨。

娘娘庙：据光绪年间的《宁河县志》记载："娘娘庙……铁狮坨一座。"砖木结构，坐北朝南，正殿、后殿各一间，均有东西耳房，正殿供奉娘娘，左边是子孙娘娘，右边是眼光娘娘，均为一人来高。

财神庙：坐北朝南，砖木结构，为正殿一间及东西配房，殿内供财神像一尊，香火颇旺。此庙旧址坐落在原寨上西八街西头。

济公祠：正房三间，相传是王云飞、刘德祥化缘后所建。内供奉济公活佛像一尊，经常有人来此朝拜，该祠原坐落在寨上东八街。

小神庙：坐北朝南，砖木结构，庙内供奉小神像一尊。该庙原坐落在寨上张小街子路南。

此外，由于寨上昔日是张氏宗族的聚集地，故建有一座张家家庙，成为张氏的宗祠。

营城的庙宇

王雅鸣

解放前，营城是汉沽庙宇较为集中的地方之一，且历史悠久。据乾隆年间《宁河县志》记载，当时营城就有："龙王庙、三官庙、白衣庵。"这就是说，早在200多年前，营城至少有3座大庙了。

随着时间的推移，有的庙宇年久失修，颓然倒坍，有的地方又建立起新的庙宇。到汉沽解放前夕，营城尚存龙王庙、三官庙、娘娘庙、小神庙、土地祠和邵家家庙等6座庙宇。

三官庙：坐北朝南，砖木结构，正殿三间及东西配房，供三个泥神，故叫三官庙。逢年过节，附近的善男信女都要祈求三官爷保佑平安。

娘娘宫：共三间，开始为土坯结构，后为砖木结构，有泥土院墙及门楼。正殿供天仙圣母，每年十一月二十，各村均举办巡香会，人们把娘娘的辇驾抬到娘娘宫来进行祭祀。

娘娘庙：砖木结构，前后殿各三间。前殿当中供奉天仙圣母，两侧各有一尊眼光娘娘和送子娘娘；后殿供奉西天阿佛。每年四月二十八，人们为孩子许愿扫堂，不孕不育妇女得了孩子，就会来给三驾娘娘挂袍。

小神庙：砖木结构，正殿三间，供神像三尊。渔民出海前，要烧香上供品，祈祷保佑亲人在海上逢凶化吉，丰收后给小圣挂袍。日本侵略者进入汉沽前，该庙进行了翻盖。每逢二月二十九，人们都要来这里"摆供"。

土地：营城东西街各有一座土地祠，坐北朝南，砖瓦房一间，专供群众烧纸和为死人送路所用。此外，营城还有一座邵家家庙，是邵氏的宗祠。始祖邵益谦，于明永乐三年(1403年)任海防千户移居营城，营城邵姓遂成大族。

昔时芦苇是宗宝

薄献忠

《自豪滨海》中的"史林古韵"一节,记述了蓟运河下梢的朝贡珍品三宗宝——银鱼、紫蟹、芦苇草。银鱼、紫蟹均属于溯河水产类,洄游于河海之间,得天独厚的地理条件,造就了其鲜嫩肥美的口味,自然会成为明清两代宫廷御膳的珍品,而把芦苇草也作为珍品之一,一些年轻读者心中不免产生一些疑问。

其实,作为名列地方珍品三宝之一的芦苇,用其为材料编制的苇席曾作为贡品进入宫廷自不必说,就是那盐业的发展,也是和芦苇相伴相生的。据史料记载,先民最早的制盐方式是"刮土淋卤锅煎成盐"。"煎煮法"需要大量的燃料提供热能,而先民所处的沿海地区土质盐碱,不适合树木生长,因此,遍生河渠、淀泊、湿地广茂丰富的芦苇,就为灶户傍海煮盐提供了充足的天然能源。这还不算,就是熬盐时产生的草木灰,也是出产优质盐的重要辅料。据史料载"元以后厈海水淋卤。藏草灰于坑,农历十一月以后浸以海水,翌年春日摊晒至出白光,收起制成卤水",再入锅煎熬结晶成盐,这样制成的盐颗粒大且颜色白,其中的科学依据,我们不得而知,但不容否定的是先民们在生产实践中所体现出的经验与智慧,正是一代又一代盐民的技术革新与改造,这里出产的原盐,才会有洁白纯正的品质,也赢得了"芦台玉砂"(汉沽盐场区域史称芦台场)的美誉,在明清两代成为贡品。

让芦苇入选"三宝",更多的缘由还应当是其曾惠及当地民众的生产与生活。历史上,滨海新区汉沽区域的人们曾称芦苇为"铁杆庄稼"。芦苇自然生长于河渠、淀泊、湿地,不用施肥耕作,旱涝保收,秋冬季节尽情收获,来年"春风吹又生"。芦苇荡的面积及每年芦苇的产量相当可观,苇塘滋养着鱼、虾、蟹,丰富了人们的餐桌,还成为大批水禽飞鸟的天堂,简直是上天的恩赐。直到20世纪七八十年代,笔者生活过的杨家泊镇的许多村子还有成片的芦苇荡,夏天,看苇荡如绿色的海洋碧波荡漾,群鸟飞翔;秋冬,芦花飘絮,一片金黄,风光无限。

芦苇在当地人的生活中几乎无处不在。芦苇秸秆(茎)可以建房、织席、编篓、打箔,芦苇宽大的绿叶可用于包粽子，芦苇的花穗可以制作笤帚，芦苇的地下根茎可入药。初春，如果谁家的孩子发烧、出疹子、肿疖腮，其家人往往挖芦根煮水，在缺医少药的年代，芦根简直是上天赐予的灵丹。麦收以前收割的芦苇、稗子晒成半干，还是牲畜上好的饲料……

最为神奇的是当地的一些村民，会用苇箔在汪子里为鱼虾摆上"迷魂阵"，村民选好水域，在其间按特殊的形状插上高于水深的苇箔，苇箔半封闭，预留进口，鱼虾进入，如走迷宫，多数有进无回，但又不会死去，只要用捞拎（带杆的网兜状渔具，既可"捞"又可"拎"，故名）在"迷魂阵"里捞取，随时可收获鲜活的鱼虾。

与制盐业相伴相生，与人们的生活息息相关，芦苇入选"三宗宝"实至名归，当之无愧！

汉沽的"泊"与"港"

薄献忠

滨海新区的汉沽有一个杨家泊镇，距杨家泊镇不远的地方还有一个地方叫谭家港，很普通的地名，其中也没有什么生僻字。但是，如果你不知情，当你来到汉沽，这两个地名中的"泊"与"港"你一准会"读错"。因为在汉沽，杨家泊镇的"泊"读作"bái"，谭家港的"港"读作"jiǎng"。

其实，在汉沽"泊"和"港"分属于既有区别又有相似之处的地貌。"泊（bái）"，指成片的湿地，汇集淡水，但不是很深，其间遍生芦苇、菖蒲、水藻、鱼虾、河蟹，不仅给鸟儿们提供了栖息地，还能提供丰富的食物，每年从春到秋，简直是"鸟的天堂"。鸟儿们在这里繁衍生息，自由地飞翔和歌唱，给这里的人们——尤其是孩子们带来了很多的乐趣。到了冬季，候鸟迁徙，水面结冰，人们收割芦苇，也能给人们带来"副业"收入。早些年，杨家泊一带就是沿海地区苇箔的主产地。可惜，由于人工养殖鱼虾面积的扩大，很多湿地都被破坏了，自然也就"水干、鱼净、鸭子飞"了……不然，这里也许就会成为能和宁河县"七里海"相媲美的湿地旅游区了。

所谓的"港（jiǎng）"，早期是指沿海地区形成的泻湖，后来，随着盐业的发展，也指用人工围堰圈起来的"水面"，储存用于晒盐的海水，并在这里进行"初晒"。水中水生植物不多，但是，却盛产鱼虾，不但品种多，而且品质好，口味异常鲜美。比如东方对虾、白虾、"麻线（一种体型特小的虾）"、鲈板、海鲇鱼、刺鱼、梭鱼、针扎鱼……除此以外，还出产沙蚕、卤虫（丰年虫）、牡蛎等等。比较特别的是沙蚕，平时蛰居在泥沙中，要等初冬天气突变，才喜欢到卤水中活动，人们借机捕捞，高蛋白低脂肪的沙蚕，成了人们餐桌上的美味。这么丰盛的水产品不仅恩泽了汉沽人，也成了好多水鸟的"营养大餐"，就连"谭家港"住户家养的白鸭，羽毛雪白，喙和爪子都是红色的，生的蛋，蛋黄也特别红。

"港"中出产的鱼，一般都是"净肠"，汉沽的人们"馇鱼"时，一般把新鲜的鱼洗净后直接入锅，熟了以后，还在鱼肚中的肠子不但可以吃，而且富含鱼油，很香、很鲜。

直到现在，汉沽还流行一句歇后语，如果有人一直忙什么事情，一直没时间吃饭，你问他吃了吗？他会诙谐地回答：唉，港梭鱼——净肠！也许是港里的卤水中富含微生物、浮游生物的缘故吧，同样品种的鱼虾与海里出产的，口味就是不一样。

"泊（bái）"与"港（jiǎng）"读音的来历没有考证，也没有人刻意地去纠正它，毕竟这里的人们祖祖辈辈都么叫，如果你非要读成字典里的"正音"，当地人也许还会"笑话"你呢！

风物篇

关于螃蟹的俗语

薄献忠

汉沽坐拥河海之利,历史上无论是河蟹还是海蟹都不算什么稀罕物,于是,在生活中流传着很多和螃蟹有关的俗语。但这些俗语,往往和美味大餐"不搭界",反而含贬义。

因为螃蟹行走时是舞动着两只大螯横向行进的,所以如果某人特别霸道,横行乡里,就会有人说这个人是"属螃蟹的"。据说,当年粉碎"四人帮",北京地区就有人专买螃蟹蒸煮着吃,还必须是"三公一母",寓意就是"看你横行到几时!"不过,在汉沽地区,有时说某人是"属螃蟹的",也指这个人善于溜须拍马、阿谀奉承,看上级脸色行事,一味讨好上级。为了有所区别,让表达的意思更明确,人们往往用上一句歇后语:螃蟹的眼睛——净往上瞅。

如果两个人发生了"口角"争执不下,一方强词夺理,另一方用事实针锋相对,辩的对方"理屈词穷""哑口无言",胜利者会在向别人夸耀自己的胜利时,"骄傲"地说:"对方让我说的,那真是'死螃蟹——没沫了。'"(活螃蟹离开水后,嘴边会有很多小泡泡)

记得一篇古文里说:"蟹六跪而二螯,非蛇鳝之穴无可寄托者,……"蟹腿的条数我们没必要再去考证,但是,河蟹确实有"躲藏"在沟渠堤埝水下洞穴的习惯,笔者小时候也有"掏河蟹"的经历,的确如此。因此,如果说某人为人处世一贯小家子气,一般会有人说"小窝里掏不出大螃蟹"。

在自然界生长的螃蟹,并不是一年四季都肥美。每年夏季,有的螃蟹会因为甲壳病、肠胃炎、寄生虫等原因而得病,此时蒸煮带病的活螃蟹也会有异味,于是,一个人道德败坏、名声扫地,背地里就会被称为六月的螃蟹——活臭。

忌讳

薄献忠

小时候生活在汉沽农村,常听大人嘱咐一些要注意的忌讳,那时候觉得忌讳这东西是一种封建迷信,应该摒弃。现在想来,知道一些忌讳,也是在生活中乃至社交场合应该懂得的一种理解和尊重。细细想想,其实有些习以为常的做法,深究起来,也是源于忌讳。

比如,在汉沽农村,冬季一般靠烧火炕和煤炉取暖,要想让煤炉烧得旺或者不熄灭,就要注意及时"填火(添煤)"。小时候觉得给炉子"填火"就是添加燃煤,没觉得有什么特殊含义,后来才知道,这也是源于忌讳。因为"煤"与"霉"同音,"霉"躲之不及,谁还愿意"添"?于是,不说添煤,而说"填火"。

在汉沽,还有一个具有地方特色的歇后语:船上烙饼——"划一戗"。其实是源于渔船出海的忌讳。船在海上,忌说"翻"和"翻个",而用"划一戗"来替代。久而久之,周边地区都用"划一戗"来取代"翻"和"翻个",本地人倒也听得明白。在汉沽还忌讳有人踩在堂屋的门槛上,或者把扁担搭在门槛上,因为这类似于"孝子"为死去亲人的亡灵"指道"。所谓"指道"就是孝子踩着门槛,告知故去的亲人从"西北大道"走向天国。

趋利避害、对生的渴望与对死的恐惧而产生一些忌讳,倒也符合人的本性。而下面的忌讳似乎就是毫无根据的"无厘头"了。在过去,汉沽的孕妇不能去探望产妇,忌讳的是孕妇会把产妇的"奶水"带走,让产妇的新生儿没有奶水吃。不过,好在现在好多人已经不顾及这些忌讳了。一是因为孕产妇年纪轻,文化层次高;还有就是都在医院生孩子,孕妇产妇几乎天天在一起,也没见谁把谁的奶水带走。看来,随着科学的普及和实践的"检验",一些忌讳也就自然消亡了。

婆婆瞅

薄献忠

"婆婆瞅"是过去滨海汉沽民居内部的一种装置，虽然已经退出了历史的舞台，但它所体现出的汉沽先民的生活幽默与智慧，还留在老一代人的记忆里。

滨海汉沽传统民居格局和周边地区基本一致，一般都是庭院式布局，正房坐北朝南，以连三室居多，中室南北墙均开门（周边地区有的只在南面开门），称堂屋，为厨房和起居室，两山盘灶，两侧为寝室，成为一明两暗的格局。最具汉沽特色的是，在灶台上方的山墙上，都要开一个小窗，即使是木制的"断间（木制山墙）"也要留一个小窗，而人们把这个小窗叫做"婆婆瞅"。

小时候听大人讲笑话，说那"婆婆瞅"是专门留给婆婆用来监视儿媳妇一举一动的，特别是防止儿媳妇做饭时"偷馋（偷嘴）"，这也是"婆婆瞅"，名称的来历。其实，汉沽自古民风淳朴，崇尚家庭和睦，一般民居的正房多为父母与家中一个儿子的小家庭居住，或兄弟妯娌两个家庭共同居住，各占一间寝室，堂屋公用却又有独立灶台，其乐融融，根本谈不上谁"监视"谁。"婆婆瞅"的叫法其实正是印证了汉沽人乐观、幽默的生活态度。

据老泥瓦匠说，寝室和堂屋之间留"婆婆瞅"，其实是为了采光和便于观察，用今天的时尚词汇来讲，那可是为了节能、环保和安全。夜晚，一盏油灯在"婆婆瞅"前一放，寝室和堂屋都能见光，婆婆媳妇、妯娌、邻居大婶大嫂聚集一室，有的坐在炕沿，有的脱鞋上炕，一边说笑一边纳鞋底缝补衣服，孩子们在寝室堂屋之间出出进进也不至于因天黑而磕绊。如果此时房门"吱扭"一声，大家就会从"婆婆瞅"立马看见来人是谁，一边说笑一边迎进寝室，于是又是一阵欢声笑语。白天，主妇在堂屋灶台前烧火做饭，透过"婆婆瞅"也能照看屋内的老人或"满炕爬"的孩子，照顾老人、看孩子做饭两不误，要没这"婆婆瞅"还真不行。

随着滨海新区的开发开放以及小城镇建设，人们的居住条件已经大大改善，民居的样式也发生了巨大变化，可上了点年纪的人回想起自己长大的老屋，都不会忘记那"婆婆瞅"，忘不掉"婆婆瞅"前那盏油灯和屋里屋外那些亲切的面孔。

村名探秘

郑万友

前些时候，我专门探查了家乡滨海新区汉沽地区的地名来历，觉得很有意义，也很有趣味。

汉沽的村名大体可以分为八类。

第一类是以地理位置命名。比如"东尹"，该村建于明初，初为芦台尹家佃户村，因位于芦台东得名。再如"杨家泊"和"杨角庄"，前者明永乐二年（1404年），因杨姓于水泊东建村得名；后者建于明初，因位于杨家泊西北角得名。

第二类是演化（变音）而成的村名。"辛庄"，原名瓢辛庄，后演化成辛庄；"下坞"宋代建村，原名下雾，民国初演化成下坞；"茶淀"原名塌淀，因塌陷地形而得名（一度改为塔淀），民国年间演化为茶淀；"东庄坨"，明永乐二年建村，原名东庄头，建国后演化成东庄坨。"万根"，清光绪年间建村，原名望杆，意为站在村头，可以看到海里捕鱼的网杆，后演化为万根。

第三类是以姓氏立庄。比如"魏庄"，明永乐初年建村，因魏姓立庄得名；"看财庄"，明永乐初年建村，原名阚家庄，因阚姓得名，清初改看财庄；"高庄"，原名高家庄，后简称高庄，因高姓得名；"傅庄"，因傅姓得名，曾名富家庄，民国年间改称傅家庄，简称傅庄；"大田"，田姓立庄，原名南田庄，清末该村有田姓居民迁于村西建小田庄，南田庄遂改名大田庄。"大马杓沽"，原名马车沽，因车姓立庄得名。明万历四十年（1612年）建小马杓沽，遂改名。再如，高家堡、蔡家堡、孟家圈、崔兴沽、崔兴庄，在这类村庄中，"留庄"尤为有趣。史载：该村原名刘家庄，由刘姓立庄。清代书法家戴彬元的祖先于清康熙年间迁此。光绪年间因修蓟运河汉沽铁路大桥，令刘家搬迁，因戴姓的功名和权势而留此庄，遂改名留庄。

第四类是姓氏和方位相结合。"东李自沽"明永乐初年建村，原名李家沽，因李姓靠水建庄得名，1982年为区别西李自沽，更名为东李自沽。"西孟"，因孟姓于蓟运河西岸建村故名，简称西孟。

第五类因景物、物产而得名。比如"蛏头沽"，明万历年间建村，以盛产蛏子得名；"萝

卜坨",清初建村,因村西高坨盛产萝卜而名;"桃园",清末建村,因村西桃树园得名;"火神庙"村内有火神庙;"铁神庙",因铁神庙而改名;"土桥子"村东有土桥;"双桥",明有唐姓居民自山东迁此建村,因村东和村西各有一座大桥而得名;"桥沽",清末建村,因傍水临桥而得名;"海沿",明末清初,王姓居民在此建村,因临海岸,故名;"前大坨",明末杨姓居民在此建村,因地处高坨地,且与后大坨南北相对;故名。

第六类是从大村子分支出来的。比如"前沽",清末有后沟楼居民迁此立庄,因位于后沟楼沽之南故名;"西李自沽",明崇祯四年(1631年)建村,原名李家沽,清末改称李自沽,1982年为区别东李自沽改称西李自沽;"小神堂",明末大神堂之刘姓分支迁此建村;"小王圈",因清末有大王圈居民迁移建村。

第七类是效仿类。"后沽",原名沟楼沽,相传该村大沟与汉沽小楼相对故名,后为区别前沟楼沽,改名后沟楼沽,简称后沽。"大辛",民国初年建村,原名小东庄,因位于大辛庄东得名。"海辛庄",明末建村,原名南新庄,因位于辛庄南故名。清乾隆年间改名海辛庄。"后大坨"明末建村,因位于前大坨之北,故名。

第八类打有时代印记。比如日本侵华时,于茶淀西北建垦华村,建国后改名新立,含新建立之意。"宝田",1940年建村,原名东锅炉,后改保田村,建国后改称宝田。"太平",1947年解放战争时期,由逃避战乱者迁此建村,因偏僻无战争,故名。"创业",1973年天津化工厂为安置待业青年成立创业大队,在此开荒建村,故名。"东风",1974年由桥沽乡西孟村部分村民迁此建村,取名东风。"前进",1976年,有茶西、茶东、大辛等地居民迁此建村,取向前进之意故名。此类另有新村、建华、五七。

还有两个村名来历比较特殊:洒金坨、大工圈。相传公元645年,唐太宗东征经此,洒金银于此,故名洒金坨。大王圈是明永乐初年建村,原名王家圈,清末重修土地庙时,淮淀画匠在描基檩上立字时,误写大王圈,后约定俗成改名大王圈。

司家坨与思家坨

王雅鸣

清代《宁河县志》有一首署名前人的题咏《司甲坨》："国家武备重修明，况在艰难业始成。万里师行犹制甲，可知英主不销兵。"汉沽东部的司家坨，是唐王征东在此设置司制管理盔甲之所。后因同音字演化，在流传的过程中，变成了思家坨，从而使地名的含义变得温暖了。

据清《宁河县志》"古迹"篇记载："其北则有司家坨，为制甲之所。"而在宁河、汉沽间一直还有这样一句话："西有司甲坨，东有送甲营。"送甲营位于相邻的河北省丰南县的宋家营，在司甲坨的东部，原名确实叫送甲营，也是唐代贞观时留下的地名。

在明初因宋姓大族势大，而改为宋家营。司家坨，传说当年唐王连年征战，队伍行至此处，安营扎寨。官兵思家心切，触景生情，坐地不起，再不愿前行，遂改叫思家坨。表达了人们渴望和平、安居乐业的心情，思家坨的称谓也一直延续至今。

其实，司甲坨原为高出地面5米左右的土坨子，建国初期尚有人在此耕种，但随着历年来城市建设取土等人为因素，其风貌已不复存在，汉沽盐场在此建设第三化工厂，后又成为思家坨所在居委会的辖区，是滨海新区城区东扩开发的一部分，现在归寨上街道所辖。

汉沽土语

王雅鸣

由于汉沽地处唐山与塘沽交界，汉沽许多人的先辈均是从山东、江浙一带移民过来的，语言上深受冀鲁官话的影响。特别是语言发音上，与天津市区的话有较大出入。不但不冇，还土里土气。久而久之，有些人称汉沽人说话为老坦儿，汉沽人则自谦为"蚶子味"，许多人感同身受。如汉沽人去外地，相互张口一打招呼，有人就会武断地说："你是唐山人吧？"

总结起来，汉沽土语可分七八种类型；一是借代身体。大拇手丫子（拇指）、耳蚕（耳屎）、妈妈（乳房）等。二是称谓。家喽（妻子）、小坤子（小姑娘）、讨克郎（好招事惹祸的人）等。三是时间。老起根儿（从前或一开始）、晌火歪（中午）、咧个儿（昨天）、底天（第二天）等。四是动作。吃妈妈（吃母乳）、麻根（打听）、样可（仔细观察）等。五是性状。四至（整洁舒适）、齐大乎的（形容许多人一起行动）、甜乎人儿（给人增加喜悦）等。仔细品味这些淳厚、朴素、可爱的土语，可以感受到汉沽原住族人的独特的语言习惯，是民情风俗的集中反映，更是一种深厚的文化遗存，应该得到进一步挖掘和整理。

下面的桥段，多少年来经常在汉沽的街头里巷上演，且长盛不衰：

甲：嘎切？

乙：呱啦呱啦！买点就带。

甲：咋不穿棉脑？都冻得流脓带了！多拿啝。

乙：想扎估扎估呢！没那腰力。

甲：净裂蛋！就你这个业障疙瘩……

以上的土话，如不是六七十岁在汉沽长期居住的人，是很难破译的。试译如下：

甲：干啥去？

乙：转一转！买点菜。

甲：咋不穿棉袄？都冻得流鼻涕了！多脏。

乙：想打扮打扮呢。没钱啊！

甲：净说谎！就你个孤儿……

俗话说："暖靠棉，味靠盐。"说到这个"嘎"字，如果单从字义来讲，根本理解不了它的确切含义，但这一个字，又是多么形象、生动、凝练！它代替了三个字"干什么"？仅这一点，就为祖国语言节省了多少字符啊！从这个层面上反映出汉沽地区丰富而独特的语言特色。如想听懂它，就要结合语境、结合其事件及所处环境来解读与诠释。如：汉沽人管棉袄叫棉脑，管地面叫九地，管列宁叫涅宁，说不讲卫生是榔柯或拿呃……虽说有些语句一时很难让人理解，但汉沽语言的精粹却令人拍案叫绝。如棉袄，汉沽人说棉脑。在字典中，"脑"字的义项之一，是指从物体中提炼出的精华部分。从这个层面说，棉袄暖和的程度可见一斑，汉沽人对事物高度提纯和概括的能力当刮目相看。

斗转星移，随着滨海新区开发开放形势的发展，特别是外来建设者的加入，传统的汉沽话已逐渐被普通话所代替，旧时那种土得掉渣的"蚶子调"或汉沽话也已成为过去式。

冬天到神堂来看海

王雅鸣

冬天，汉沽大神堂的海是别致的。

沿着汉南线逶迤而行，就抵达了大神堂渔港码头。正是数九寒冬，站在岸边，凛冽的海风迎面刮来，强劲且冷入骨髓，噎得人张不开嘴。放眼四望，远海白茫茫一片，太阳挂在半空，却将数不清的银针撒在海面上。海是凝固的，海面仿佛冻成了一座巨大的冰场。潮是要来的，但一眼望不到边的冰面却阻搁了潮水的侵袭。于是，潮水以顽强的毅力执拗地一次次扑上来，一层压一层，一层盖一层，前仆后继，它们的躯体全朝着岸的方向，那不规则的巨大的冰体，透着一种惨烈与悲壮。就那样匍匐在岸边，成为一种义无反顾精神的写照。

离岸不远，就是船坞。那些从涧河、北塘乃至更远的地方奔袭而来的吨位不等的船只被拉上来，接受渔民的修整。小雪卧船高，于是，这里成了一个盛大的音乐广场，无时无刻不在上演着气势磅礴的修船奏鸣曲。电锯的嘶啸声、铁锤的敲击声、排船的叮当声……回荡在空旷的海边，与叹息的潮声相伴。那边排新船的仪式刚刚开始，铺置（铺船底），是重要一环，许多人神情庄重，虔诚无比，祭拜神灵、撒酒、燃放鞭炮、贴对联。那边，一艘半成品的渔船正在形成，两侧的船板凭空乍起，像一只放大了的猪或羊，仿佛刚刚被剔掉肉，就那样四仰八叉晾在半空，胸腔空空如也，滑稽且让人心生怜悯。

渔村从不缺文化氛围。旁边的大船上，大红的对联从船头续到船尾。许多对联对仗工整，平仄押韵，意境深远，富有寓意。船首横书："船头压浪"。船尾："舵后生风"。舵楼上联气势磅礴："龙头生金角"，下联是"虎口喷银牙"。船尾左右各有一菱形的联幅，上联是"九曲三江水"，下对"一网两船鱼"，桅杆上一副竖联醒目异常："大将军八面威风"。一群六七十岁的老捻船工或立或坐，手持榔头，叮当作响。他们凭着独特的技艺，一下下将麻刀、桐油、石灰合成的材料源源不断地嵌入船板缝隙，不紧不慢，铿锵有力，使得船缝又严又平，密不透风。过去，船家验活的方法也非常独特——拿一颗黄豆放在捻好的船缝上，轻轻一吹，黄豆从这头径直滚到那头。这项古老的捻船技艺正在面临失传,从老人们那紧锁的眉头不难看出对这项工艺今后传承的一种隐忧。

大年三十这一天,才真正迎来了纯粹的渔家庆祝节日风情的高潮。尚未到午夜时分,渔家人迫不及待纷纷携家带口赶往海边——升纸,这是渔家人流传下来的几百年的风俗习惯。船上的大小灯盏渐次亮起,然后在船边撒酒,焚纸,放炮仗。顿时,鞭炮齐鸣,人声鼎沸。漆黑的海滩上,二踢脚、窜天猴应声而起,映红夜空,照亮了船上船下人的张张笑脸。同时,以鞭炮声作背景,人们开始拿着捞拎站在船边做捞鱼的动作,边捞边唱:"一网金呀,二网银呢,三网打聚宝盆啊,网网都是大鱼群噢……"此刻,渔民们个个神态庄重、虔诚,嘴里念念有词,祈祷护海娘娘和龙王爷的保佑,求得一年四季平安网网高产。到了午夜时分,一年一度的"升纸"仪式结束,人们怀着喜悦回家吃饺子过团圆年去了。

想看日出吗?在码头上,矗立着一块巨大的石碑,上刻朱红色大字:津门第一缕曙光。因为大神堂村目前是天津市最后一个渔村,又与河北省毗邻,这里就成为了天津市每天最早见到第一缕阳光的地方。清晨,金色的阳光撒下万道霞光,照耀在海面上,渔民从这里登船出海,开始了一天的辛苦劳作。尤其是近年来开办了海上休闲一日游,人们纷纷来这里体验"出一趟大海,当一日渔民"的活动,吸引了北京、河北、辽宁及天津本地游客前来观光,成为了不可多得的渔家休闲旅游景点。

冬天到神堂来看海,你会有意想不到的收获。它会让你感知冬天的凛冽,渔村的古朴,大海的冷酷,以及拥有 600 年历史的渔村留给人们最后的那抹惊艳……

海上崛起鲤鱼门

王雅鸣

我结交了不少渔民朋友,也曾到渔民家造访或小住,其中最熟的是高家堡村高大哥家。他家所在的村是一座具有600多年历史的村落。几百户人家,几条街道,人们世世代代以出海打渔为生,村南头直通大海,那里有一座简易码头,用于渔船出海、收沟。几百年前,因高氏人家立庄,故起名高家堡子。村口那立有一座村碑,上写:高家堡。

2006年12月,高家堡村进行了整体搬迁,明朝万历年间建庄,这座具有630多年历史的滨海渔村从汉沽版图上彻底消失了。一座立足天津、服务环渤海五省两市的环渤海中心渔港,在其旧址上将拔地而起。

为构筑水产物流大进大出的绿色通道,加快远洋渔业发展,国家级中心渔港选址于高家堡,令高家堡人感到无比光荣。根据规划,渔港一期工程将建成5 000吨渔船码头,规划功能区10平方公里。建成后该渔港将成为集水产品交易、生产、加工、仓储和餐饮、住宿、旅游观光为一体的环渤海地区最好的中心渔港。如今,十几年过去了,以滨海鲤鱼门为标志,一座仿明清建筑拔地而起,成为滨海新区休闲观光旅游的亮丽名片。

高大哥17岁上船,初中没上完便跟随父亲上船了,漂风打浪20多年。他家世居渔村,在搬迁的那一天,全家人曾跪在村碑下,泪如雨下,泣不成声。那一刻,他的心绪就像波涛汹涌的大海。他跪拜大海,跪拜先祖,跪拜老庄。那里有他先人的魂,也有他儿时的梦想,更有他一生的眷恋。村庄消失后,年近50岁的高大哥不再出海打鱼,而是做起了海上休闲观光游的生意。他通过学习和培训,取得了海上旅游许可证,凭借丰富的海上作业经验,自己当船长。他花了十几万元将原来的150马力的船改成旅游船,每年从5月份开始,到11月份结束,每天拉着游客出海旅游,鲤鱼门成了他们出海旅游的天然码头。现在好了,有了这座天然深水码头,不管什么时候有游客,他随时可以开动机器,载着客人犁开海面出海,撒上一网后,看游客大块朵颐,让游客感受当一日渔民的喜悦,他那沉淀在心底的乡愁也会慢慢地得以排遣,脸上的表情也会生动起来。

自从搞上海上旅游后,高大哥彻底改变了生活状态,逼自己努力适应当前飞速发展的形势。他换了一个智能手机，学会了上微信。许多客人都是通过微信与他联系。他的客源广，人缘好，生意火爆。那天我看到，有客人咋也找不到滨海鲤鱼门的具体位置，让他发一个定位图。只见他熟练地打开微信，找到联系人，发去了"共享实时位置"。我一乐，对他立刻刮目相看——过去那样一个那么木讷、少言的渔民，现在竟然这样时尚与前卫，不知不觉享受着现代通讯带来的快乐与实惠。果然，没一会儿，几辆挂有外地牌照的轿车就开到了宽阔的鲤鱼门码头停车场。简单地交谈几句后，我随这十几个游客走上栈桥，鱼贯般地上了他的船。

随着船的离岸，回首望去，远远地看到一片仿明清建筑群矗立在渤海岸边。亭台楼阁，古色古香。阳光下，金碧辉煌的望海楼，伸向大海的栈桥，泊于水中的白色游艇，游弋于岸边的贝壳堤，闪烁着炫目光泽的琉璃瓦顶……构成了滨海鲤鱼门独特的美丽景观。

白天眺望鲤鱼门，它像是一座海市蜃楼，就浮在海平面，充满迷幻与魅力；日落之后夜景迷离，那亦真亦幻、光怪陆离的倒影铺展在海上，尽展鲤鱼门的斑斓与绚丽。这个占地6.1公顷，总建筑面积2.67万平方米的美食街，是3000多名建设者用了150天的速度建设起来的。其中，16座四合院可同时接待4000多人用餐，成为各地游客休闲旅游品海鲜的绝佳场所。那里有一独具特色的四合院，是高大哥与人合股开办起来的，每个房间都用村名标着，那是我们熟悉的过去的渔村——高家堡、蔡家堡、双桥子、望根、枣树底下、海沿、小神堂……仔细数了数，足有20多个！这些早已不复存在的村庄名，有的是在1976年大地震中消逝的，有的是近几年才消逝的。这些耳熟能详的村名，每一个都能唤醒一段美好的记忆，因为这些是岁月所不能湮灭或抹掉的。他们这是在以这种特殊的方式来纪念生于斯、长于斯的故土，追忆那不曾远去的渔家风情。

在他们的心里，这些村庄永远不会消逝，而是常驻进他们心的一隅，并镌刻在心灵深处，融入了血液里，为自己的故乡永远留有一块栖息地！也许就在几个小时后，高大哥就会带着这些游客回到这里，凭海临风，把酒欢歌……

葡萄美酒玫瑰香

李子胜

因百里盐滩而兴的汉沽地区，值得人们引以为傲的特产除了海盐、海鲜，一定还有茶淀玫瑰香葡萄。

每年的金秋时节，成熟的玫瑰香葡萄散发着馥郁迷人的香气，用牙齿咬开果皮，一股粘稠的甘甜就在舌尖上洋溢，慢慢吞咽，感觉像吞蜜一样，黏稠滋润。本地人说，这时的葡萄，甜度可以达到22度，齁嗓子甜。深秋成熟的二茬果，色泽如野生浆果一样紫黑，甘甜的味道中又多了一层微酸的口感。即使是二茬果的汁液流到手上，不一会儿，就会觉得手指间黏糊糊的，都是糖分；葡萄的汁水如果无意间滴落在地板上，踩上去，鞋底就像被黏住了一般。

随着包装的日益考究，运输业的更趋发达，玫瑰香葡萄早就香飘京津冀，成了享誉华北地区的上等鲜食果品，成了汉沽人馈赠外埠友人的绝佳选择。2008年茶淀玫瑰香葡萄被评为北京奥运会推荐果品第一名。

葡萄原本产于欧洲的地中海地区，葡萄是个音译外来词，其种植在我国有几十年的历史。很多文雅骚客都留下了赞美葡萄的诗篇。唐代诗人王翰《凉州词》中的"葡萄美酒夜光杯"一句，更是家喻户晓。可以窥测，至少早在与世界各地交流密切的开放王朝——大唐时代，文人墨客就喜欢上了葡萄美酒。

玫瑰香葡萄，欧亚种，也有译为莫斯佳、汉堡麝香、麝香马斯卡特等。玫瑰香是一个古老的品种，是世界上著名的鲜食、酿酒、制汁的兼用品种。正宗的玫瑰香葡萄含糖量高、麝香味浓、着色好，深受消费者喜爱。

据记载，玫瑰香葡萄是20世纪50年代末引进的茶淀的。茶淀原名塌淀，是沿河临海的沼泽泻地，曾是一块水草肥美的河湿地。淡水资源丰沛，孕育了这片肥沃的土地。清代中叶，营城有一户人家曾在茶淀有果园50亩，葡萄10余架，在以庭院种植为主的时代。解放后，20世纪50年代茶淀地区有少量种植，但都不成规模，到了20世纪80年代，随着人们生活水平提高，对鲜食水果需求激增，才开始大面积的种植玫瑰香葡萄。

可以这么说，玫瑰香葡萄一经引进茶淀地区，就像千里马遇见了伯乐，开始大放异彩。

茶淀街位于天津市东部，滨海新区北部，地处京津唐三角地带，地理坐标：北纬 39°7′40″～39°19′56″。东经117°14′49″～118°3′39″。东靠蓟运河，西邻清河农场，南接中新生态城，北至宁河区七里海镇和芦台镇。地理位置优越，区位优势明显，交通便利，四通八达，是通往东北地区的重要门户，京山铁路穿越全境并设站，津秦高铁在茶淀设滨海北站。津汉公路、唐津高速贯穿东西，塘汉快速、津秦高铁、津宁高速在境内贯穿。距北京128公里，至天津市区50公里，至天津滨海国际机场40公里，至天津港22公里，至唐山60公里，交通极为便利。

茶淀地区属暖湿带、半湿润大陆性气候，大陆性季风气候显著，四季分明，春旱多风、夏热多雨、秋高气爽、冬寒少雪，年平均气温11.9摄氏度，无霜期217天，太阳辐射总量134.7千卡/平方厘米，全年降雨雪平均527毫米，有良好的灌溉条件。土壤中矿物质含量极为丰富，特别是速效钾含量达520ppm，是我国最适宜葡萄栽培的地区之一。

在我国辽阔的大地上，很多特产都冠有地名，这是因为这种特产在当地的气候、土壤条件下，品质超群。比如宁夏的枸杞，新疆的哈密瓜，四川的川芎，山东莱阳梨、烟台梨、乐陵小枣、茶淀玫瑰香葡萄等等，不胜枚举。

为什么茶淀的玫瑰香葡萄这么甜？

经科学分析，茶淀地区日光日照、土壤蒸发含水量和昼夜温差的影响，非常利于葡萄的糖分积累。茶淀处在古河道断裂带上，土壤中有机质丰富。据调查研究，在"土壤耕层养分含量"中的有机质，茶淀为1.5%，而与之相邻的桥沽则为1.63%，杨家泊为1.56%；全氮的含量茶淀为0.105%，而桥沽为0.097%，杨家泊为0.088%。速效钾是葡萄生长的最重要的成分之一。此外，太阳光能辐射值对葡萄生长和果实积蓄糖分影响巨大，茶淀的光能辐射值为全天津市最高。

一言以蔽之，茶淀地区就是上天安排种植玫瑰香葡萄的地方。

据1985年统计，天津市各区县葡萄总产量251.44万斤，汉沽占105.5万斤。1994年，茶淀玫瑰香葡萄在全国农学会葡萄分会的评比中获优质果品奖。1995年获农业部第二届博览会银奖。1997年被市政府命名为名牌产品。1998年被国家技监局确定为标准化示范区。1999年以来又先后被评为优质葡萄，荣获国家级金奖等殊荣，年产量达到6 000万公斤。

茶淀玫瑰香葡萄不仅适合鲜食，更是酿造美酒特别是干白葡萄酒的上佳果实。正是因为这个原因，中法合营的王朝葡萄酒厂才看中了茶淀出产的玫瑰香葡萄，酿酒产业的引进，为茶淀玫瑰香葡萄的大发展起到了保驾护航的作用。

20多年来，茶淀玫瑰香葡萄榨汁后酿制的干白葡萄酒，以王朝葡萄酒为商标，在国内国际累计获得近20次大奖，知情人都清楚，这些大奖的获得，主要归功于茶淀玫瑰香葡萄的一流品质。

人们生活品位的提高，饮酒观念提升了很多，从饮烈性白酒到饮健康酒、长寿酒，干红、干白葡萄酒逐渐受到人们青睐。

汉沽地区盛产海鲜，茶淀玫瑰香酿制的干白葡萄酒，又是海鲜的绝佳搭配，真是造化的钟爱，让汉沽人可以海鲜与美酒兼得，可谓口福不浅。

随着葡萄酒文化的深入人心，人们对葡萄酒日益喜爱，如何用合适的杯皿盛葡萄酒，如何醒酒，如何品味葡萄酒，好的葡萄酒有什么特点，葡萄酒应该与什么食物搭配更科学，逐渐成了人们津津乐道的餐桌文化。在葡萄酒文化逐渐浸染中，人们对美好幸福生活的追求，日益彰显。

需要澄清的是，很多人误以为酿制葡萄酒的葡萄一定是品质差的，销售困难的。事实恰恰相反，只有质量上乘的葡萄，才能酿制口感一流的美酒。很多果农为了图眼前利益，让鲜食葡萄尽早上市，给葡萄打催红剂（老百姓叫蘸药），这种看起来紫黑色的葡萄，因为植物激素超标，对人的健康特别是对成长发育关键阶段的青少年的健康非常不利。而茶淀地区的葡萄酒厂在验收葡萄时，一直杜绝收购这种催红剂催熟的葡萄。

另外，很多人喜欢自己酿制葡萄酒，认为自己买的葡萄更可信，亲手酿制的葡萄酒更可口。殊不知，因为手工酿酒无法做到高温灭菌，更难控制发酵的温度湿度，进而无法控制发酵时间，很多葡萄酒甲醛含量过高，口感也不稳定，长期饮用，有害无益。

近几年，国外低端葡萄酒源源不断涌进国内市场，有的干红就是酒精加色素的勾兑物，所以价格便宜得让人咋舌，喝这种酒精饮料，对身体的伤害可想而知。

目前，茶淀地区的葡萄种植面积近3万亩，本地酿酒企业，生产工艺纯熟，年榨汁能力在8000吨以上，生产的葡萄酒品种丰富，品质一流，价格亲民，已经远销几十个省市地区，未来汉沽旅游业大发展后，茶淀葡萄酒一定会成为游客们首选的特色产品。

旧契篇

汉沽的第一张滩契

王雅鸣

汉沽因水而生，因盐而兴。独特的地理位置和风貌，使汉沽成为古代开滩置盐的首选之地。据史料记载，汉沽制盐史始于两千年前的两汉时期，但真正初具规模的还是清初。到解放前夕，芦台场汉沽盐区盐滩数量多达358副。清朝政府出于统治阶级的需要，陆续出台了许多开滩置盐的扶持政策，使滩灶户开滩置盐活动如火如荼，促进了民族工业的发展、壮大和繁荣。而记载着当时买卖官滩、帑滩、风车滩的文字契约，就是当时汉沽老一辈滩灶户开滩置盐、流转聚财的真实写照。

汉沽第一份滩契，始于清顺治十三年八月初五日，即公元1656年，距今已有360多年的历史。说到滩契的产生，它与长芦盐的历史发展及芦台场的设立有着密不可分的关系。

汉沽的开滩制盐，可追溯到距今两千年前的的两汉时期。那时，官铸铁锅，募民提取海水，煎煮后得盐。至后唐同光三年（公元925年），盐区中建芦台场，将原来的分散式改变为集中式煮盐，始有灶户和灶丁之称。每个灶户均有煮盐的场所，称之灶地，并作为"恒产"为己所有。距今700年前的元代时期，灶丁们在由刮碱淋卤煎盐过程中，逐渐认识到利用日光可以直接晒盐。距今400年前的明代后期，灶户们在长期制盐的实践中不断积累经验，于自己的灶地上挖渠、筑垲、修池、提打海水从事日光晒盐，将原灶地改造成滩地，即今天的盐滩，这是盐业史上重大的变革。开置盐滩需要费用，这些均由灶户自付，盐滩遂成为灶户的私有财产，灶户称滩灶户。

盐滩的开置，均必须纳入官方的芦台场登记入册，加盖印章，准此晒制，并定期交纳钱粮，称为"官滩"。这种合法化的身份，为人们的自由交换打下了基础。

清初，芦台场汉沽盐区有灶地537公顷65亩，滩地7顷50亩。当时均是面积较小的滩田，折合盐滩约45副。在制盐生产经营中，个别滩灶户最初因无力交纳钱粮，遂产生一种以退契、卖契作为商品交换的法律形式，即形成契约。买卖双方的人，经中人说合，在平等互利的条件下协商一致，经过要约、承诺和担保等程序确立双方交换事项，立下字据存证，契约即成立并实施，成为财产流转关系在法律上的表现。汉沽发现的最早的一张滩契是这样的：

滩契

立卖滩文约邵承教，因钱粮无措，将自己官滩一付（副），坐落张家河，计斗子三付（副），同中说合，情愿卖与崔名下为业。言定时值价银贰佰玖拾肆两，其银笔下交足。东至邵应惠，西至邵久祯，南至沟，北至坨，四至分明。如有弟男争碍者，在卖主承管。恐后无凭，立契存照。

同中人：董X瑞

立契人：邵承教

顺治十三年八月初五日（1656年）

这份滩契文约，简明扼要，但契约的几大要素一应俱全：滩主姓名、卖滩原因、滩地面积、卖出金额、说合人、立契人及成交年代。其中，在责任中，白纸黑字写明："如有弟男争碍者，在卖主承管。恐后无凭，立契存照。"这段话，看似平淡无奇，但将后期责任讲得十分清楚，以绝后患，并成为了一句经典，在以后几百年的滩契缔结和使用中，被反复传承套用，屡试不爽。而邵承教作为汉沽卖滩第一人，开创了自家滩田因"钱粮无措"被卖掉的先河，从而被载入了盐业开发的史册。

在接下来的康熙、乾隆、嘉庆、道光、同治及民国的200年的漫长时光里，一直沿用这种简约、明了的契约模式，直到解放后才取消了滩契的历史。但随着时光的推移，滩契在内容上更加详实、完善和具体。这份滩契，聚焦了当时汉沽老一代盐滩开拓者艰苦创业、聚财奋斗的历史，为子孙后代研究盐业历史文化提供了可资借鉴的详实、珍贵的历史资料。

官滩

王雅鸣

汉沽的制盐史始于两千年前的两汉时期，真正形成开滩规模的还是清初。据史料记载，解放前的芦台场汉沽盐区就有盐滩358副之多。这些盐滩的开置，均被编纳芦台场登记造册、编号、加盖印章，并定期交纳钱粮，方可准许晒制，时称为"官滩"。

从顺治年开始，到民国末年300年的历史进程中，官滩的叫法一直被延续下来。官滩分自置官滩、祖遗官滩和祖遗在册官滩三种。如顺治十三年八月初五日（1656年）的滩契中写道："立卖滩文约邵承教，因钱粮无措，将自己官滩一付（副），坐落张家河，计斗子三付（副），同中说合，情愿卖与崔名下为业。"这是迄今为止看到的最早的一张标明官滩的滩契。在滩契中，不仅写明了卖滩的原因，还详尽列出了卖滩者所拥有的各种生产资料、坐落位置和具体的成交时间。最后是同中人和卖滩人。从此，这份滩契成了各朝代买卖盐滩的一个模版，争先套用，可见它在当时的实用性。

到了康熙年间，邵瑞周的滩契依然如故："立退卖契给人邵瑞周，有父遗官滩一付（副），因钱粮无措，今同侄邵壁、邵盛、情愿退卖与堂叔荣述、堂侄龙章名下过纳粮，永远勘晒为业。"这里的"钱粮"就是滩灶户需要每年按期必须向官府所交纳的各项费用。因为无力筹措或经营不善，只好忍痛割爱卖与他人。从清代顺治开始，康熙、乾隆、嘉庆、道光、同治、光绪、宣统，官滩的称谓一直未变。这是源于盐税是清朝政府的经济命脉，支撑着大清王朝的政治、经济、军事的向前发展。到了民国时期，也依然延用官滩的叫法，可谓一脉相承。

民国三年阴历甲寅正月十一日（1914年）的《归并契》言明："立归并契人蓝兴业堂，因正用，今将在册官滩一副，人工六名，坐落李家大河，滩名对楼，烦亲友说允，时价银元二千元正，情愿将应分之一半，归并与李义昌名下永远为业。"

30年后，即民国三十三年四月十八日（1944年）的一张《出租滩契约》中"官滩"的字样依旧赫然在列："立出租滩契人刘百林堂，将自置在册官滩一副，人工十六名，坐落芦台场南沟第十四号，滩名刮金板，情愿租与郭名德堂名下勘晒，以一年为限。"

解放初期，盐滩依然可以买卖。1950年8月，汉沽崔氏兄弟崔致崇、崔致宏、崔致远将坐落于北沟40号的"祖遗官滩"西滩——情愿卖与李玉存、李克仲、高振起、高振宝永远为业，形成了有效的契约关系。

官滩的好处有很多：一是自置或祖遗官滩拥有一定的自主权，没有纠纷任凭自由处置；二是因为已在官府备案和注册，买卖双方仅凭一纸契约即可进行交易，价格自定，省却繁琐手续，以解燃眉之急；三是可以世袭继承，成为一种祖业，为后代所拥有。这无疑是一种标签，也是一个镀金招牌，彰显了盐滩的归属与荣耀，是当时长芦盐区开滩置业中最好买卖的动产之一。

解放后，官滩的提法戛然而止。随后实行公私合营，所有的盐滩归划国有，开启了社会主义建设新高潮的序幕！

帑滩

王雅鸣

嘉庆年间（1796—1820），清王朝动用国库中帑（tang 倘音）银扶持人们买荒地开置盐滩，提高了盐民开滩置盐的积极性（相当于当今的贷款吧）。这种利用帑银开置的盐滩称之为帑滩。

当时，由于清王朝积极鼓励有经济能力的滩灶户开垦帑滩，从而使长芦盐区开滩制盐形成了一个小高潮。然而，有开滩就有卖滩。嘉庆九年（1804年），汉沽营城人邵声闻经营上难以为继，立下了卖帑"滩契"。

立卖帑滩契人邵声闻，嘉庆六年原领官帑三十五工，每工正耗银拾叁两壹钱捌分陆厘，共合帑银肆佰陆拾壹两伍钱壹分，分六限封纳。自卖之后，任凭买主斟晒。凡沟壕池埝、卤坑、地土、冰窖、滩铺、车道、地基一处坐落孟继桥东边，孟继桥存檩六根俱在价内。如争竞为碍者，尽在卖主一面承管。欲后有凭，立此卖契存照。

嘉庆九年十月初一日
（公元 1804 年）

在这张滩契中，多次出现与"帑"字相关的字样："立卖帑滩契人邵声闻""嘉庆六年原领官帑三十五工""共合帑银肆佰陆拾壹两伍钱壹分"等，其中就有"帑滩""官帑"和"帑银"等，可见"帑"字是一个金字招牌，也是甲方乙方能够成交与否的重要砝码。

到了道光年间，依然延续"帑滩"政策。滩灶户张魁庆在道光七年九月初七日（1827年）的滩契中这样写道："立绝卖滩契张魁庆，因乏手，将自制帑滩二副，人工十名，坐落张家大河，情愿卖契李调元名下，永远勘晒为业。"文中用了"立绝卖滩契"字样，由此可以想见滩主张魁庆当时陷入了怎样的窘境，让他不得不痛下决心"立绝卖滩契"。但从那淡定的行文看，就连二副帑滩和雇佣有10名工人都写得清清楚楚，不难看出卖主的诚意与决心。

道光十四年三月初八日（1834年），滩灶户李敬儒的滩契是这样的："立卖滩契者李敬儒，今因帑项无措，将自置杨家大河西小在册帑滩一副，人工八名，四至开后。烦中合，情愿卖与同益陈名下永远为业……内接认第四五六限帑银四拾两，合钱叁佰贰拾吊。除此项作封帑之用……所有本身帑银，另有帑滩抵纳……"这里，也先后7次用上了"帑"字，也是道光年间最后一张用帑银开荒而卖出的滩契。至此，在以后的清中、后期及民国年间，再也没有"帑银"和"帑滩"的滩契出现。

在封建社会里，盐税是大清王朝重要的财政收入，也是支用军饷的主要来源。帑滩的出现，是官府扶持、鼓励人们开置盐滩的有力杠杆。虽说帑银只在嘉庆和道光两个朝代推广和使用，但却顺应了当时滩灶户筹措资金、发展生产的需求，刺激了长芦盐区人们开荒置业的积极性，促进了汉沽民族工业的飞速发展，是当时经济发展、社会变迁的缩影。

风车滩

王雅鸣

道光年间（1821—1850年），汉沽广袤的盐田开始使用水车进行提水。这种体积庞大、由下而上提水的木质龙骨水车，替代了传统的二人用绳子系上柳斗进行打水的传统方式，为以后使用八面篷车，即风车提水奠定了基础。

光绪元年（1875年），汉沽的盐滩上出现了第一架风车，它充分利用海边的风能将海沟里的水拉上来，人称风车。原理是人们把渔船上的风帆移植到盐滩的风车上，四梁八柱上绷有篷布，形成八面，底下有铁轴碗，旋转起来风力很大，提水速度极快，有效地提高了生产力。人们形象地叫它大将军或大将军八面威风。风车的使用，促使各个小盐滩进行归并。这种安装了风车的盐滩叫"风车滩"。由于盐滩面积过大或其他原因，随之出现了滩灶户因无力勘晒而进行交易的"滩契"。

风车滩的提法，最早可追溯至光绪二十六年四月二十四日（1900年）的一份《归并滩契》里："立归并滩地契人张沂澜、张淇澜、张泗澜、张渤澜，今有祖遗应分大柳沽滩并坨子地四分之，于光绪二十年租与堂叔文荫名下，勘晒十年为满……所有大柳沽坨子地与滩铺地基、风车两架尽在价内。"

宣统三年，滩灶户李义昌的滩契中写道："立卖滩契人李义昌，今因正用乏手，将父置在册官滩一副，人工六名，坐落李家大河，滩名对篓，烦中说允，情愿卖与王乐善堂名下永远为业。言明时值价银洋壹仟贰百圆整，其洋笔下交足无欠。所有滩涂中沟壕池埝、卤坑、冰窖、大小水圈、风车一架俱全、大小石磙两个、尺木寸土、空地一切俱在卖价之内……宣统三年二月二十二日（1911年）"文中的"风车一架俱全……"可见风车已在长芦盐区普遍使用。

进入民国时期，因绝大部分盐滩均设置了风车，海盐产量大幅度增加。但受军阀混战、税目繁多等因素的影响，海盐产量滞销。滩灶户贫富悬殊差距逐渐拉大，导致卖滩立契现象不断出现，影响了生产力的发展。许多滩契中在提到所留财产项中都包括风车。民国七年十一月初四日（1918年）的一份滩契中这样写道："立卖滩契人李义张文瀛，今

将自置官滩一副……所有滩中风车一架……俱在卖价之内……"这种拥有风车的状况一直延续至汉沽解放后。如:

"立租滩契人李彭寿,今将自置北沟二〇一号,滩名东三号半副（原滩系与李明伦伙有二分之一）,因无力经营,经中说允,情愿租与李明伦名下勘晒五年。自一九五〇年旧历正月十五日起,至一九五五年旧历正月十五日满期……本滩面积、池壕沟埝、风车、滩铺等项一概俱全。"

从光绪元年（1875年）至解放后1950年的75年间,风车作为滩灶户的重要生产资料,它不仅是引入海水的重要生产工具,也是滩灶户的固定资产。它在一定程度上改善了盐工的劳动强度,提高了盐滩产量。彼时,百里盐滩风帆林立,处处可见吱吱作响的风车,构成了汉沽盐滩上的一幅独特景观。1909年日本出版的《天津志》中记载:"一望无际的盐田,盐层垒垒,到处堆积如山。灌溉盐田风车,帆樯林立,遥看远连天际,隐显在明霞断霭之间,从而使人有大陆的规模宏大之感。"

滩契名称的变迁

王雅鸣

顺治十三年（1656年），汉沽出现第一张滩契，拉开了开滩置盐自由买卖滩地的序幕。在接下来的250多年里，出售这些盐滩形成的文本在名称上一直称为"滩契"，是买卖双方缔结的契约凭证，也是真实意思的表达。

从宣统元年九月十三日（1909年）开始，滩契在名称上悄然发生了变化，人们将原来的《滩契》，变成了《卖荒滩契》或《荒地基照》。表面上看，仅比"滩契"多了两个字，内容上与原来书写的滩契也没有明显变化，但从字面上可以看到具体、可信的买卖关系。如：《荒地基照》："立杜卖荒滩契人李福隆、李福广，今将先父伙置在册官滩荒地基照老沟一副，计人工四名，坐落邵家河土桥（四置开具于后），因无力修整成熟，烦中说合，情愿卖与崔启元名下为业……"文中的"荒地基照"点名了这副滩是荒芜已久，也是家族中的老照了。

清朝，官滩可以自由交易，盐坨地也可以买卖。当时，滩灶户生产原盐后，需要有人片宽敞的堆放原盐的场地，这就是盐坨地。另一张《盐坨地契》很好地佐证了当时买卖的情景。"今立字据邵尽臣，因有先年经本身手自己置盐坨地一条，宽四丈，长十丈。原垫此坨地净化（花）用东钱四百六十三吊正（整）由垫之后，并未应用……情愿将该盐坨地照原化（花）四百六十三吊之钱匀让旭堂永远为业，自便使用之地……宣统四年二月初五日吉立（公元1912年）"

民国时期，又开始陆续出现卖滩契、出租滩契、续租滩契、揽租滩契、字据、立租滩字据、归并滩契、归滩契、出租归并书等字样的滩契。这些以承租、续租、转卖等形式出现的契约，一改过去只标明"滩契"呆板、单调的形式，具体、详细，一目了然。如《铁神庙滩契纸》和《大铺子滩契底》等滩契，点明了盐滩的所在位置，朴实中透着一种亲切。

民国二十三年七月十五日（1934年），滩灶户张金继立下了《铁神庙滩契纸》："立卖滩地契人张金继奉生父生母命，今将三门过继祖遗应分在册官滩一副，坐落北沟刘家大河第七十号，滩名铁神庙……钱粮随滩封纳，本滩老红契因反乱失迷，日后发现作为废纸。"

民国七年（1918年），张文成写下《出租字据》如下："兹因邵家沟迤东往南地界有营城邵润珊君挑挖叉沟一道，与邵家官沟相通引用海水。惟此地界系文成所管，有烦亲友说允，情愿租与邵润珊君历年引水使用。作租价东钱肆吊整，年交年款，议定每年贰月十五日即如数交齐不误。如文成将来开展滩业欲用此沟之水，任凭自便，不准邵君拦阻。此系情愿，绝无返（反）悔，恐口无凭，立此出租字据为证。

租主邵君照此另立缆（揽）租字据一纸，同时互换交存。

中华民国七年戊午旧历三月十五日（公元1918年）"

简约而不简单。一张《收符》，又让我们见证了民国时期收条的真实面目："立收符人张文瀛，今收到李玉先名下交来买滩价国币壹仟零捌拾万元整，业经如数收讫。恐口无凭，立收符为证。中华民国三十六年四月十二日（公元1947年）。"

汉沽解放后，开始全面恢复经济建设，买卖盐滩现象大为减少。立写滩契现象也寿终正寝。这种伴随着滩契名称变化的现象，也是汉沽开滩制盐发展史的真实写照。它在一定程度上，促进了当时生产力的发展，管窥了我国民族工业发展、壮大和繁荣的历史轨迹与风貌。

滩契中的货币

王雅鸣

不管朝代如何更迭，但作为民间交易凭证的滩契，每一次滩契的缔结，都体现了盐滩的实际价值，都会涉及到当时交易的货币。无疑，货币的名称浸润在漫长的历史进程之中，并打下了深深的时代烙印。

顺治十三年八月初五，滩灶户邵承教将自己的官滩卖与崔名下为业，"言定时值价银贰佰玖拾肆两"，这种"时值价银"的货币名称一直贯穿了康熙、雍正和乾隆三个朝代。由此可见，那时汉沽虽说是个小村庄，但依附于在大清王朝的庞大肌体之上，货币流通一直与国家保持高度一致。

嘉庆九年，"立卖帮滩契人邵声闻，将自置在册官滩，坐落李家河，共计水斗四副，烦中说合，情愿契卖与李子琴、李兴嗣名下永远为业。言明时值价芦贰仟柒百吊"，从这时开始，"价芦"的货币叫法开始盛行。

在接下来的道光、咸丰、同治、光绪、宣统年间，大量的滩契中大都以"价芦钱""价东钱""价钱卢钱""时值卢钱""价卢市钱""价芦市钱""价芦平松银""芦平价""价银"等近十种叫法频繁出现，这是当时在宁河县芦台一带的市面上流通使用货币的名称。汉沽当时隶属于芦台管辖，官府也设在芦台，所以，以使用带"芦"字的官方货币为交易标准，促进了民族工商业者争相开滩垦荒、置滩制盐，人们都以有无盐滩而作为衡量一户人家穷富作为标准。汉沽一时商贾云集，熙熙攘攘，热闹非凡。

民国二年农历三月，"卖荒滩地基人张文兴、张文隆，奉母命将祖遗开垦未成熟荒滩地基一段，亦未开垦纳粮。坐落张家大河。烦亲说合，情愿卖与兄文荫名下永远为业。言明时值价洋钱陆拾元整"，从这里开始，滩契中出现了"洋钱"的字眼，以后，许多方面滩契中，充斥着"银洋""价银""洋元""大洋""通行大洋""通用大洋"等字样。由于民不聊生，物价飞涨，到了民国二十七年，又出现了"国币洋""国币"等。

货币与时代紧紧依存与密切相连。1948年12月14日，汉沽全境解放，公私合营陆续开始，滩灶户迎来了新生活。特别是全国解放后，滩契交易仍有进行。一九五〇年一月一日的一张租滩契这样写道："立租滩契人李彭寿,今将自置北沟二〇一号,滩名东三号半副(原滩系与李明伦伙有二分之一),因无力经营,经中说允,情愿租与李明伦名下勘晒五年……言明每年租价小米拾石,年交年粮,另有凭条为证。"这里"小米拾石"成为买卖双方进行盐滩交易的一种货币形式。解放初期,我国百废待兴,国家实行的是供给制,"小米"成为一种等价交换最好的商品,为过渡时期我国经济发展提供了有力保障。

同年八月十七日,一份《字据》表明:"立负责交滩字据人崔致宏,因正用,将祖遗在册官滩一副,坐落北沟四十号,滩名西滩,人工八名,烦亲友介绍,情愿卖与李玉存、李克仲、高振起、高振宾四人名下永远勘晒为业。言明滩价折合二厂五幅大布贰佰匹,其布笔下交清不欠……"这里的货币已用"二厂五幅大布贰佰匹"所代替,留下了那个时代的鲜明特征,它成为了一种特殊的历史符号,也无疑

记录下时代的嬗变,为研究滨海地区社会发展与经济繁荣提供了真实可信的佐证。

滩契中的商号

王雅鸣

解放前，长芦盐汉沽区域中的358副盐滩，分属大小滩灶户所有。从清顺治（1656年）年间到同治（1873年）年间的200多年时间里，无论其所买卖的规模大小，在书写滩契时所有滩灶户都直呼名讳，形成了固定的契约买卖文书，鲜有例外。

到了同治十二年（1873年），各类《滩契》中开始出现在滩灶户名字后加了个"堂"字的滩契。如"立卖滩契润源堂，因乏手，今将自置在册官滩壹副，滩名小五号，人工四名，坐落浪头港。凭中说合，情愿卖与邵德藩名下，永远为业"。落款为："润源堂，同治十二年（公元1873年）四月初三日。"

这张契约，首开汉沽滩契在卖主名字之后缀"堂"的先河。以后才有了"安瑞静堂""王乐善堂""德生堂""尚慎堂"等30多个带"堂"商号的陆续出现。滩契中在名字后面加一个"堂"字它有什么意义呢？

一是大有"登堂入室"、正大光明之意。以此宣示滩地为本人所有，尽可以放心交易。二是执笔者起草滩契时对头卖双方的一种敬称。三是标明这家商号已在官府备案注册。

尽管滩契已形成了白纸黑字，落笔为本，但以后滩田的命运却不尽相同。有的家境殷实，趁机扩大规模，成为富甲一方的盐商；有的不堪重负，难以为继，只好再次转手卖出。剩下的因实力不济，维持现状，苦苦挣扎。

由于清政府加大对盐业资源的管理，重视盐业的发展，依靠盐业生产维持其统治地位，陆续出台了对官滩、帑滩的扶持政策，促进了滩灶户开发荒地、投资盐业生产的积极性，使汉沽盐区呈现出多元化的格局，导致扩张性生产方兴未艾。以王乐善堂为例。他从光绪三十一年（1905年）至中华民国六年（1917年）的12年间，先后3次购入滩地，显示了雄厚的实力与扩大再生产的胆略。

"立杜绝卖滩契人崔养源，因正用，奉嗣母命同生父凯堂将本身应分通春运官滩两副，人工捌名，坐落李家大河，烦亲中说允，情愿卖与王福顺堂、王乐善堂名下，永远为业……光绪三十一年（公元1905年）八月初六。"

"立卖滩契人李义昌,今因正用乏手,将父置在册官滩一副,坐落李家大河,滩名对篓,情愿卖与王乐善堂下永远为业。……宣统三年(公元1911年)二月二十二日。"

而没过3年,正逢改朝换代,光绪变民国,王乐善于是将这副滩再次出手:"立卖滩契人王乐善堂,今将自置在册官滩一副,人工六名,滩名对篓。坐落李家大河,烦中说允,情愿卖与李义昌、蓝兴业堂下永远为业……民国二年(公元1913年)九月十三日。"

同样的情况在崔名善堂也出现了。光绪二十五年(公元1899年)腊月十六日:"立杜卖滩人张廷佑、张廷献暨侄大用,因正用,今将大铺子在册官滩壹副,风车一架,人工拾名,坐落小刘家河……情愿卖与崔明善名下,永远为业。"到了民国三十年(1941年)一月十二日,崔明善又将其卖掉了:"立杜绝卖滩契人崔明善堂业主致华、致蕃、致蓄,因正用,今将祖遗北沟第七十七号大铺子全滩一副,坐落刘家小河,烦中说允,情愿卖与李澜波名下永远为业。"

经营有方,才能立于不败之地,也为持币拥有的滩主稳步发展打下基础。德生堂就是例证。"立卖滩人张文郁,今天将祖遗在册官滩一副,坐落中沟第二号,滩名北双坨,全滩自己应分六分之一一股。因正用,烦中说合,情愿卖与德生堂永远为业。言明价值银洋壹仟捌佰圆整……民国贰拾五年(公元1936年)国历四月二十四日"。

5年之后,德生堂又与另一股达成了购买意向。"立卖滩契人张景满、张景惠,因正用,将祖遗应该分中沟第二号滩,名北双坨,全滩自己应分六分之一一股。烦亲族说允,情愿卖与德生堂永远为业。言明价值通用国币叁仟伍佰圆整……民国贰叁拾年(公元1941年)旧历十二月初六日。"正是有了"堂"的出现和设立,催生了滩灶户开滩置业的发展和壮大。

而早在东汉,张仲景的医学成就和高尚的医德广受世人称赞,而后来从事中医的人为纪念张仲景,直接把自己的药铺称之为"堂"。时间长了,"堂"这个字竟慢慢地成为了中医药堂的专用名号了。而在汉沽,又有谁还记得湮灭在上百张滩契中的那些林林总总、五花八门的商号呢?

分关单

王雅鸣

过去,汉沽地域的人把家庭分开时的文书叫做分关。分家需要当事人履行相应的手续,析出家产明细,立下分关文书。同时,还需有同亲、同宗族的人出场作证,双方同意后,签字、画押按手印,这样就完成了分家的程序,遂各奔前程。

一般说来,分家有几种情况:一是兄弟姐妹众多,均已成家立业,具有一定的劳动能力,养家糊口绰绰有余,于是进行分关。二是兄弟姐妹多,因利益分配不均,意见颇多,只能分家另过。三是奉父母命进行分关。汉沽庄王有惠一家于光绪二十五年(1899年)所立的一张《分关单》还原了当时分家的情景。

分关

立分关兄弟王有惠、王有文暨胞侄云阁、云升,今因家务纠纭(纷),势难总理,奉母命请亲族议合,情愿将祖遗自置房产以至一切家俱(具)按三股品搭,均分,拈阄为定,极为公半。所有天津商家盐债以及本庄、外镇银钱账目,凡里存外欠皆在二门有惠承管。自分之后,各宜和合,依照关书永远管业。倘日后违议又起争端,即同亲族同其攻讦。恐口无凭,立此一样关书,各执契照。

所有应分房产开列,外有家俱(具)账本各存执照。

同亲、同族人:(略)

立分关:兄弟王有惠、王有文,暨胞侄云阁、云升

光绪二十五年十一月初九日(公元1899年)

在分关书的最后空白处,从上至下写有四个大字:"分关大吉",十分醒目。既是一种祝愿,也是一种希望。

而从分关书中看到,这是一个家境殷实的盐商户,也就是"发海人",专门以为天津发盐、供货为生。因为家庭中难以调和的矛盾,只能分关,各行其事。于是,家中财

产以抓阄的方式进行处理。现在看来，正应了《三国演义》中开篇的那句话："话说天下大势，分久必合，合久必分。"这也是一种人类社会发展的自然规律。

家境优裕进行分家可以各得其所，家庭落难时分家又会是另一种心境。民国八年十月十二日（1919年），小庄子（现茶淀街崔兴沽村）村民李广顺家的一张《分单》可见一斑。

立分单人李广顺、李广富。借王宝山大洋四百四拾捌元，庙后园子一段三挂（园子三挂作价大洋伍拾元，房子一处作价大洋一百伍拾元，共洋二百元整），坐落小庄子路南，四至（略），李广富为业；下欠大洋二百四拾元李广富一面承管。财主园子几段李广顺管业。外有零账一百元有零，李广顺承管。

弟兄二人情愿过转，烦亲友当家族人立分单。恐口无凭，立字为证。

落款为同中人、立分单人签字画押。

按现代人的话说，这两兄弟分家，分的是一屁股"饥荒"。他们在族长和中人的见证下，进行析产分家，虽说各自尚可分得不菲的房产、园子和家产，但却需要兄弟二人在很长的时间里勒紧裤带，捋起袖子加油干，并且要挨上一段苦日子才能翻身解放。这样的分单与其说是分家，不如说是分债。那么是兄弟二人的"三观"不同，还是因为妯娌间不睦才导致这个大家庭的分崩离析？我们今天已不得而知。但想到今后的幸福生活，兄弟俩终于还是心平气和地忍痛割爱，分道扬镳。今天看来，这既是时代的进步，也是人类社会在重构家庭框架时的一种理性选择。同时，通过这一张分关单，无疑折射出当时人伦、社会的一个缩影，让我们心中产生了一丝欣慰，几分感叹。

典当契

王雅鸣

旧时用衣物或其他东西作抵押,向当铺借高利贷钱。当无力还钱时,抵押品即归当铺。作为抵押物的可以是房子、土地等。

汉沽区域最早的当契始于乾隆年间,纵观当时形形色色、五花八门的典当契约,无疑是当时社会经济发展的历史缩影。

当时,典当契也叫杂契。早在乾隆年间,一个叫李国见的村民,因交不起官府的税款,将一块洼地做了抵押,才出现了汉沽最早的一张典当契约。

杂契

立典字人李国见,因钱粮无措,将自己应分七花苗洼六段,从中说合,情愿典与田×名下耕种。言明价值大钱柒千整,其钱笔下交足无欠。三年为满,年限不满,不许回赎。回赎之日,春前秋后。彼此两家情愿,恐后无凭,立典字存照。代纳粮钱四十文……乾隆四十年十一月初二日(公元1775年)。

乾隆年间,官府鼓励发展生产,人民安居乐业。土地以各种方式进行租种或转让。当生活无着、难以为继时,可以通过典当的方式渡过难关。

汉沽作为一个小村庄,大钱,也叫芦钱,即以芦台镇的法定货币进行商品流通和交换,一解李国见家的燃眉之急。

土地可以典当,房屋也可以做度荒充饥的抵押物品。光绪五年,村民邵扶善对自己所住的房屋进行了处置。这份手写的杂契,楷书行文,功底厚重,字迹工整,竖写格式,是当时推崇、规范的契约公文:

"立当房契人邵扶善,今天将自盖草正房三间,情愿当与王式昆名下,六年为满。言明当价壹佰贰拾吊整,其钱笔下交足无欠。六年之后,钱到回赎。六年内,不准回赎。

外有南门外空院,走西边空地。门窗户壁一应俱全,外风门一合。空口无凭,立此为证。同中人(三人)、立当契人邵扶善吉。光绪五年十二月十二日(公元1879年)。"

这份杂契行文简约,言简意赅,符合古人"有话则长,无话则短"的行文风格。不仅如此,在这份杂契的最后空白处,从上至下还落有四个鲜明大字,"信行大吉"。

古人以诚信为本,奉行"仁、义、礼、智、信",为人处事,"言必行,行必果",并将这一准则贯穿于社会的各个环节之中。所以,我们从中看到,作为房屋的主人穷困交加,衣衫褴褛,已失去了所居定所,但仍彬彬有礼,不失风度,愉快地进行了递交程序。这不失为一种修养与度量,而这正是我们今人应该学习和提倡的。

此外,不仅房屋、土地可以典当,就连坨地、园子地也可以进行典当处理。而另一份典契让我们不免有些感到无比心酸——这是因为无力殡葬父亲而被迫典当一处"拨船处",以求有朝一日,如父亲百年之后,而让父亲入土为安:

典契

立退典地基契人张凤田同侄瑞山奉嫂胞命,因先父殡葬无力,烦亲族议定,将小河嘴西大桥拨船处工价,情愿典与出嗣嫡堂侄瑞麟名下足租管业。言明一典二十一年为满,共典芦价钱贰仟伍佰贰拾吊,其钱笔下收租以作殡葬之资。俟限满有原当崔姓园地价钱贰佰伍拾吊,言定瑞麟保管,赎回一并交还……每年应起地租芦钱肆拾捌吊,言定瑞麟一人收租,与别人毫不干涉。……光绪十五年七月十八日(公元1889年)。

从文中我们可以看到,拥有一爿拨船处,应该不是一个普通人家。但面临父亲殡葬之事,忍痛割爱将拨船处当出去,在当时情况下也应该是无奈之举。是无力经营,还是父亲已病入膏肓、自觉时日不多而仓促出手?这不禁让人浮想联翩并产生多种猜想。

典当行,在当时的社会经济发展过程中,起到了周转资金、家庭应急的作用,也是当时经济发展、社会进步的产物,对方便群众借贷、以解不时之需起到了至关重要的作用。

过继契

王雅鸣

在封建社会里，汉沽作为主要盐区，劳动力是个大事。那时，人们普遍尊崇着"不孝有三，无后为大"的传统理念，认为一个家庭没有子孙后代是一件不光彩的事情，在乡里乡亲面前抬不起头来。于是，想方设法寻求子嗣承继。在这种前提下，过继子嗣就成了刻不容缓的大事。

在封建宗教制度下，没有儿子的人，在履行过继手续后，把兄弟或亲戚的孩子作为自己的儿子，以此来传宗接代，这也是带有浓厚的封建思想的例行做法。汉沽道光年间的一张"字据"回述了这段历史。字里行间凝固了当时的那个画面。

"立出嗣字胞兄嫂王氏同长子树柏、次子树槐、四子树机、五子树植，经族长老幼议定，将第三子树栗承嗣胞五弟万箱为子，合族均无异说。自过继之后，本门产业账目不与伊相干。树栗承继伊嗣父之家产账目，只树栗一人承任，自嗣之后无容争竞。欲后无凭，立出嗣字存证。

  立过继字人：胞兄嫂王氏

道光十三年十一月十一日（公元1833年）"

一般来说，嗣指的是子孙，出嗣即把自己的儿子过继给他人。在这则"字据"的后面，还落有四个大字"承嗣宗祧"，下面才是当事人、族长等一干人的签字、画押，以示出嗣之事大功告成，顺利无比，万事大吉。

从字面上看，这位王氏是家中长嫂，因膝下无子，恐孤独到老，无人养老送终，于是将家中三子树栗过继入门，一则继承家业，二来尽赡养之责。整个过继过程波澜不惊，叙述平静，好像早已酝酿成熟，水到渠成。而立下过继杂契只是履行一个手续而已。这里，没有骨肉分离的痛苦，也没有生离死别的场景。因为只是去跟嫂子去过，也没有远离家门之苦。

无独有偶。民国二十四年十一月十二日（1935年），汉沽乡民唐有义立下的一张《字据》却让我们看到了另一幅画面：

字据

　　立字据人唐有义，查于民国六年十二月十四日，情因自己无子，由大门内抱来一孙孩立继为孙，乳名大生，此子来时甫生下十七天。其时吾妻正丧小孩未久，乳未干，即以乳食此子。长大成人为之娶妻成家，随爷有义照料门户家事多年。后来于民国十六年二月十九日，有义又得生一子，乳名欢卜，现方九岁。此子将来长大成人好坏尚不可知。现在我已病重，深恐一朝不测，吾妻吾子若变换心肠，将继孙大生赶出门庭，则我于九泉之下心亦不安。特立此字据为凭，倘日后果如我之所料，吾妻吾子有将继孙赶走之举动，则我之所有全部家产应由吾子同继续二人平分家产。此据立后，若发生纠葛时，可将此据向族中人评论定夺。恐口无凭，立此为证。

　　同家族人（签字）

　　立字据人（签字）

民国二十四年十一月十二日（公元1935）

在《字据》前的空白处，写有"各执一纸"四个大字，十分显眼醒目，我们想，这就相当于现在的"内容相同，一式两份"的意思吧！

看着这份字据，我们眼前浮现出这位将不久于人世的老人复杂而辛酸的面容，体味到老人含辛茹苦将过继而来的孙子养大成人的艰辛历程。然而，天有不测风云，老人即将就木，只能将身后事妥善安置好才能放心而去。这里有忧心忡忡的牵挂，也有不得已而为之的无奈；有对过继之孙的不舍，更有对亲生儿子的希望和约束。不能不说真的体现了这位老人的睿智与清醒，无疑也是中国传统观念所造成的一种必然结果。这种具有明显时代特征的字据，打下了深深的历史烙印，是研究、探寻滨海地区历史、人伦最好证明。

草契

王雅鸣

房宅是人们居住的定所，凡是有人迹的地方，特别是定居下来后，人们就要建房居住。自古以来，乡民自建的房宅是个人的私有财产。而成为私人财产就可自由交换，这就产生了房契。因为没有官方戳印，所以民间称为"白契"，也叫"草契"。

汉沽地区早在两千前的汉代时期，就有人从事物质生产活动。但由于各种原因，却一直没有关于房产地基的记载。明代洪武四年（1371年），明王朝开始动迁"山后民"，并于建文四年（1402年）、永乐元年（1403年）、永乐二年（1404年）迁徙"山西无田者""流罪以下""苏州等十府、浙江等九省富民""山西民万户"等垦顺天府（包括下属州县）荒地。

这些移民中，有的是直接迁到汉沽，有的居于其他州县，最后才辗转来到汉沽地界。移民们的到来，改变了原来地广人稀的状态。他们定居下来建造房屋，从事煮海为盐、捕捞水鲜、耕种荒地，成为本地的先民。随着村民增多，村落扩大，各行业渐次兴起，就产生了买卖房屋交易之事，立有契纸存证。

汉沽最早的房屋草契立于康熙二十四年十二月（1685年）：

"立卖契人靳恢印、侄靳国璜，因为官粮无措，将父遗房产一处，门面三间半，前后三层，两层厢房八间，门窗俱全。东至崔相公，西至李开之，南至官街，北至官街，四至分明。卖与关佐轩为业。今用价赎回。同本族靳象辰说合，情愿卖与族侄靳国壁名下，永远为业。三面议定，时值价银玖拾柒两整，其银笔下交足并无欠少，又无摘借折等情由。如有本族人等争竞者，在卖主一人承管。两家情愿，不许返（反）悔。如先悔者罚契内银一半入官公用。恐后无凭，立此卖契文约存照。"底下为同族人、同族兄弟、立卖房文约人、时间等一应俱全。

从这份契约上可以看出，这种民间买卖房产的过程比较简单，即双方当事人经过中人说允，在平等自愿的基础上，经过要约、承诺、担保等程序而订立的契约，形成一种等价有偿新老业主更替的财产流转关系在法律上的表现。

房契中，主要包括立卖房契、立卖地契和立卖房地契三种。

从纯朴的乡民缔结契约角度上看，上面必须写明双方人姓名、立卖房宅基地的原因、房位和间数、院落状况、房中门窗檩木、地基宽长、卖款和交付情况及明确争端处理、年月日等，各项承诺明细清楚。这种规范、标准的契约文本，成为了后代广泛使用的书写格式，也影响了几百年房契募写与缔结。这种格式条款的意义自不必说。

据考证，汉沽地区房契买卖多出现在村落较大、村民集中的区域，即汉沽庄（主要包括原来的汉沽、前坨、后坨、国家庄）、寨上庄（原来的铁狮坨、牌坊街、福顺街、秦家台、杨家寨上）和营城三地区。买卖房宅基地的原因，主要有"官粮无措""因正用""因乏手"或"祖遗应分""自己应分"等几种情况。在当时的情形下，所卖房屋一般为草木结构。这也是将房契称作"草契"的缘故之一吧。至光绪年间，才出现买卖砖木结构的瓦房，这是由当时生产力低下和人民的生活水平所决定的。

乾隆十四年（1749年）出台了《房契官纸》，规定"民间嗣后买卖田房，必须用官印纸写契"。"未定新章以前，民间所存远年、近年小契……统限一年内缴填司印官纸，从宽减半投税"。

自此，买卖房产地基，遵照新规定，从是年起将远年、近年和现在的房契约均纳入由官方管理之中，按规章填写，加印的纳税。这是一种由官府活字印刷印好的统一"官箋"——《房契官纸》。人们只要按照上面的要求一一填好，就完事大吉了，省却了识文断字人字斟句酌的麻烦，不啻是社会的一大进步。此举，也拉开了房地产上税的帷幕，使房地产税成为清朝经济社会发展的一项重要收入来源和渠道，无疑也是清王朝政治、军事、经济的有力杠杆。

民国初年，正式启用印刷成文的《买卖田房草契》。草契纸开张很大，一分为二，右为缔结文契的内容，左为《例则摘要》，详解了交易需注意的各种事项。这为当时规范房契买卖、促进房屋交易和流通提供了便利，也为当时促进生产生活打下了坚实的基础。

非遗 篇

国家级一项：汉沽飞镲；

市级三项：汉沽评剧、盐母庙的传说、汉沽八大馇；

滨海新区六项：逗龙、形意拳、抢网高跷、汉沽制盐工艺、大田豆腐、大滩王。

汉沽飞镲

王雅鸣

汉沽飞镲，起源于清朝光绪年间，兴起于渤海之滨的汉沽沿海一带。它经历了从海上到陆地、渔村到城镇漫长的发展历程，是集音乐、舞蹈、武术为一体的一种民间艺术形式。清初，渔民出海没有任何通讯工具，只有通过敲打镲、锣来互报渔汛，进坞时通知家人到海边帮助收渔货。或在海上遇到下雾迷失方向、打网时鱼不浮起，就用锣鼓家什来震鱼，然后撒网……"打起"了（遇上鱼群），才会"九曲三江水，一网两船鱼"。

飞镲有自己的专用鼓点和音韵，主旋律是长量。打法上分为《幺二三》《草子》《长量》《进香》等曲牌。特别是表演中有个传统的"敬香十打"："一打叉花盖顶，二打古树盘根，三打张飞骗马，四打鹞子翻身，五打苏秦背剑，六打猛虎推山，七打八仙过海，八打天女散花，九打飞鹰展翅，十打怀中抱月。"

半个多世纪过去了，十打的版本内容也发生了许多变化，但这却是最早的飞镲习练者丰富经验的总结。近年来，拥有600多年历史的高家堡村、蔡家堡村等渔村夷为了一片平地。而飞镲的"敬香十打"却流传至今。

汉沽飞镲"打场"时，伴奏乐器是一面大鼓，2至4对大铙，乐手与舞者都是头扎彩巾，额系绸带，宽袖武靴，伴奏鼓乐因表演情境的不同而选择不同的套路曲牌。24名飞镲表演者体魄强健，还要有弓背欠腰的武术功底，讲究手、眼、身、法、步的密切配合，做到协调和统一。飞镲舞者又往往是习武的壮汉，他们以镲为兵，化武为镲，缠头裹脑，一招一式尽显出舞者的刚毅与柔美、强劲与舒展。

星转斗移，汉沽飞镲历经几代人的打磨和传承，焕发出了强大的生命力和影响力，有多支队伍先后赴香港、上台湾及国外新加坡等地进行表演和比赛，赢得了诸多荣誉。

2008年6月，汉沽飞镲被列入国家级非物质文化遗产保护名录中传统民间音乐项锣鼓艺术类首位。现在汉沽有十多支专业飞镲队常年活跃在社区、企业、部队、村镇和学校，注册的习练者就达千余人。每年，滨海新区都举办汉沽飞镲展演，多支飞镲队伍竞相亮相，展示风采。

2018年5月18日，国家文化和旅游部公布了第五批国家级非物质文化遗产代表性项目代表性传承人名单，汉沽飞镲第三代传承人赵满宗榜上有名，成为滨海新区首位国家级非遗传承人。

如今，在汉沽滨海广场中央，汉沽飞镲的巨大雕像巍然屹立。雕塑古铜色，高6.2米。整个雕像动感强烈，灵动飘逸，飞钹扬镲，栩栩如生，表现了汉沽飞镲的动人风采。它是迄今为止滨海新区民间舞蹈类中最大的飞镲雕塑。经过几代人的不断推陈出新，汉沽飞镲已经成为滨海新区人民的精神图腾，是人民群众团结向上、励精图治的具象反映，昭示着汉沽飞镲生生不息、薪火相传。雕像下镌刻着朱红色隶书《飞镲赋》：

斯铜器，双合击，乘鼓韵，携武艺，飞百年，成非遗。一人可独舞，数彩亦蹁跹。一动一静，声传古渔者互通音讯祈求神佑之始衷；一沉一浮，形现今沽人怡人自乐蓬勃奋进之世势。观其态，闻其律，赏其艺，犹见千年汉沽之风生水起。

汉沽评剧

付凤珍

评剧是我国戏曲艺术的一朵奇葩，评剧与汉沽有着百年的渊源，汉沽是评剧的形成地。

1909年春，在冀东一带（今河北省东部），评剧先人们常年以莲花落的形式走街串巷到处"撂地"表演简单的节目和曲调。进入天津后，虽然受底层观众的欢迎，却频遭官府打压，当局以"有伤风化"为名，不断干扰和禁演，甚至被驱赶出城区。再加上自1908年双国丧对全国响器的禁令，艺人们走投无路。几经磨难，又不忍放弃。成兆才等评剧先人们遂选择远离家乡，辗转来到汉沽，在寨上张家祠堂继续探索对莲花落的改革。

张廷惠是汉沽盐业资本家，家道阔绰。他把评剧先人们迎进张家祠堂。在他的建议下，评剧先人在张家祠堂完成了对民间小调的变革，变莲花落为评腔梆子戏。张廷惠还慷慨资助，成立"庆春莲花落班"，为评剧先人们装备全新戏装、舞台、乐器，使得"庆春莲花班"在规模和影响都非常之大，从此汉沽与评剧结缘。

"庆春莲花落班"，是评剧先人第一个有组织、有分工、有固定成员的戏班。评剧业界和专家学者对"庆春莲花落班"的成立一致认为是评剧雏形形成的标志。庆春莲花落班从1909年在汉沽寨上组成，到1917年改名永盛合班，其名号延用时间历时8年，在汉沽休养生息长达两年有余。两年当中，脱胎换骨的民间小调，在汉沽演变成逐渐让国人瞩目的大剧种——评剧。

这是评剧先人的一次智慧的蜕变，这也是滨海汉沽对评剧艺术所做出的一次重大贡献。在评剧艺术濒临危难之时，汉沽人以其最大的包容和热情，为评剧的形成与发展提供了广阔空间。它接纳了评剧，重塑了评剧，培养了评剧，也最终使之成为评剧的形成地。

一百多年来，滨海人真心坚守和无私奉献，使得滨海的土壤延续了这一艺术的神奇。五代传承，让评剧艺术之花在这里根深叶茂，代代相传，薪火不息。

2009年，汉沽评剧被列入天津市非物质文化遗产名录。

从2011年起，汉沽文化馆等部门续写百年情怀，百年爱恋，百年传承，把学校定为"非遗"传承基地，开始与多所小学签署合作协议，让评剧艺术走进校园。通过举办"滨海杯"评剧新苗交流展演活动（后更名为天津市"滨海杯"少儿评剧节），让评剧之乡绽放出更加璀璨的光芒。

盐母与盐母庙的传说

郑万友

史料记载，汉沽产盐已有2000多年的历史，而坐落于汉沽城区的汉沽盐场前身的"芦台场"，始建于公元925年（五代后唐同光三年）。它所产的海盐白润透明、味道咸鲜，享有"芦台玉砂"美誉，明代初年即被皇家列为"贡盐"。

在汉沽，"凤凰不落无宝之地"的故事更是代代流传。

古时候，有一对生活在海边的老夫妻。一天，发现一只凤凰落在他们住处不远的地方，不久又向北飞去。老夫妻知道"凤凰不落无宝之地"，于是走近查看，结果找到一块坚硬、晶莹的东西，便认为是一个宝贝。后来，老头将宝物献给皇上。皇上听说有人献宝十分高兴，但看到的竟是一块沾了白渣的泥土块，转喜为怒，把老头斩了，把白泥团扔掉。御厨十分同情老头儿的遭遇，把白泥团偷偷捡回，用布包好，挂在锅灶的房梁之上，权当对老人的思念。

皇帝吃菜无味，便迁怒于御厨，御厨整天提心吊胆，偷偷流泪。一日，正当菜将出锅时，从房梁的布包里滴下几滴水珠浇在锅里。皇帝吃菜时龙颜大悦，称赞菜香味美。御厨如实禀报是"宝贝"滴水的缘故。皇帝听罢，追悔莫及，立刻派人去海边犒赏老头的亲属。当官员带着一队人马来到时，却被老婆婆骂走。之后，老婆婆就把取宝的地方告诉穷人，又教会了他们制盐方法，从此人们才懂得吃盐和制盐。几年后，老婆婆销声匿迹，百姓们猜测她是上天派来救难的盐娘娘。为了纪念她，就在凤凰落过的地方盖了一座庙，也就是盐母庙。

传说或许值得怀疑，但在正版的史志书上却真的有关于汉沽盐母庙的记载。如明万历二十年（1594年），长芦运司青州分司同知陈九功重新修葺；清嘉庆十三年（1818年）汉沽李斗宾等人再次重修盐母庙；民国年间，汉沽寨上三官庙的东面，人们又建起第二座盐母庙，并刻有庙碑。每年农历年初，芦台、汉沽附近的滩民都来到庙里祭祀。

寨上盐母三官庙坐北朝南，砖木结构，长方形。有前殿、后殿两层。前殿正房5间，供奉盐母等神像，称盐母庙。后殿正房5间，供奉天、地、水官神像。新中国成立后，芦台、汉沽两座盐母庙均改成学校。

  汉沽至今还流传着盐母显灵教人制盐的说法。元初，汉沽海盐由灶煎转向滩晒。大德年间，赵铸任平州路廉访使，一日，来芦台盐母庙祈祷。翌日黎明，有人跑来告诉他"台南七里，皎白如雪者十数顷，其厚寸余，退而视之，则盐也"。盐母显灵，指点人们认识海水经日晒结盐的自然现象，也将盐母与盐母庙的传说推向了极致，为人们塑造了美丽、善良的盐母形象。

  盐母与盐母庙的传说成为天津市非遗文化。

汉沽八大馇制作工艺

王雅鸣

汉沽濒河枕海，资源丰厚。被列入天津市级非物质文化遗产名录的汉沽八大馇制作工艺，就是汉沽人民在继承了上百年饮食文化的基础上而创造的一道名菜。

自古汉沽地区有"百亩水面养一亩盐田"之说。那时，汉沽有一个被称为小盐河的地方，史书上这样记载："处以苦役者，发配煮盐。"说的是西汉时期刘邦效法战国时代齐相管仲的政策，垄断铁和盐的买卖并征税，派驻了大量的苦役到小盐河地区采盐。这些人常年累月地在海边煮盐，每日风餐露宿，他们的食物主要是粗粮和就地取材的海产品，其制作方式也极为原始。这种既原始又有明显特色的烹调技法，在民间被称为"馇"。

还有一种说法，就是过去渔村海下出海的渔民，家里常年没有蔬菜，而在海上作业一出去就是好几天，那吃饭时菜的问题如何解决呢？于是，就将海货做咸、口重一些，这样就可以在海上放时间长一些，干起活来也有劲头。

最初馇货的做法可以用"粗糙"或"粗放型"来形容。那时，人们将捕捞上来的海产品，在下锅之前不做太精细的处理，强调的是原汁原味。食材下锅后就地取材，用水加盐煮熟。过去生活水平低，家里都腌咸菜，每家起码有两缸三缸的，那卤汤子就是馇鱼上好的汤汁。因此，馇熟的海鲜上面往往挂着一层盐硝，用天津人的话说就是"齁咸"。为了保鲜保咸，人们在这种食材的处理方式上归纳为"三不一洗"。

"三不"即不炝锅、不剖腹、不去鳞，"一洗"即洗鳃。这其中"咸"正是馇货的核心。馇货熟了，端下来晾凉了，馇货呈现一根根的，才可以盛出来。为什么在凉了才盛？究起原因，一是北方人口味儿本就偏咸，人们觉得吃起来脆生、爽口；二是咸味不仅能去海鲜的腥，还能突出海鲜的鲜香口感。

其实"八大馇"中的"八"并不仅限于八道菜，"八"只是形容种类丰富的意思，也图个吉利。因此"八大馇"所馇的远远多于八种食材。

随着时间的推移，人们总结出了馇货的八种代表性主要食材，比如馇梭鱼、馇糠虾、馇蚕虫、馇瓷鱼、馇白虾、馇蚶子、馇小青条鱼、馇虎头鱼等，从这些食材中可以看出，均无体型硕大的海产品。从品种上说，又分为鱼类、贝类等若干种。

逗龙

郑万友

汉沽逗龙跟汉沽飞镲、北塘丰登乐会高跷、大沽龙灯一样，是滨海新区民间文化的产物，它的出现，是典型的"应运而生"，在一定程度上丰富了汉沽人民精神生活和对美好未来的憧憬与追求。

汉沽逗龙形成于清朝末期。过去，生活在海边和农村的人们在求雨、庆祝丰收的时候，要举行隆重的仪式。起初的逗龙是就地取材，百姓们从水坑、河沟或海边挖来软泥，做成"泥龙"，粘连在门板上，待泥龙半湿不干时，由人抬着门板前行，两旁有人敲打盆罐，发出鸣响。由于场景新鲜有趣、祈福吉祥，因而每次活动时，都会引来众人追随围观。后来，随着活动次数的增多，人们不断地将它丰富和完善，直到发展成一门成熟的民间艺术并活跃于市井。

汉沽逗龙与我国很多地方传统的民间舞龙不同。也就是说它有自己的一套玩法，要求有两条龙：一条为红色的火龙，一条为绿色的水龙。每条龙身有7节，每节长80厘米，粗60~70厘米。每条龙需8人共同表演，因此要求表演的队员必须身强体壮、反应快速、动作敏捷。龙身内放入用蜡油缠麻制成的蜡烛，蜡烛火苗小，但燃烧时间长，尤其可贵的是，有避免引燃龙身的特点。

逗龙的时候，两条龙要适时的互相穿插、翻滚，看上去别具风采，就像是二龙在追逐、戏耍。因此，舞起来难度较高。逗龙结束后，一般都会剩下蜡根，被称为"龙蛋"，象征着平安和吉祥，群众可以竞相争抢。为自己和家人能够幸福、如意、长寿，很多群众踊跃参加，场面非常热闹。

"逗龙"原本是鼓点与舞龙相配合的一种表演形式，但现在只有打鼓的没有舞龙的了。究其原因，主要是在传承上出现了"断档"。老队员们上了年纪，稀了力气，腿脚不灵便，不能将龙舞得生气勃勃；年轻人则因学习工作的紧张忙碌等实际问题，而无人愿意全身心地投入进来。汉沽逗龙的特点是热情欢快，其表演形式和锣鼓节奏在全国绝无仅有。为了传承这一技艺，近年来，逗龙爱好者多次在汉沽滨河广场表演，向群众展示、传授逗龙的基本技法，还深入到茶淀、大田等村镇免费辅导爱好者。

汉沽抢网高跷

王雅鸣

汉沽抢网高跷，是一种流传于汉沽沿海渔村的一个民间花会项目，与传统高跷表演节目不同的是，汉沽抢网高跷是沿海渔民在劳动中总结出来的。

这里说的抢网高跷，说的是一种捕鱼方式。它从生产中来，真实地再现面对大海的劳动场景。不管是退潮还是涨潮，由于有了高跷相助，抢虾皮、抢底网都得心应手，也增强了人们战胜大海、渴望美好生活的信心。

在形制上，沿海渔村的渔民们一般使用有竖劲、分量轻、耐用的杉木做成腿架，也叫"二接腿"。它粗约8厘米，底下钉上废旧鞋底，高度从80厘米到150厘米不等，将人的两条腿裹绑在腿架上，手持用竹竿做框制成的大网或捞拎，在岸边深水面捕捞优质的虾皮。为什么要接上腿子呢？一是随时可以拔出腿来，行动方便。因为渤海湾的海岸的泥滩不是硬底的；二是不至于淹没了自己。随着潮水，人们经常可以看到许多人在抢虾皮，运气好时，可以弄个几十斤、上百斤，用以家吃或卖掉补贴家用，这也给渔民提供了一条致富的路子。

20世纪30年代，汉沽形意拳武师张文耀的弟子李润祥把这种劳作方式改编成花会节目"踩高跷"，并把自身习练的形意拳技艺融入其中，逢年过节演出，受到群众喜欢。

为了丰富表演内容，人们还吸取了其他艺术门类的表演形式，增加了原始的农耕文化景象，如担柴的樵夫、扛锄头的农夫、拿网的渔夫、市井小贩及虾兵蟹将等角色。在表演中，配以激昂、快板旋律的民乐，把形意拳技艺鹞子翻身、苏秦背剑、海底捞月等动作融为一体，再现了劳动的欢乐场面。

作为抢网高跷，它完成了一种蜕变与飞跃，也成了一种精神财富，记录了时代与生产的最后时刻。所以说，它是从生产中来的艺术结晶，从沿海渔村中而来，是广大渔民劳动的产物。在以后又进行了创新和发展。特别是在祭海、开海、花会等节庆活动中，抢网高跷频繁出现在人们的视野，助推了这一艺术形式的提升和表现力，将过去人们劳动的场景十分生动地再现出来，是一种艺术表现力的升华。

2016年，汉沽抢网高跷被收入滨海新区第二批非遗文化名录。

汉沽形意拳

王雅鸣

2012年6月，汉沽形意拳被列入滨海新区第一批非物质文化遗产代表性项目名录。据2015年7月汉沽文化馆网站发布：汉沽形意拳有四位传承人，他们分别是董义茂、李拓原、唐胜军、李铁明。

形意拳，又称行意拳，是中国传统拳术之一。追溯历史，1868年出生的唐维禄是汉沽形意拳历史上的关键人物。他自幼习武，后带艺拜形意拳三世传人、天津中华武士会会长李存义为师。1916年学成后，到汉沽沿海渔村教授形意拳的练法。在多年的教学过程中，他兼容并蓄，融多家拳派的技艺于一体，并培育了汉沽飞镲，使其成为综合性民间艺术形式。

1903年，35岁的唐维禄跟形意拳大师申万林习武学艺，唐维禄肯吃苦，悟性好，经过勤学苦练，在京东一带颇有名气，人称"赛白猿"。

1912年，天津成立"中华武士会"，申万林介绍唐维禄再拜武士会会长兼教务主任李存义为师。此时的唐维禄已经40多岁了，结业考核时，唐维禄一路过关斩将，李存义对这位大龄习武的"农民拳师"的看法彻底改变。离别时，李存义把自己的嫡传秘方五行丹传给了唐维禄。

唐维禄从"中华武士会"毕业后，到汉沽的沿海渔村教武，徒弟全是做重体力劳动的穷人。形意拳是内家拳，唐维禄所传授的形意拳要领是心意诚于内，肢体形于外，内意和外形高度统一。因为唐维禄当年练形意拳主要是因为时代使然，让形意拳增强实战性，从而使武术技法得到了充分的发挥。后来，跟随唐维禄习练形意拳的沿海一带的渔民，把形意拳的一些技艺融入了汉沽飞镲之中，从而使汉沽飞镲成为集音乐、舞蹈、武术为一体的综合性民间艺术形式，并被列入国家级非物质文化遗产保护名录。

李汉章，生于1880年汉沽武术之家，自幼随母习燕青拳。年少时，与申万林先生练习武术基本功，成年后正式拜形意拳第三代传人李魁元先生为师，习练形意拳，后由师父引荐，进京再拜八卦掌第二代传人程廷华先生为师，习得游身八卦掌。

习成后,他在东北三省及家乡天津汉沽授教,形意拳弟子百余人,从学者无数。晚辈传人百余人,现今已发展到四代。在形意拳基础上,他独创双刀刀法、形意身盘刀、八卦身盘刀、形意身盘枪、八卦转九宫。绝技"贴山靠",人称铁背熊,独树一帜,令人叫绝,也留下了许多传奇故事。如在汉沽寨上怒打盐警、东北跤场教训日本浪人等故事,被传为佳话。1990年,李汉章诞辰110周年,孙氏太极拳研究会会长孙剑云专门为李汉章题写了匾额:"一代宗师"。

1914年出生于杨家泊镇高庄的刘庆祝,16岁开始习武,拳艺和为人成为宁汉地区的佼佼者。刘庆祝不仅弟子众多,而且在抗日战争中作出了贡献,口碑极佳。刘氏形意拳经过几代民间拳师的锤炼和创新,形成了汉沽本土最具特色和代表性的武术拳种,是汉沽民间文化的宝贵财富。

李汉章之孙、形意拳的代表性传人李拓原先生,与人合著了《李汉章拳术与盘身练法》一书。为弘扬中国传统武术,让国粹发扬光大,李拓原将正宗形意身盘刀等刀法,毫无保留地传授给下一代。目前,多位传承人在不同的岗位上,向青少年传授拳艺,为汉沽形意拳的发展、壮大做出了贡献。

汉沽制盐传统工艺

王雅鸣

据记载，长芦始有晒盐，其制造原理与程序均与现代晒盐法相同，惟规模较小。康熙初年，芦台场大规模改煎为晒，光绪六年版的《宁河县志》记载："芦台盐田由晒而成。当春融之日，预掘土沟以待海潮漫入。后于沟旁坚筑晒池。候潮退后，两人系柳斗挽沟中咸水倾入池，日晒成盐。"

1958年，盐场对晒盐工艺进行改革，废"勤改薄煎（晒）"的制卤方法，为"留卤底深水制卤"；改"老、浅、短"为"新、长、深"结晶工艺，使盐的颗粒由小变大，提高了盐质。之后，又总结出了"越冬晒盐""塑料薄膜苫盖结晶池度过雨季"等方法，为新型盐田"长年结晶新工艺"打下了坚实基础。在制盐工艺里，只分四步。

一为修滩。为减少盐田渗漏，提高蒸发量，确保海盐稳产高产，逐步形成了滩田修整的方法，1958年后，盐田修整逐渐走向规范化、标准化。修滩分三步：一是结晶池的修整；二是制卤设备的修整；三是保卤设备的修整。

二为纳潮。即引海水入滩，此为自然纳潮。1959年，汉沽盐场推广了"抢潮头、拉潮尾"及"破冰纳潮"等方法。为纳进高浓度海水，近年来总结出了一套纳潮经验。

三为制卤。将海水蒸发浓缩至氯化钠饱和（波美25度）的过程为制卤。制卤俗称"导卤""赶卤"。解放前多用"勤赶薄晒"法，这种方法赶卤要勤，灌卤要浅。

四为结晶。饱和卤水在结晶池中经过日晒蒸发浓缩，卤水呈氯化钠过饱和状态，氯化钠晶体不断析出，这个过程谓之结晶。1950年以前，多采用"老、浅、短"的方法。1958年，推广了"新、深、长"的先进工艺，使结晶工艺进一步科学化。

此外，还有采集。原盐采集包括扒盐、运盐、集坨、苫封等工序，亦称"扒、吊、撩、苫"。传统的采集，为人力扒盐上池道，聚拢成堆，控去卤水，以人力筐抬堆坨再熟泥封苫待运，劳动强度大，工作效率低。1960年以后，为摆脱盐工笨重的体力劳动，提高工作效率，采集工艺由人力逐步发展成半机械化。1957年运盐改用小车，1964年，试行索引式扒盐机扒盐。1968年，试验小管道清卤输盐，池盐经管道到了成坨。1973年，汉沽盐场全部实现了输盐管道化,替代了堆盐小车。不久,又开始用收盐机上盐收盐。先用汽车运盐至输盐泵站,经大型输盐管道至脱水机脱水,再由皮带机输送盐堆坨。

2016年,汉沽制盐传统工艺被收入滨海新区第二批非遗名录。

大滩王的传说

李子胜

清朝末年，渤海边后大坨村有一户李姓人家，一直靠贩卖鱼虾为生，日子过得甚为辛苦。

李家的小儿子李芳元自小聪明伶俐，能说会道，长得又特别招人喜爱。李芳元成年后，他哥哥就带着他一起贩卖鱼虾，这孩子很快成为哥哥的好帮手。

正值秋初，百里滩的对虾、螃蟹丰收，哥俩一商量，准备转天贩些海鲜去京城。这天早晨，哥俩把几个大木桶冰鲜的对虾、几筐蒸熟的黄螃蟹抬上骡车，一路逶迤，进京而来。

骡车赶到天桥时，哥俩摆好摊子，新鲜的虾蟹很快招来了很多人，不一会儿，鱼虾买了大半，哥俩暗自欣喜。就在此时，几个小混混儿模样的人分开人群，也不说话，几脚就踢翻了哥俩的摊子。为首的一个说："敢在大爷地盘上卖货，胆子不小啊！"不由分说，牵着骡车就走。李芳元的大哥拼命拽住骡子的缰绳，被为首的混混儿一脚踹在胸口。

哥俩眼睁睁看着骡车被拉走了。哥哥窝囊地"噼里啪啦"掉泪珠子，李芳元悄声对哥哥说："哥，哭啥，咱们不是有个远门表兄在亲王府当差吗？咱们先跟着这几个土匪，摸好门路，再去找表兄。"

见到了表兄，李芳元把遭遇简单说了，然后哥俩把那筐螃蟹抬进王府。说也凑巧，王爷的小贝勒正发愁玩牌九没人手，李芳元得知，自告奋勇和小贝勒爷玩了一会儿牌。李芳元聪明善谈，给贝勒爷说了些海边的趣事，逗得贝勒爷很开心，当晚就摆下酒席，小贝勒爷是个吃货，他吃着膏满黄肥的大螃蟹，越发喜爱李芳元。李芳元对贝勒爷说，只要有亲王名帖，他就能开滩晒盐，以后，不光是对虾螃蟹，白花花的银子少不了孝敬贝勒爷。

李芳元真得到了亲王的名帖。李芳元和哥哥辞别了贝勒爷，来到了天津盐道衙门，趾高气扬地亮出亲王的名帖，张口借一万两银子，说要开最大的滩晒盐。盐道衙门也不是白吃饭的，思来想去，不借给他吧，亲王的名帖摆在眼前，这俩人一定有来历。最后

答应借给他们两千两银子,三年支齐。

李芳元有了银子,回到家盖房置产业,锦帽貂裘,十里八村的人谁不刮目相看?李芳元名声大振,而且谁也不知道底细,很多有钱人都主动巴结他。李芳元心中早有打算,他给每一个巴结他的人都看过亲王的名帖,让大家觉得他李芳元手眼通天。

这样,一年过去了,李芳元时机成熟,就大大方方去找芦台县最大的商号。

芦台的王掌柜,名声大得很,芦台有商号,全国好几个地方有买卖。王掌柜为人仗义豪爽,只因年岁大了,回老家芦台享天伦之乐。王掌柜见李芳元手上有名帖,又有派头,再经李芳元嘴上会说,也想结交这个后生。当李芳元把借钱的事讲出,老掌柜连声说好。王掌柜说,芦台距百里滩不远,我上了年岁,不能亲自闯荡了,我就是你大哥,你做我的兄弟,用多少钱一句话,让手下人给你送去。李芳元见大掌柜如此慷慨,大哥长大哥短,千恩万谢。

李芳元有了新铁靠山,开滩的钱不发愁了。他雇来几百民工,干了整整一年,在荒碱滩草上开了一副大盐滩,起名叫"大滩王"。

转年李芳元发大财,感觉自己腰杆更硬了。王掌柜知道李芳元发了财,坐着轿车子来到李芳元家,一来贺喜,二来讨债。

谁知,李芳元听到王掌柜前来要钱,脸色刷地沉下来说:"大哥,小弟谅你年岁大有些糊涂,不计较你,我为人处事吐口唾沫是个钉,借钱凭证据,无凭无证那不是讹诈吗?"

李芳元一席话,王掌柜听了如五雷轰顶,他恼怒地说:"李芳元,你人面兽心,咱们找地方算账去!"大掌柜怒气冲冲写了呈状,把李芳元告上县衙。

县衙受理呈状,但是,县太爷知道李芳元的背景,哪敢得罪李芳元呢?假装下了一道传票,在一道传票下来时,李芳元就派手下人在县衙上上下下打点。

县太爷升堂理事,县太爷假装责问李芳元为什么借钱不还债,李芳元慢条斯理地说:"老爷,杀人偿命,欠债还钱,连三岁孩子都懂,如果空口无凭,硬逼芳元拿钱,这不是敲诈勒索又是什么?请老爷明断。"王掌柜知道再也要不回钱,突然高喊:"李芳元你听着,阳间讨不来,到了阴间也不放过你!"说完,王掌柜颤微微地从口袋里掏出一小瓶大烟水,拧开盖倒在口里吞咽下去,双眼瞪得大大的,死死盯着李芳元,接着扑通一声仰倒在大堂。人们一阵忙乱,李芳元却头也不回地走出了县衙大门。

几年过去了。一天,李芳元吃饱喝足卧在躺椅上,迷迷瞪瞪睡着了。忽然他看见老掌柜背着钱袋子进了屋,笑嘻嘻地站在他面前。就在这时候,手下人闯进屋报喜,说他老婆生了个胖小子。李芳元一听,信口咕哝了一句:"要账的来了!"

李芳元脱口而出的话，让他自己也吓了一跳。以后的日子，王掌柜阴魂不散，总是在李芳元梦里出现，没过几年，李芳元竟然一病不起，不久就死了。他的儿子长大后，很快败光了家产，大滩王也低价卖给了汉沽灶首张廷惠家。解放后，大滩王归汉沽盐场所有，被拆分成几个小滩，大滩王从此也就不存在了。

大田豆腐制作工艺

刘庆霞

大田豆腐制作工艺流传至今，已有 110 多年的历史，现在已是第四代嫡亲传人。

大田豆腐的创始人叫田顺德，汉沽大田庄村人，生于光绪三十二年（1906 年）。

田顺德 13 岁就承担起家庭的生活负担，独身一人到山海关的亲戚家学徒做豆腐。聪明伶俐的他，很快就掌握了从选豆、泡豆、磨碎、晃包、煮浆、点卤、入豆盘、压盘、打刀到做出豆腐块的十道全程手艺。一年后，回到家中与兄弟们经营豆腐坊，并代代相传，至今不衰。

大田庄村始建于辽末金初时期，依蓟运河岸臂弯处而坐。河内盛产 40 多种鱼、虾、蟹。此地芦苇腐叶深，土地肥厚，排灌水也非常便利，蓟运河水富含多种矿物质和微量元素，水质清澈甘甜。

田家父子为了保证自家豆腐的质量，便在蓟运河岸边的一处高岗地种植黄豆，并且一律选用生长期长、籽粒饱满、圆润色佳的优质春豆做原料。严格按照由于季节产生的温差而掌握控制泡豆、煮浆时间，使豆腐质量经久不衰。

为保证大田豆腐质量和纯正口味，田家几代人一直沿用卤水点豆腐的传统制作方法，坚持不使用任何添加剂，当天豆腐当天卖完，超过 24 小时绝不再出售，这种良好的口碑赢得了人们的信任。

1951 年，豆腐坊归公，其子田来秀、田来云、田来生仍然在豆腐坊做豆腐制作技艺指导。改革开放以后，大田豆腐坊又归为田家经营。

大田豆腐在六七十年代最为盛行。在村委会的大力支持下，只"大田豆腐"每天就生产 100 多道，用黄豆 3 300 多斤，还有相关产品豆腐丝、豆腐干及粉条等销往汉沽本地区及天津等地。

大田豆腐膏体细腻洁白，入口滑嫩清香，无论是咕嘟豆腐，还是煎豆腐，不散不烂，味感如肉。加之优质的蓟运河水，田家所产的豆腐，不仅口味纯正、味美，其营养价值也很高，成就了"大田豆腐"的美名，1969 年曾经在区县豆制品比赛中获得第一名。

如今，田顺德的曾孙田国利，属"大田豆腐"第四代传人。1978年生人的他，从15岁学做豆腐，已经具备独立操作大田豆腐的全部工艺。他恪守祖训，坚持卤水点豆腐的传统工艺，保证绿色食品质量。现在的大田豆腐，色泽光亮，味道清香，入口滑润，富有弹性，不易散，不加任何添加剂，形成独特的制作工艺。现每天生产豆腐20多道，用黄豆600多斤。

如今，"大田豆腐"是百姓餐桌上不可或缺的一道美食，叫响滨海汉沽乃至天津地区。2016年"大田豆腐"进入滨海新区第二批非物质文化遗产名录。

雾抬寺的传说

刘庆霞

明朝万历年间,从山东迁来不少移民,他们陆续在芦家坨村落户。这几十户人家,村民以李姓为主,称为坐地户。后来,又迁来张、王、崔、杨等小户杂姓人家。

那时,村民大多种植水稻和大庄稼,但收成很低,百姓只能艰苦度日。因蓟运河两岸芦苇茂盛,村里的人主要依靠编芦席和拾草到芦台市场变卖换钱为生,便取村名"芦家坨"。

清光绪版《宁河县志》"纪闻"类中记载:"雾抬寺在芦家雾,县治(今宁河镇)西南三十五里,昔传在河西,居人村落在河之东。"

那时,蓟运河很窄。百姓为了祈求五谷丰登,人丁平安,在河对面修建了一座寺庙,也没有庙名。芦家坨百姓为求神灵保佑平安,就在河面上用树干搭成一座独木桥,天天过桥到庙里烧香。

村民德刚身患重病,妻子慧明无论阴天下雨,还是隆冬腊月,每天都要过独木桥到河对面的寺庙里为病重丈夫进香,祈祷康复。渐渐地,德刚的身体好了起来,而慧明的身体却愈加虚弱。

冬季的一天,天降大雪,大雾弥漫,走对面看不见人。慧明拄着一根木棍,深一脚、浅一脚地走在结冰的河面上。她每走几步都会气喘吁吁,当走到河中间时,再也没力气了。她望望河对面中的寺庙,又看看结冰的河面十分发愁。她喃喃地小声嘀咕道:"这寺庙如果在河这边该有多好啊!"话音没落,脚底下的冰嘎巴巴山响,河中间突然裂开一道大口子,从里边冒出一股白雾,茫茫迷雾即刻将整个河面笼罩。

慧明惊呆了。透过白雾,看见那座寺庙飘飘荡荡地往远处移去。慧明急得大哭,闭上眼睛,打算扎进冰缝了断残生。忽然,她感觉身子被雾气轻轻托起,转眼间又被轻轻放在岸上。当她睁开眼时,满天日头照在浓雾弥漫的河面上,形成了一座彩虹桥,那座寺庙从彩虹桥上飘飘而来,落在了河的这边。从此,百姓叫那座寺庙为"雾抬寺"。村里的人们烧香时再也不用过桥了。

后来，蓟运河床逐年变宽，雾抬寺被河水淹没倒塌，旧址就在芦家坨后街河段处。于是，人们在离雾抬寺百米处重新建立了一所寺庙，1965年此寺庙被拆除。

2019年11月，雾抬寺的传说被收入滨海新区第三批非物质文化遗产名录。

船对

刘翠波

贴船对，沿海渔民在渔船上粘贴春联的一种传统习俗。天津滨海渔民，把在渔船上贴的春联，俗称船对。船对在传承中随时代的节拍在演变，这种习俗延传至今已然成为一种地域特色的文化。

传统船对，是前人依托老风船的环境精心设计的一套春联。风帆船是旧时代一种渔民海上打鱼的重要工具，依靠风能动力行驶在海上，受风浪影响危险性极高，因此忌讳"翻"字，简称风船。

20世纪五六十年代前，在天津滨海沿岸广泛使用的一种木质老风船，头宽底平型身像个大银锭子，宽头又如一面大门，也有人说像屁股腚子，因此俗称门锭（腚）子。门锭子船有一个特点，船坩（甲板）以上没有舱口，渔船上的所有舱口都是平开于船坩上的。在这种环境下，渔民们设计了一套适合贴在这种船型上的春联，所用的词语也符合当年渔家人对平安、丰收祈盼的愿望。正是这些原因，独特的渔家船对由此产生。

过去，由于渔民们抵御灾难的能力有限，渔业生产是极危险的行业，也就有了很多忌讳的事，做起事来非常谨慎和讲究，包括写船对和贴船对，书写和粘贴船对都是有讲究的。每年腊月二十九早上贴船对，郑重而喜庆。

那时，人们写的船对词句尽是饱含祈求平安、期盼丰收的内容。老人们早有"一福压百祸"的说法，书写大小不同的福字，张贴在船上不同的位置，张贴在舱口的福字祈盼平安，张贴在劳动时危险性大的地方还能起到警示的作用；在船首与船尾各贴一幅横批，船头贴"船头压浪"，船尾贴"舵后生风"，这个传统延续至今；在老风船时代，船头贴的春联的样式跟家里大门上的张贴很像，船头压浪的横批下一张大大的福字，两侧配竖联，上联"龙头生金角"，下联"虎口喷银牙"。在舵上贴"舵后生风"，船尾上贴福字，有时配上联"九曲三江水"，下联"一网两船鱼"。有时配菱形条幅，书写的上联为"顺风相送"，下联"满载而归"。这样组合的楹联平仄对账工整，朗朗上口，首尾呼应，意境浑厚深远。老风船靠天吃饭，一根大桅挂起一张大篷（帆），它是全船航行安全的保障，老渔民们为它量身打造了一幅竖联——"大将军八面威风"，展现了渔家人劈风斩浪的英雄气概和祈求四季平安祥和的心愿。

从20世纪60年代后开始，机动船逐渐替代了风船，渔船的主体结构发生了巨大变化，船对也在悄然改变。"四清运动"开始后，船对作为一种旧的习俗被取缔，直到改革开放后，渔船才得以恢复。

船对从自己动手书写转变成买船对以后，船对的粘贴位置也在悄然改变。

人们只保留"船头压浪"这一幅字，把联竖写扩大字体和张幅，贴在船头合适的位置；机动船比老风船多出了舵楼、饭楼等有门窗的格局，新渔民们按家里张贴春联的方式，撰写了融入新时代符合渔家味道的新船对，如"上联：休渔善积千秋福，下联：开海欣收万网财，横批：犁涛牧海；上联：犁涛牧海盈千网，下联：破浪乘风富万家，横批：连年有余"等。

在传统习俗中，渔家人每逢喜事都要挂红讨彩，这一传统今天融入了新的时代文化元素。

渔船，作为一方流动的国土，我国《国旗法》规定悬挂国旗。滨海渔家人在重大节日或喜庆的日子都自发更换新的国旗。每当腊月二十九，渔家码头上，渔民们来船上贴船对时，高高挂起鲜艳的五星红旗，辉映着渔船上丰富多彩的楹联，一派喜气洋洋。这样的场面，是渔家人对幸福平安的期望，是对党和祖国的感恩，也是对传统文化的传承和发扬，成为天津滨海渔家文化的一道靓丽风景。

渔家号子

刘翠波

苍海茫茫渔帆点点，号子声声荡气回肠。渔家号子，是过去渔家人从事危险、繁重的体力劳动，凝聚精神、鼓足干劲、宣泄情感、娱乐自身的一种方式。20世纪70年代前，渔家号子在天津滨海地区的渔民中广泛流传，是渔家文化的重要组成部分。它具有跌宕起伏、粗犷豪放、优美动听的特点，在不同的劳动中，产生不同的韵律，起着不同的作用，体现不同的特色。

"一个呙呀，呙哩个呙呀，升起来呀，呙上个呙呀……"随着雄浑的《打篷号子》，渔船上徐徐扬起风帆。这是一种欢快节奏的号子，能使船工们以一当十。从号子的旋律中可以感受到他们欢快的心情，从扬着的笑脸上，看到他们心底燃起的希望。

在海上，不论是晨曦渔鼓，还是渔歌唱晚，都能听到渔家人别样的号子声。渔船撒网和收获时，他们用不同的曲、调，表达不同的意境和情感。《撒网号子》《捯（起）网号子》是蔡家堡人至今保留下来的两种带有歌词的渔家号子。当渔船到达渔场或是驾长（船长）发现了渔情，开始撒网时，领号人便带头唱起《撒网号子》："唉嗨，今个儿又把网撂在鱼群上喽……"船工们随着他的高歌，在节奏间接他的余音合唱"噢……嗨……"接着，领号人用欢快的语调唱道："小风吹呀，大旗展哪，娘娘护我们得高产哪……""小虎子他爸你睁眼呀，你可别见了硬往后闪哪，二歪子你小子要多卖力呀，你家的小媳妇不咋地儿哪……"随着这有节奏的号子声，他们一把一把地把渔网撒入海中。

起网收获时，驾长要求唱《捯（起）网号子》："搭绳喽！抢一抢呀。就见了网呀。一网金啊，二网银啊，三网拉个聚宝盆啊……网网都逮大鱼群啊！"在渔家人连续不断的号子声中，鱼儿已被大网围住，它们惊慌地在水面上跳起，绽开一朵朵"渔花"（花状的涟漪）。

《捯（起）网号子》和《撒网号子》歌词的随意性很强，是领号人的即兴之作。它们有时会是一些吉祥、喜气、祈福之类的话语，有时也会是诙谐幽默的调侃。难能可贵的是，在渔家的号子里，没有消极的哀怨，没有失败的气馁，有的只是他们辛勤的期盼、虔诚的祈福和生活的乐观。

唱《捯网号子》，还有另外一个作用，在起网的不同阶段，号子声会变换不同的节奏韵律，俗称"一网三号"。通过三种变换音律的号子声，不论是白天还是黑夜，都能使周围的船只，知道本船与渔网的距离，让他们及时地避让，从这一点上也可以看得出渔家人的智慧。

在春来水暖拉船下水，或是冰天雪寒拉船上岸时，或是在排船、修船的季节，渔村里还能听到《拉船号子》《腊皇缝号子》和《搬吊号子》等。伴随着一曲曲渔家号子在渔村上空荡漾，年复一年，都是一场场精彩的劳动大戏。时光荏苒，渔家号子尽管随着机械化的发展与我们渐行渐远，但所幸的是，作为一种文化符号与艺术瑰宝，它被收录到《中国民间文学音乐集成卷》，并被后人传承与珍藏。

渔家谚语

刘翠波

渔家谚语，是渔家人在长期的劳动和生活中，总结出来的经验之语。过去，渔家谚语曾在渔家人的生产劳动中起到重要作用。渔民夜里下海，源于"春白秋夜落"这句谚语。渤海湾半日潮的规律，每天两次潮涨潮落过程，一次强、一次弱，春季强潮在白天，秋季强潮在夜间，而地撩网是在强潮落去时起网收获。而"月初月落落疆头"这句谚语，又来自当地渔民称潮间带中段为疆头，当月亮初升或月亮落下时，海水刚好退潮到潮间带中段这个位置，是渔民出发到地撩网收获的最佳时间。

以前渔家还有许多关于天气预报的谚语，如："船上苍蝇飞，不日东风吹。"当小鸟发现苍蝇会很灵巧地把苍蝇叼入口中。船上的小鸟很容易抓到，但渔家有个习俗，"撑船的人不打鸟"。小鸟的到来，也带来了一个信息："船上小鸟飞，要有北风（多是西北风）来。"

渔家谚语说，"西风不受东风气"，这符合冷暖空气对流的原理。按照以往的经验很可能是先刮东北风然后转西北风，并且风力不会很大。如果是半夜时刮起偏东风，渔家的谚语说："半夜东风起，明天好天气。"这就是说半夜刮起的东北风，到了白天转刮三四级的西北风，这种短时间的风向转换对出海作业影响不会太大，也算是好天气了。

海鲇鱼的传说

王雅鸣

很早很早以前,海鲇鱼是一种淡水鱼,叫河鲶鱼。但由于它仗着自己体型庞大,愣头愣脑,自命不凡,高人一等,就成天到处惹是生非,河神一怒之下,把它放逐到了大海里。可它不思悔改,依旧招灾闯祸。

话说这一年八月十五,依惯例,海龙王在龙宫里做大寿庆典要摆宴席三天,犒赏三军。海底的鱼、鳖、虾、蟹等首领们要悉数来到龙宫进贡祝寿,祝福老龙王长命百岁,万寿无疆,以彰显老龙王至高无上的权力和地位。顿时,龙宫内张灯结彩,金壁辉煌,一派欢天喜地的景象。吉时已到,海龙王登场。只见他神气十足,身穿龙袍,头戴龙冠,足蹬龙靴,长长的龙须高高挑起,一双凸起的龙眼闪闪放光,看上去是那么威风凛凛,不可一世。祝寿大典开始,天蓝色的帷幕徐徐拉开,各路虾兵蟹将粉墨登场,争先恐后亮出自己的十八般武艺在龙宫里你来我往闪转腾挪,为龙王助兴。龙宫内,歌舞升平,载歌载舞;虾兵蟹将你来我往,吃着山珍海味,品着玉液琼浆。一边山呼万岁,一边推杯换盏,尽情地狂欢。老龙王心情大悦,龙宫内沉浸在一派歌舞升平之中。

这时只听"咣当"的一声巨响,长长的龙案被掀翻在地,许多的贡品洒了一地。龙王一惊,只见一条海鲇鱼威风凛凛游到了自己面前。它凭着醉意在龙宫里横冲直撞,一张大嘴上下乱喷。他傲慢地扫了一眼众水族兄弟,狂妄地说:"你们真是有眼不识金镶玉,一味地巴结老龙王,它有什么能耐让你们对它俯首贴耳?看你们这点出息!它除了长了个傻大个子,一点屁用也没有!"水族们听了一个个目瞪口呆,张口结舌,一时不知如何是好。

更吃惊的要数龙王了,它不知今天这个海鲇鱼犯哪根神经了,简直是吃了熊心豹子胆了,竟敢犯上作乱。但念在龙宫之上,他还是隐忍了,就问:"你犯上作乱,该当何罪?"海鲇鱼乍着鱼鳍,身子乱蹦,扯着嗓子吼道:"你有什么能耐天天号令龙宫?我哪点不比你强?"龙王一听,气得浑身乱颤说:"你比我们强,说来瞧瞧!"海鲇鱼仗着几斤酒下肚,忘乎所以,大言不惭地说:"谁不知我大名鼎鼎的海鲇鱼?我从河水到海水,来去自由无拘无束。我金鳞金甲,铠甲护身,还长得比谁都快。我一年长一尺,十年长一丈,几年准超过老龙王。我不但长得最长,而且还聪明无比。我整年游在水底,省得老在水面上、云彩里显摆,早晚让海鸟叼了去,让渔民逮了去,让渔网打了去,那样小命就玩完了!"说完仰面朝天哈哈狂笑起来,嘴边一对金须随之在水里止不住乱摆起来,荡起一阵阵水流。

龙王一听,禁不住火冒三丈。只见他"啪"地一拍龙案,顿时地动山摇,龙宫乱晃,咆哮着:"好你个口吐狂言不知天高地厚的海鲇鱼。好!朕就成全你——从今以后,褪去你的金鳞金甲,让你没有一片鳞。我要让你一年一死,长不过筷子长,每年一过寒食狗都不吃,成为傻八大鲇鱼!"

可怜海鲇鱼为自己的狂妄自大付出了惨痛的代价。在大海里,它无鳞无甲,一年一死,再也长不大了,一过"寒食",它就会瘦成了一根刺,人们都不爱吃它。

能耐再大也要虚怀若谷,本领再强也要低调做人。这就是海鲇鱼传说带给我们的深刻启示。

八卦滩的传说

王雅鸣

汉沽八卦滩位于原汉沽土桥子村与蛏头沽村中间。

从明朝后期开始,汉沽沿海一带开始直接引海水晒盐,这种古老的生产方式一直延续到了现代。借用风力和阳光制盐,既保持了环境清洁又节约了能源。值得称道的是,聪明的盐工们开辟出了神秘的"八卦式盐田"。

有一个传说。由于过去产盐量低,皇帝降旨,让县令在一夜之间找到海盐高产的办法,否则凌迟处死。县令急得抓耳挠腮,夜里却梦到诸葛亮几次来到他身边。他刚要上前请教,诸葛亮却又闪身而退。最后一次,终于一眼看到了诸葛亮布衣的纹饰,那是八卦阵的图形。他如梦初醒,起身画了八卦滩的布局。

至于前人为什么要采用这种奇特的图案,一则图个吉利,二则看上去美观,三是便于生产。盐史学者认为,八卦滩取《易经》的"生生不息"之意,在设计上贯穿了一条比过去产量高数倍的产盐技术思路,确实要比其他滩池产盐提高产量约15%~20%。

1938年,日本侵略者为掠夺我盐业资源,开始筹建东洋化学厂(天津化工厂前身),并着手开发盐田。1941年,日本华北盐业股份有限公司根据汉沽人"东小滩"滩主李玉墀的设想而设计,因滩型如八卦状而得名。"八卦滩"总面积7 363.1亩,先后开发了125副盐滩,年生产能力2.5万吨。它由10副滩围成一圈,每副滩自成单元,利用海水制盐逐渐浓缩的原理,四周向中心排列,依次为贮水池、蒸发池、调节池和结晶池,并在结晶区两侧建有坨区。

依据八卦原理,场中心是集坨储存和管理区,在道路出口上,依据奇门遁术中的开、休、生、伤、杜、景、死、惊八门,只在东北方向和西北方向留有两个出口,作为开门和生门。除此以外设有出口,以"八卦阵"的形式,把原盐和盐工封闭其中,达到防盗、防逃的目的。日军抓中国大量劳工修建滩田,其生产的大部分原盐供东洋化学厂生产溴素钾盐、毒瓦斯等军火产品。

建国后,八卦滩不仅是一个生产盐区,同时也建有一个行政村,叫八卦滩村,有33

户，134口人，并设有复式小学一所。1976年因唐山大地震，八卦滩遭到破坏。后经国家计委派员勘察批准报废，遂成了一个蓄存海水的汪子。

2002年，滨海航母主题公园开始在八卦滩上建设。现在成为了爱国主义教育基地，每天这里游客如织，古老的八卦滩以迷人的魅力正焕发着青春和朝气。我们说，不管是哪一种滩型，它的产生，都是劳动人民聪明智慧的象征，也为盐业生产做出了不可磨灭的贡献。

鱼骨庙的传说

姜茂树

鱼骨庙，坐落于天津市滨海新区汉沽寨上街大神堂村海埒处。

相传，明初有黎姓和陆姓人家从山东省的枣林庄辗转来到这里，后又有很多人家不断到此居住。逐渐形成一个小村落后，人们商量就以最早来到这里的黎姓叫作"黎家庄"，后黎家觉得当时是与陆家一起来的，经商量便把庄名改成"陆家庄"。

那年，燕王的军队追剿残余的元军在陆家庄附近相遇，两军拼杀尸横遍野，鞑子兵四散溃逃，燕王率队乘胜追击，那些尸首也就来不及掩埋暴露荒野。过了一些年，每到半夜时分庄外就有忽闪忽闪、幽灵似的鬼火窜动，还夹杂着瘆人的哀怨哭嚎声，闹得人们毛骨悚然，傍晚时都不敢出屋门，几家人挤在一起过夜。再后来庄里瘟疫肆虐死伤多人，村民整天烧香磕头人心恐慌，周围村庄的人都说陆家庄闹鬼闹妖总死人，是个"鬼庄子"，也不敢来串亲戚、兑换鱼货了。

有一天，来了一个道长能降妖驱邪，指点着建庙恭请龙王爷等神灵佑护百姓。于是庄里赶忙请来能工巧匠，开始建庙。

这一天是大庙上梁的日子。眼看就要到时辰了，却发现刮柱矮了一截，人们急得唉声叹气直转圈儿。正在这时，海中掀起滔天巨浪，一条大鱼直朝岸边游来。突然，它趁着一个大浪的推力快速冲向海滩。

这条大鱼卧在滩涂皮肉脱落，那些骨头仿佛就是一副房屋的架子。

人们把大鱼的骨架子很快运到工地，向早就立好的刮柱下塞进鱼脊骨，不大不小、不高不低正合适，在预定的时辰内顺利完成了上梁工序。

大庙的主殿高三丈余，翘檐斗拱廊柱环绕；青灰老瓦阴阳相扣，瓦垄疏密有序整齐划一；大脊高挑，两端各有一条海龙安卧翘首扬须。大庙建好后，村民们敲起锣鼓前往北顶老山恭请各位神灵早日就位。

龙王爷、龙王奶奶金身光耀端坐正位。海神娘娘、财神爷、药王爷等诸神依次排列，八大金刚护卫左右，赶鱼郎站立诸神像的侧前方。殿内四壁绘有传说中的"八仙"和小

鬼儿判官的画像。

大庙前的空场，竖立一棵挂着海神灯和"大鱼儿"的旗杆，人们不论在何处抬头就会看见它随风飘摆，并根据摆动的姿势就能判断风力大小与风向变化。渔船在大岗、小岗附近撒网航行，白天遥望挺立的旗杆，飘舞的大鱼儿，就像看见一家老小平安无事；晚间茫茫夜幕中，驾船行驶的渔民老远就看见高悬的灯光，只要奔着亮光行驶，就能顺利回到庄前的海滩边。

自从建起这座大庙，那些鬼火逐渐熄灭了，那些凄惨的怪叫声不见了，也没人再被传染生病了，那些得过病的人也都慢慢恢复了健康。渔船出海一网两船，小村庄就像沾了风水仙气似的，雨顺风调，人丁兴旺。

这座大庙成为庄里的一座地标式建筑，村民们在商议起名字时，都说咱们是守海的应叫它"龙王庙"。因当初有鱼骨头作为刮柱的底座，人们又不叫它龙王庙，而是叫作"鱼骨柱子庙"。后来，人们直接把它称为"鱼骨庙"了。

新中国成立后，鱼骨庙曾做村小学校堂、生产队用房，在 1976 年唐山大地震中被毁。关于鱼骨庙的传说《宁河县志》《丰润县志》和《汉沽古韵》等均有记载。2019 年 10 月，滨海新区人民政府批准，列入区级非物质文化遗产项目。

传奇篇

越上顺篷筋

王雅鸣

问起什么叫顺篷筋,年轻人一般都不清楚。而对于蔡家堡村的老船长赵家岭来说,硕大的顺篷筋给了他深刻的记忆,也是他在出海生涯中第一次晕船,并且吐得稀里哗啦。

那一年,赵家岭血气方刚,是个20多岁的壮小伙子,又刚当上了副船长,有一股闯劲,出海多少回,从不知道什么叫晕船。打"三月季",海里毛蚶正肥,作为副船长的他带队前往塘沽河口南边海域拉毛蚶。为响应毛主席的号召,全村两个渔业队之间开展了"红旗竞赛"活动,从而掀起了轰轰烈烈的生产竞赛热潮。今年毛蚶长势不错,来自黄土高原的泥土在河口一着床,就受到了毛蚶的青睐,它们深深地扎进泥里,生长速度很快,肥得快要撑破自己的蚶子壳。因此,每天只要船只到位,一网下去,就能打上来五六千斤,用不了几个小时,就会拉上一万多斤毛蚶。赵家岭思忖:按照这个打网速度,晚上6点前就可以收网了。

这时,海上突然起了风浪,刮得天昏地暗。赵家岭驾驶的是一艘风船,完全靠大篷

作为动力。大篷,它紧靠近桅杆,由一根木柱子直立,高约17米,除2米固定在船下方,其余15米都在船体上面,它每隔一米左右绑一根横竹杆,固定在立柱之上,然后绷上白色的粗布,形成篷面,船速的快慢就由大篷作为动力,渔家人管篷上那一根根横杆就叫顺篷筋。

赵家岭观察一下风向,正是大东南风,船在海上摆得太慌,他稳稳神,想:拉毛蚶的耙子网还在海里,要加快速度将这一网吊上来后就收沟。于是,他疾步朝大篷下走去。谁知他刚走两步,只觉得有个东西猛地从天上落了下来,他下意识地刹住脚步,就听"咔嚓"一声,一个黑乎乎的东西砸到了船板上。他定睛一看,竟是那个五六斤重的大铁滑轮!巨大的自由落体运动,将锁货板子(舱盖)砸了一个碗大的窟窿,露出了白生生的木茬。他吓出了一身冷汗,这大铁疙瘩要是落到人身上非死即残。

铁滑轮是吊网用的,由一个绳环套在桅杆顶上,然后连接一根绳子用于吊网。滑轮掉下来了,就要立即拴上去,毛蚶网还得由滑轮吊上来!真是艺高人胆大,赵家岭先用绳头从滑轮中穿出来,做好一个寸子(渔家人称绳套为"寸子"),随后往腰上一拴,他的身后立刻像长了一根长长的尾巴。他紧走两步,"噌噌"几下就窜上了顺篷筋。

俗话说:下边摇一尺,上边摇一丈。这话不假。赵家岭只觉得自己像被绑在风车上似的,被不住地抢来抢去,越往上爬晃得越厉害。但他咬紧牙关,大风刮得睁不开眼,身子晃来晃去,他紧贴着粗布的篷面,抠着杆子往上一步步爬。再有几步就能够着桅杆顶了,那上面凸出一个台儿,人称将军帽子,可以套住绳子,绳子下边就是铁滑轮。但上边风太大了,晃得人睁不开眼,五脏六腑差点都要吐出来。他屏住呼吸,踩着顺篷筋奋力往上攀登。爬着爬着,一阵晕眩袭来,只觉得喉咙一紧,胃里翻江倒海,嘴里像有什么东西射了出去——他吐了,一口接一口。这时,他感觉自己腿在发软,眼前也模糊起来。下边的人仰着脖子冲他喊:"咋样呀?行不行啊?"他稳住神,也不答话,憋住一口气,紧蹬两步,看准时机,手托滑轮,猛地将那截寸子套在了将军帽上。绳子一上劲,底下人七手八脚地开始拉绳子。赵家岭不敢迟疑,连忙手脚并用往下退。离船还有几米高时,再也支撑不住了,"噗嗵"一声落在了甲板上。

滑轮重新吊上桅杆,人们叫着号儿,齐心协力从海里将最后这一网货拉了上来,随着锁包扣的解开,"哗啦"一声,网袋里的鱼货倾泄而出,甲板上堆起了小山似的毛蚶,足有两万多斤。这一回,别看大风提前了,全船人却笑了——赵家岭的船又夺得了那面鲜艳的流动红旗。

远海打秋虾

王雅鸣

那年,队里新排的两条渔轮开始尝试跑远海。驾长(船长)就是年轻的赵家岭。

在这之前,关于让谁当驾长一直备受关注,因为这是村里第一艘渔轮。有人说让五六十岁、经验丰富的老船长先开,好带带年轻人;还有的干脆就说,就让赵家岭干,他20多岁,是全村唯一识文断字、又当过几年副船长的后生。不同意他干的人理由很简单,他家成分高,将这条造价十几万的家当交给他不放心。最后还是村支书一锤定音:就让家岭干,找个副驾长帮舵。让他干的原因也很简单——村党支部既看家庭成分,也不唯成分论,主要看重他的实际表现和驾船能力,何况他是全村为数不多的初中生。在这之前,在别的船上他已干了4年多!

上好油,背朝潮间带,他们的那对儿船朝着辽东湾方向行驶,这时海面上刮起四五级西南风。10月份,正是秋虾交尾的季节,雄虾寻找雌虾,交配后来年产籽,所以虾群集中,正好下网。在3851搭界处,天黑前,两船将网布下了。半夜时,有船员有点着急,就问,咋还不捯网?驾长赵家岭说不着急。于是,除留下值班的之外,其余人全部睡觉休息。直到天亮,吃完早饭,一捯网,还不错,一包货里,除长腿(螃蟹)、水颤(一种鱼),还有秋虾,一共200多斤。

这时,赵家岭心里在打腹稿:依照往年,这头一网海货不太多,也不算少。下一步咋办?经过商量,还接着走。于是,起网后,对儿船连夜以每小时40里的速度直奔长山群岛,横跨了一个海区。天亮时分,海图显示,这里是40海区,离辽东湾老铁山不远。正琢磨撂不撂网,忽然看到了一艘铁皮大船往正西扳去了,上写着:大连号,船的高度足有30米。他心里一喜:人家既然都在这块作业,说明咱们也来对了!同时地形图显示,这里是深海,正是秋虾的聚集地。他果断地说:"他们大船撂哪咱们就撂哪,咱们来个傻子过年——看隔壁。"果然,一网下去,就打到了沟底,起网一看,一包虾足有三四百斤!个个肥硕、个大,足有十二三厘米,正经的大对虾。看此情景,令船员们热情高涨、热血沸腾。于是船员们忘记了劳累,连下3网,上来了1000多斤大虾!两船

人同时想,这回可没白来。照这个阵势,一天弄个万来斤虾那可是老虎吃仁丹——小玩(丸)。

下到第四网时,有人看到副船上有人朝这边一个劲地晃动墩布——有情况了。一问,原来负责机器操作的三车、人称小生子的脑袋疼得够呛,正抱着头在船板上直打滚,估计是起番了。起番,在民间属一种突发病,有蜈蚣番(表面呈蜈蚣状)、羊毛番(表面呈羊毛状)等十几种。要想治好此病,需要找民间会挑番的高手将番挑破(切不可等两条蜈蚣或羊毛汇合),用针或手放出黑紫血才可治愈,否则会危及生命。这可咋办?赵船长想:人命关天,非同小可。真出事了,本乡本土的落一辈子埋怨。经过合计,万般无奈,只好以最快速度起网返航,找一个最近的码头靠岸。

谁知对儿船刚跑出三个钟头,小生子突然说脑袋不疼了。人们忙问咋回事?那船上的人说实话了——小生子是三车,从出海就是三班倒。他趁着活不忙就用热水洗了洗头发,还没等干就出船舱了,结果让强劲的海风给吹着了,脑袋痛得死去活来。过了那劲儿,又像没事人似的了。

大家看着小生子羞愧的表情,两船人啥也没说——因为再想赶回那片海域,来回六七个小时,到那时恐怕黄花菜都凉了。大家心里明镜似的,这一趟铁定少打了二三千斤秋虾。那年景,一斤虾可以卖五六块钱。那损失大发了。没有规矩不成方圆。打那以后,只要上赵春海船的人都得守着这样一条规矩:不许在船上洗头,即使埋汰得掉渣也得下船再说!

勇砸安全帮

王雅鸣

那年8月，正值海上休渔期。当时，村渔业队每年都要利用这个时间，从山东、唐山、黄骅、歧口、北大港等地进行海上运输作业，以增加渔民收入。这个休渔期也不例外。于是，在船长蔡凤阁的带领下，7个人就出发了。

时值伏季。这次是从山东往河北省歧口港拉沙子。按一般情况，海上运输一趟最快是四五天，最慢五六天。这要看是运毛石，还是运盐，或是拉杂货。他们这趟船装的全是海沙，满载75吨。为了多拉快跑，甲板上方用5块木板钉起了一溜安全帮，这样装东西更多了。除了舱里装30吨，船的两侧甲板上也各装了20吨，以保持船的平衡。舱口用苫布苫好，以防进水。出发后，海面上风平浪静，顺风顺水。蔡凤阁想：按照这个行船速度，明天就能抵达歧口，卸完货就可以回家了。于是，他吩咐帮舵刘恩华全速前进。

"东风不过晌，过晌嗡嗡响。"这是说就怕过晌午后起东风。果然刚过夜里12点，海上天气骤变，远处起了暴天，黑云压着天空由远及近，十几级的大风挟着巨浪排山倒海一般压过来。一个浪头刚过去，另一个又压了过来。蔡凤阁命令刘恩华立刻转舵，压着浪头前进。可还没来得及转舵，漫天的海浪就压了过来，盖过了船体。立刻，船与海面齐平了！

蔡凤阁临危不惧，大喊："压住舱盖！"于是，几个人趟着水，趔趄着扑过来，死命压住了舱口的苫布。如果海水进入舱里，将沙子弄湿增加了船的重量，后果将不堪设想。浪头还在不住地扑上来，船感觉明显在下沉。不知谁竟号啕大哭起来，咆哮的海浪撕碎了他的哭腔。

"别嚎丧了！"蔡凤阁厉声喝住了那人的哭泣。

蔡凤阁的脑筋在飞速地转着，寻找着摆脱困境的方法。他的目光盯在了船两侧的安全帮上，每块木板一米长，高七八十厘米，足有五六米长，形成了一堵墙，是用5寸大钉子钉上的，挡住了40吨沙子。他想：只要在几秒种之内砸碎安全帮，借助海浪将沙子冲下船，让船的吃水线升起来，就能安全脱险。于是，他赶紧叫身强力壮的二车（开

机器的）孙士山过来,他要赌一把!

"你拿大锤,我拿撬杠,咱俩同时砸中间那块安全帮!不能早,不能晚!咱俩要同时出手,一下砸出去,让沙子流走。明白吗?"蔡凤阁在风里冲他喊。孙世山膀大腰圆,身经百战,哪能不明白船长的话?砸安全帮时,两个人任何一方出手早了或晚了,沙子流慢了,船就会朝一侧倾斜,导致歪进海里造成船毁人亡。所以,两个人必须齐心协力,同时将帮砸出去,拯救全船人的生命和财产安全!

说时迟,那时快,两人叉开两腿,分站在甲板两侧,借助微弱的灯光,一对眼神,叫着号儿,使出浑身力气,对准自己那块安全帮同时砸了下去:"一、二、三!"只听"轰隆"一声巨响,两块安全帮同时飞出了船体,落到了海面上,船边顿时出现了两个大洞,两侧40吨沙子哗哗地像洪水决堤一样飞快地泄进大海里。渔船随着沙子的流走,一下减轻了重载,随即缓缓地浮出了水面。

风还在刮,浪还在扑,但只剩下30吨沙子的船这回轻多了。他们不敢怠慢,骑着浪头连夜朝歧口进发。

渔家人就是义性。到码头卸货时,收货方老板早听说了他们遇险的事,尽管损失了40吨沙子,但仍按发票上75吨的数量一分不少地给付了运输费。渔家人就是这样,他们看重的是人格和人品,看重的是你所付出的辛苦和劳动。他们清楚,渔家人善良、淳朴、正直的品德是多少钱也买不到的,应该受到尊重和信任,并高看一眼。秉承着这些优秀品质,渔家人勤劳、勇敢的美德被广为传颂并传承至今。

北塘河口钐大桅

王雅鸣

渔家人都知道，每条船上都有桅杆，上面都贴有红纸黑字：大将军八面威风！那年4月份，正是打蚶子的季节。傍晚，大神堂村渔民船长刘玉祥驾驶风船将满满一船蚶子刚驳到（运到别的船上）了别的船上，队长的匣子里就预报夜里有暴风雨，让各船赶紧收河（回码头）。许多船听到信，天一擦黑儿就收河了，刘玉祥的船却没接到通知。于是，在不知情的情况下，他又撂了一网，想在夜里再拉上几网，天亮时再回家。

那时的活田（海货多）真好。夜里，也就刚打几网，两个舱就装满了，只有甲板上还有点空地。这时，船员李凤海提议，别的船都收河了，咱们到河口（北塘码头）再去拉点，驳时也近点。正在这时，风头到了。七八级的大风开始在海上掀起了滔天巨浪，夹杂着黄豆粒般的雨点砸下来。刘玉祥驾的船人称马槽子，船尾巴是直板戳的，又负重拉着上万斤蚶子，走了一个多小时也没挪动多远。这时，村里的刘维山开着铁船赶来了，他的船上也拉着蚶子，但比刘玉祥的船大。刘玉祥的被拴在了铁船后面朝河口奔。船像一个喝醉了的人似的踉踉跄跄，他连忙喊前边的船停下。解开缆绳一看，船有点朝一边倾斜，甲板上一侧的蚶子让浪头给掏走了不少。再往远处一看，恍惚可以看到东沽岸上的景物了。

刘玉祥就对刘维山说："你先走吧，我们就地下锚，等风小点再走。"话是这么说，望着刘维山的船渐渐远去，刘玉祥心里也没底。这时风浪更大了，船也歪得更厉害了，再这样下去，船非沉了不可，船上还有6个人的性命啊！在这种情况下，只有钐大桅！钐大桅，就是砍掉桅杆，防止大桅从根撅折后将船底窝个大窟窿，造成船毁人亡，这也是保全渔船的唯一办法。大桅五丈多高，下边脸盆粗插到船底，桅杆尖也有电线杆粗。事不宜迟，刘玉祥找来太平斧，刚要动手砍，却看到船员刘景云跳下了船舱。他连忙说："快上来快上来，别让金刚腿把你怼那儿！要死咱们一起死。"金刚腿是固定大桅底下的铁活，船晃荡得太厉害，不知哪时大桅就会断掉，在底下的人就会被挤死呀。等刘景云一上来，刘玉祥就跳了下去。渔家人常说：赶车靠把式，使船靠驾长。

刘玉祥听老人说过，钐大桅要先剁篷抱（连结篷杆的绳子），然后砍前悠和后悠（固定大桅的装置）。这时，船晃得太厉害了，再不赶紧钐大桅，船就可能被风浪掀翻。在飘摇的风中，大桅上贴的红纸黑字格外醒目：大将军八面威风！他冲着大桅口中念念有词："对不住了，今天先请你下来了，来日再敬你！"然后屏气凝神，挥起太平斧朝大桅根部砍去。大桅太粗、太硬了，船底又太逼仄，施展不开。他一下、二下、三下……砍了足有十几分钟，直累得刘玉祥气喘吁吁、眼冒金花，大桅才被砍断一多半。二秃一看，就自告奋勇，接过来要继续砍，刘玉祥叮嘱说："看准喽，千万别砍铁活上，咱们可就这一把斧子啊！"二秃不敢莽撞，两眼死死盯住大桅，沿着刘玉祥所砍的范围，继续一下一下砍下去。

海上漆黑一团，风浪仍不渐小，又砍了一会儿，大桅仍巍然屹立。刘玉祥喊："你歇会儿，我来！"他用尽全力扳着大桅使劲往下压，又叫上其他几个人朝着船外的方向推，只听"咔嚓"一声，大桅便轰隆隆倒在了海水中。大桅一折，船一晃，船身立刻摆平了。他指挥着将大桅拴在船后，因为上岸后，大桅还要坐回船上头呢。并说："拴大桅的绳子放长点，别让浪头把大桅送上来再将船捅漏了。"船身平了，于是他们顶着风浪，朝着河口进发。

蜥蜴断尾，是为了保全自己；刘玉祥钐大桅，保住了整个渔船。在渔家人看来，摊上再大的灾难，只有临危不惧勇敢地面对才能渡过一道道难关！

舟山寻船

王雅鸣

打"四月季儿"的时候,船长赵家岭和李凤奎搭档,组成了对儿船,一前一后在舟山群岛附近海域作业。那天早晨,当他们刚下了拖网,大雾却下来了,弥漫的大雾,让人船头看不到船尾。李凤奎驾驶的副船,由于船速太快,只听见几声缆绳断裂的声音,海上又起了风,等赵学礼点起锚灯找他们时,副船早没影子了。

李凤奎没出过远门,驾驶副船也是头一回。之所以跟赵船长出来,是看重了他经验丰富,他也是想通过这回出海带带李凤奎。谁成想,他们的缆绳断了,人生地不熟,他们的船会漂到哪里去呢?赵船长立刻打开海图,给自己定位,看到往北几十里有一座花鸟山,按航速计算,中午一点多可以跑到。于是下令,向着花鸟山进发。一路上要注意搜索过往船只,说啥也要找到李凤奎。因为那条船上有7个人呢,如果撞上礁石或出了海事那可不得了。果然,不到一点时,老远就看到了一座小山横亘在海里,雾气比早上散了点,但还是影影绰绰。船员问:收吗?赵船长说,收吧。先歇会车(发动机)!

还没到山根儿,就看到了一条乌篷船傍在一块高耸的岩石旁,与赵船长他们这条32米长的机器船相比,他们的简直太小了。这是典型的南方的小船,经不起大的风浪,只能在浅海附近打点鱼货。看到他们的船来了,乌篷船上有个年轻人不住地向他们招手,示意停船。赵船长不明就里,命令停船。一问,原来他们也是让大雾给困住了,船也没多少油了,要求把他们带走。船上还有一位老者,看来是年轻人的父亲,看到大船靠上来,眼神中充满了恐惧,说什么也不肯走。赵船长就对年轻人说:"你们商量好了,走,我们就带着;不走,我们就先行了!"于是,年轻人返身再三央求父亲,那位父亲看到赵船长面相慈善,说话和蔼,不像个坏人。犹豫再三,最后还是将他们的缆绳扔了过来,拴在了大船后边。随后,父子俩也上了赵船长的船。在驾驶舱,那个年轻人两眼不够用的,东瞧西看,觉得什么都十分稀奇。也是,与他们那条小乌篷船相比,这条船太先进了。

雾渐渐散了,跑了一天,也没见到李凤奎的船,这让赵船长十分着急。眼看天黑了,只好朝上海的方向行驶。天黑时,遇到了一艘小型军舰。一个军人问,这是干什么去?

他直言找失踪的副船呢。那位军人告诉他们：这里是军港，不超过七八级大风是不能进港的。但念他们是民用船，暂且先停一晚，明早必须出港。

春天亮得早。看完海图，赵船长决定朝西北方向继续进发，因为按海潮流向分析，李凤奎他们这条副船如果随波逐流，走的应该也是这个方向。赵船长吩咐大家，如果什么时候在西北方向能看到大货轮方向就对了。走了不到3个小时，忽然有人喊："大货轮！"原来他们到了长江口了，再近时看到，这里是柳河，泊着六七对渔船。据说当年郑和下西洋就是从这里出发远航的。

大约又走了1个小时，一艘标有"塘沽渔政"字样的船出现在前面。这让他们欣喜若狂——看见家乡的人了。他们立即上前说明情况，于是，"塘沽渔政"前边带路，他们跟随着进了港口。离老远，就看见了李凤奎的船正停在港口里。真是吉人自有天相。原来，他们的缆绳断后，在迷雾中心惊胆战随波逐流，半道遇上了好心人，跟着外地船来到了柳河港。此刻，他们也正为赵船长他们一船人担心呢！

这次成功脱险，让赵船长的名声大震，村里的后生们都争先恐后要求上他的船。因为跟他跑海，不仅收入高，心里还有根。其实，人们赞赏的是赵船长不抛弃、不放弃的责任心和面对风浪、处惊不乱的大无畏精神。的确，凶险的大海砥砺了渔家人的胆魄，也为渔家人日后闯海踏浪增添了信心和力量。

莱州湾收腰泥

王雅鸣

那年正是打四月季儿的时候，眼看大神堂周围海域治不上啥水蝎子，船长刘家奎通过步话机就和众多船长商量，去莱州湾打水蝎子。于是，转天10多条船编成队朝莱州湾方向进发。

莱州湾是渤海三大海湾之一，位于渤海南部，山东半岛北部。西起黄河口，东至龙口的屺角。有黄河、小清河、潍河等注入，是山东省重要渔盐生产基地。从蔡家堡码头出发，需要跑十三四个钟头。这里是黄河入海口，黄色的泥土为水蝎子提供了生长的温床，个个肥硕、个大。在这片海域，一般船泊进港有3个码头可供选择：南泥、北泥和腰泥。所谓腰泥，是说黄河带来的泥沙刚一进海，一时难以沉淀，就在海里悬着，使这片海域像糨子一样，多大风刮不动海水，但有点远。开了对头一天后，船队终于来到莱州湾，这里真是个大渔场，海阔水蓝，船队就商量着下网。这时，忽然接到了大风预报，说明天将有七八级大风到达这片海域，提请各船队及早进港避风。刘船长不敢怠慢，连忙跟各船长通报，商量咋办？他的意思，大家都到腰泥港口去避风，以免发生不测。谁知他的话音没落，几位船长在步话机里就表示坚决反对，尤其是12、14号两位船长态度坚决，口气上不容商量："我们跑了十三四个点(钟头)，好容易到达渔场，还跑啥？我们不去！"

呛呛了半天，也达不成一致，6号船是个新船长，心里没谱，但他信赖老驾长。他说："刘船长，我跟着你走吧！"于是刘船长的5号船和6号船一前一后开往腰泥。其他船只就近准备撂网拉水蝎子。

3个多小时后，两船到达腰泥附近。刘船长选择来腰泥是经过慎重思考的。当时刮东北风，一般有这两种可能，收腰泥是顺风，在海上忌跨浪走，他一字正北行，所以显得很顺。天黑前，他下令将蝎子网下了，准备明天拉上来。为了有个相互照顾，他们两船相距不远，便开始下网。舵楼里，步话机里不时传来南腔北调的说话声，断断续续，东一句西一句，有的是船长们在交流渔情，有的插科打诨说着各种荤笑话。这些声音散布开来，在黑漆漆的海上显得十分清晰。渔家人夜里作业，一般是下好网后就趁机休息，节省体力后再起网。

夜里3点多,刘船长睡不着觉起身看云图。此刻,他们的船罗镜显示260度,正南180度。突然,他感觉渔船舵轮凉得冰手。凭经验,搪上天气了!再往舷窗外一看,东南方向黑云压过来了,这是起大风的预兆。他连忙叫醒船员火速起网,并抄起步话机就喊6号船长。谁知6号船长嫌太吵闹,竟将步话机关了。赵家岭急中生智,低头揪下几块沉甸甸的网礁子,朝亮着灯的6号船舵楼子砸去——有的砸在玻璃上,有的砸在窗框上,6号船的人终于惊醒了,他喊道:"麻溜快收网,收腰泥!"

风,说到就到。等6号船刚收完网,风头就下来了,他们骑着浪头直奔腰泥而去。经过一阵航行,总算安全抵达腰泥。这里水流缓慢,水浑浊不清。刘船长惦记着其他没来的船只,忙问他们情况如何。因为风是南边刮来的,担心他们遇到危险。果然,那里的船只全都损失惨重。大风先期抵达了南泥一带,许多船下了网后静等收获。那天的水蝎子太厚了,网网全满。但没想到大风来势凶猛,根本来不及起网。为了活命,有的干脆扔了网就跑,有的忍痛索性用刀割了网起锚再跑,还有的甚至连锚都来不及起上来,就匆忙开船逃命去了。

通过这件事,渔业队的人真正认识到了生产与安全之间的重要关系。一味只顾埋头生产,不注重安全,就会造成难以弥补的损失。

海上漂泊十二天

王雅鸣

俗话说：海上是无风三尺浪，有风浪三丈。那年，船长蔡凤阁与北塘的张兰生船长等人的 16 条船编为一个远海捕捞作业大队，准备前往中韩暂定水域进行打鱿鱼作业。组队而行是为了在海上互相有个依靠，互相照应。各项手续完备后，他们就劈波斩浪、浩浩荡荡朝外海迤逦而去。

每年 11 月，正是捕捞鱿鱼的最佳时节。前几趟船都是满载而归，一扫在国内各渔场渔货稀少的颓势。所以，这一趟个个显得兴致勃勃，信心满满。经过几天航行，终于到达了既定海域。果然是个天然的好渔场，先期抵达的不仅有浙江省份的渔船，也有辽宁等地的。他们立刻开始下网作业。这里的活田（渔情）真好，没一两天，就打了有上万斤鱿鱼。这时，接到大风警报：海上将有 10 级以上的大风，提请各船队马上收网，就近入港避风。

"东风上了北，刮得活见鬼。"蔡船长所驾的渔船是 150 马力的，但在大海面前，多大的船也是个瓢。也就刚收完网，就见一团团海云张牙舞爪地朝海面压下来。他感觉风暴提前到了，就说，咱们是搪上天气了，快开船！果然，大风说到就到了，10 多米高的浪头借着风势劈头盖脸地砸下来，开始只是间断地往下砸，再往后就是排山倒海般一个接一个、一个挨一个。在这种情况下，只能就地下锚，规避险情的发生。

根据远海的作业经验，船上至少要备好两盘缆绳，一盘 100 多米，在平时国内近海也就足够了，但中韩暂定水域水深达 200 多米，幽蓝幽蓝的，抛下铁锚后，一盘绳子竟然不够用，可见这里的水太深了。于是，蔡船长立刻让船员赶快续上第二盘绳子，以防发生断缆的后果。风太猛了，刮得人睁不开眼，满耳朵里都是大风的啸声。人在船里说话不大声喊都难以听清。船像失去了动力，在海上漫无目标地飘动。在大自然面前，人真是太渺小了。在海上遇上大风，一般会采取两种方法应对：一是下活锚，一是下死锚（遇上前边或后边有山就得下死锚，否则就会撞山，造成船毁人亡）。蔡船长命令，铁锚别下死了，缆绳要匀着放，似逮非逮。既不能全放开太松了，也不能绷得太紧了。缆绳太松，船会失去重力，太紧又会遭遇断缆的危险。只有让船跟随着大风走，在海底既不能死死抓着，也不脱离海底，呈现若即若离的状态，才能缓冲大风带来的巨大拉力。正是这一决定，才使他们的船摆脱了倾覆的危险。

这时，同来的其他十几条船在海面上早已不见了踪影，蔡船长通过雷达和卫星导航才知道他们正自顾不暇，像一根根草棍一样在海上飘荡，任凭大海的蹂躏与摆布。好在供给充足，不担心食物。船员们都吐得晕头转向，趴在床上抬不起头来，几天不吃不喝也不饿，有的人吐完前几天吃的东西，就吐胆汁，地下像一个人涂的一幅地图——黄的绿的分不清颜色。可见大风是何等的肆虐与猖獗。具体自己的船在哪个海区了，只有看海图才知晓。除值班的人员外，人们就趴在"三面朝水一面天"的船里忍着，一会儿绝望，一会儿失望，一会儿又满怀希望……就这样，他们整天昏沉沉地数着难挨的日子。

一天、两天、三天……一直熬到第十二天头上，大海才停止了喧嚣，狂风才停止了狂欢。蔡船长一看卫星导航，他们的船已距十几天前打鱼的地方200海里以外了（1海里等于3.76里）。在渔船停靠码头的一刹那，船员们抱在一起全哭了。他们不顾腿软没劲，连夜将砸了冰的鱿鱼交给了水产部门，也算完成了这次惊险的远海之旅！因为他们从这次经历中得出一个真理：坚持就是胜利！蔡船长还编了个顺口溜：

三面朝水一面天，
躺在里边赛神仙；
忍者为高信步走，
哼着渔歌回家园。

赵三爷打起

王雅鸣

渔谚说：三月打黄花，四月打脍鱼。那年，正是打"三月季"的时候。三爷赵连元驾着人称"小白鱼"的主船，带着副船来到了大沽口以南海域打黄花鱼。但转了几天，他们这对儿船都没撂网，这让伙计们很是纳闷。

每逢这个季节，是海里雌雄黄花鱼的一次狂欢盛会。它们成群结队地来到渤海湾栖息地开始交配、受精，那景象蔚为大观——庞大的鱼群先是在水中竞相追逐，黑压压一片，远远望去，水面上水花四溅，波光潋滟，绵延足有好几里远。一个时辰后，逐渐在海里形成一个从上至下的硕大的篓子状，那"篓子"旋转、呼啸着，卷起蔚蓝的海水奔腾不息向四处扩散。凭肉眼观察，水有多深，鱼群就有多深。一般的船在桅尖上都缝有梭鱼形状的旗帜，旗布有红、黄、蓝、白四色——北塘红，营城黄，丰南蓝，唯独蔡家堡村三爷的船上是白色的，人称"小白鱼"。直到第四天头上，三爷手搭晾篷放眼一望，远方像有一只篓子正在海上旋转。三爷立即撒了一旋网，拉上来一看，蹦跳不已的黄花鱼眼珠现出了一圈红边儿，肚皮底下也泛红了——他立即来了精神头儿，高喉大嗓地喊："高扯篷，打满舵！"

看到三爷的船扯起了篷，其余船也跟着动了起来。没跑多远，就见各船在海面上分别摆开了阵式，各显神通。在最北边，北塘大户张文伯的对儿船一南一北正在撒围网，网上缀着的白浮漂形成了拉成几里地的半个圆儿，场面十分壮观。黄花鱼群岂肯就范，成群结队地组织突围，它们上蹿下跳，东奔西突，用尽浑身气力企图冲出包围圈。三爷灵机一动，号令伙计们将船开得再近些，他今天要在张文伯的网排里撂网。

真是艺高人胆大。在别人的网排里下网，规矩大着呢。一是必须有过人的驾船技术，不能压了人家的网；二是下网不能将人家的网挂破了，如碰坏了别人的网具，不仅要加倍赔偿，名声也会随之扫地。三爷站上船台，双手叉腰，气定神闲，看准海的流向，亲自指挥下网。他先让人沿着张家的网阵开始布网，慢慢套了个半圆，那网真像一只大碗紧擦着张家的网排在慢慢合龙，渔家人叫虎口夺食。三爷的网一下，许多鱼纷纷落在了

三爷内圈的网里了。看到有人在他们的网里下网，三四个张家人扯着嗓子大声问："谁套我们网呢？"三爷的伙计也大声回应："蔡家堡的小白鱼！"

一听是小白鱼来了，那边立刻不言声了。在海上过去有个规矩，不管谁撂下网后，都允许人家在你的网里再下一层网，前提是你不能糟蹋和弄坏别人的网具。如果你能够成功地套下网，说明你的技术高强，还会给你竖大拇指！也就一个时辰，三爷下令合门起网。这一网吊上来，黄花鱼子闪着亮光，上蹦下跳，"哗"地一倒，两个货舱竟没装下。三爷义性，也算向张家驾长致以谢承，冲他们喊："我们这船装不了了，你们围上吧！"

那船立刻应声了："我们船大，没事，走你们的！"

三爷冲伙计们喊："我们打起啦！"

风正劲，渔船扯起大篷，展着双旗，大桅顶上的小白鱼活灵活现，一路摆动向河口进发，似乎在向乡亲们报喜。家里人早得信了，都冲河口围去。三爷家那是三丈八的船，到蓟运河口那"哗啦啦"一卸，立马起了座小山，少说也有一万多斤，创下了当年打起的一个纪录。那天，还没等三爷的船卸完，张家的大船也飘着红鱼顺潮进了大坞。多少年来，打起，逐渐成为了渔家人海上丰收的一个代名词。

艰苦的环境让每个渔家人都练就了一套过人的本事，他们怀揣这些特殊的技能，在海上遇险不慌，逢凶化吉，即使搪上大事依旧游刃有余，经年后化作一个个美丽的传说和故事，至今口口相传，为人们津津乐道。

石岛遇险

王雅鸣

1979年3月，正是打冷海的季节。蔡家堡大队的一条渔轮从蔡家堡码头出发，由赵家岭船长驾着直奔石岛。计划24小时到烟台，38小时到石岛。谁知，刚到烟台海域，车就坏了。

船上的发动机，渔民们习惯地叫它"车"。经过检查，由于发动机磨损，又是小马拉大车（船吨位大，机器马力小），导致车的零件损坏严重。坏了就要修，可船上没带配件，赵船长和同行的公社工作组的张兆起主任商量后，决定到烟台驻天津办事处求援。他们来到北大街一号，一个叫杨子（音）的男同志热情地接待了他们。随后领着他们来到农资配件公司，这里配件齐全，要啥件给啥件，最后还派车给拉到了码头，运到船上。这船一修就是半个月。好容易修好后，他们决定出海试试车。

新车挺有劲，船便朝着石岛的方向疾驰。十几个小时，撂下网，鱼获丰厚，对虾、杂鱼几网就是上千斤，把大家乐得够呛。这时，张主任说，收到气象了，未来几天，将会有10级以上西北风，货再多，也得安全，我们必须避风，保证人和船的安全。网一起来，立马起程。

那时，没有卫星导航，全凭一张海图和船长的丰富经验。正往回返，大风就来了，一看海图到了107海区，离石岛还有十几里的距离。按操作规程，遇到大风时，只有就地停车抛锚。可风太大了，天上的云彩黑得如墨，压得很低，快擦着桅杆了，200斤重的锚抛下去，也抓不住海底，船还在移动，200绚长的船缆全放下去，船扔在漂。这可咋办？

赵家岭真不愧为老驾长。他经验丰富，临危不惧。他担心的是，海底情况不明，附近暗礁密布，如果不跟随大风走，随时会有巨大的危险。于是他命令，将船发动起来，以慢车怠速盯着，随波逐流。不许关机器，这样风再大，船也会随着大风走，而不至于一下子将缆绳崩断，造成船毁人亡。

风仍在刮，一个浪头接一个浪头。这边浪头还没过去，那边又压上来，像要把船摁在海里。由于风浪太大,船上7个人都晕船了,吐得昏天黑地,日月无光。人们就那样"凿"在船上,以减轻体能的消耗,也不吃不喝。从13号到15号,用顽强的生命与灾害抗争。在大自然面前,人类是那样的弱小而无助,任凭风浪的摧残与摆布。

16号一大早,风突然停了,赵家岭一看,望到熟悉的码头了。他赶忙叫醒大家:快起来,到石岛了!

刚一上岸,汉沽水产局刘局长就迎了上来。原来开风头一天,他就赶到了石岛。几天没音信,以为他们早漂了。他一把抱住赵家岭,泪就下来:"你们还活着呀?家里人担心死了!以为你们早……三天三夜啊!"

在石岛码头里,早已一片狼藉,水里到处漂着船板、渔网。在这次大风中,有三条船失事了,一条标着冀沧(河北沧州)字样的船的舵楼子都打没了,歪在了水里。刘局长对赵家岭说:"回汉沽后,我要让你给船长们好好传授一下经验——讲讲咋面对风浪,咋叫慢车怠速。"

赵家岭说:"其实,我就一句话,搪上天气了,就甭害怕,越害怕就会乱阵脚!"

这次成功脱险,让赵家岭的名声大震,村里的后生们都愿意上他的船,因为跟他跑海,不仅收入高,还不会有啥风险。其实,村里人更欣赏的是他那临危不惧、果断丰富的驾长水平。

战海啸

王雅鸣

1965年11月7日，正逢天文大潮。中午12点刚过，渤海海面突然刮起了8级大风，狂风挟着恶浪直扑天津渤海100多里海岸线。在大神堂海挡，狂风巨浪猛然将七八米厚的土海挡撕开了一道大口子，海水像一只巨兽张牙舞爪地直扑村子。

人们惊呼：大海啸来了！

在海挡这边，就是几十个村庄，还有大片的农田、广袤的盐田……海啸就是命令！正在村里战备集训的解放军某部全体官兵紧急行动起来，指挥员立刻命令司号员吹起了紧急集合号。战士们放下书本，停止操练，撂下碗筷，迅速操起铁锹、大镐，奔向海挡……

顿时，村里的男女老少涌向海边抢险。就连正在沿海一带演出的剧团演员也都奔向海堤……

海边，二炮连连长韩龄芬忽然发现有一个瘦小的战士在水中抢险，当他认出是刚刚出院的战士范建臣时，便说："谁叫你来的，赶快上去！"范建臣却说什么也不上来。过了一会儿，连长见他冻得不能说话了，便伸手把他拉上来。小范一上岸，看到不远处又出现了险情，马上跑过去，继续投入了紧张的战斗。

海浪拼命地冲击着海挡，海挡阻挡着海潮。于是，草袋、土筐，一个接着一个传上了海挡；芦苇、木桩接连不断地传上了海挡；甚至门板、鱼网、大锅，所有能够挡潮水的东西都源源不断地运上了海挡！

二机连通讯员、共产党员郝金保从炊事班抢险回来，看到村口有一所房子被水围困。房门口漂着一只小船，有十来个妇女小孩坐在上面，船小人多，风大浪急，小船急剧地摇晃着。突然一个浪头打过来，小船一歪，十来个人全被扣在水里。郝金保一看，扑通一声跳进水里，一个猛子扎下去，摸到一个小孩抱在怀里，另一只手又抓住了一个10多岁的女孩……就这样，他一次次扎进水里，7个人终于得救了！这时候，另外几个人也被别人救上来。

在决口处，连长郭士运、指导员张建国与战士们一道正与海水进行着殊死搏斗。一声令下，战士赵志信、牛立川、杨才、邢惠奎、郭丰道等5名战士立刻跳入冰冷的海水中，挽起手臂组成人墙，阻挡着汹涌的海水的反扑。连续4个小时的战斗，5名战士冻得嘴唇发白，眼看就支持不住了。

在堤下的老大爷老大娘们，看到这种情况，立刻奔回家中，不一会儿，就提着水壶、酒壶来到岸边，他们把一杯杯热水，一杯杯暖酒，送到战士们嘴边。

在大神堂村，一些没有上海挡参加抢险的老大爷老大娘，在家里也忙碌起来。老渔民陈贺台和他的老伴，一连为抢险的人们烧了三大锅开水，送到子弟兵身边。这个老渔民的房子就在海堤边，1939年曾经历过一次海啸。那次海啸，海挡决了口，一下子冲倒了几百间房子，就连"镇海"的龙王庙也被冲走了。这次海啸来了，陈贺台担心自己的房子再被冲倒，赶忙收拾东西，准备转移。可是，当他看到解放军战士，工作队队员和广大群众都不顾生命危险保护海挡，深受感动，马上放下东西，给人们烧水、送水，一直忙到战斗结束。

吴仲英大娘在海挡上看到战士赵志信冻得失去了知觉，马上让村民把赵志信抬到了自己家里。她和婆婆在暖烘烘的炕上铺了两条褥子，给小赵盖了三床被子。吴仲英又赶忙拿来开水，用小勺一下一下往他嘴里喂，一会儿，小赵恢复了知觉，婆媳俩才放了心。她们还把他浸透海水的衣服洗干净，给他熬了一锅热乎乎的稀饭。

到下午4点钟，海潮终于退了，一场战海啸的战斗结束了。

一晃50年过去了。当年21岁的战士赵志信已是72岁的老人了。2015年11月5日，也就是战海啸50周年前夕，他怀着感恩的心辗转来到了大神堂村，他要当面感谢吴仲英全家人当午的救命之恩。而吴仲英和婆婆早已故去。吴仲英的儿子、渔民陈作明带他走上当年的海挡，寻找当年那战海啸的决口。赵志信旧地重游，感慨万千。

据赵志信老人介绍，战海啸结束后的第三年，也就是1968年，他复员回到了家乡河北省正定县三角村务农。由于战海啸冻僵的后遗症，他常年不能劳动，导致30多岁才结婚。

多少年来，他一直有个愿望，就是想在古稀之年，找到当年班里一起跳进决口被冻僵的其他四位战友。虽说他们天各一方，但仍牵挂着他们。希望在有生之年能够聚在一起，叙叙友情，感恩乡亲！在我建议下，赵志信向中央电视台"等着我"栏目组发出了寻人启事，那是一种埋藏在心底50多年的感恩和呼唤……2017年12月22日，中央电视台终于向赵志信老人发出了邀请，准备录制一期节目，他也盼望着战友们的那一天！

海风中的那面旗

姜茂树

神堂庄的渔家人有一条代代相传的祖训：在海上只要看到遇险的船只和人员，无论是哪里的人与船，不论有多大的困难和危险，都要拼尽全力去救助。

1962年立冬前的一天，神堂庄的船队在辽东湾小凌河地区完成拉蚶子的生产任务后返回家乡，需要途经雕翎嘴、菊花山、曹妃甸等关口，其中最神秘凶险的还属曹妃甸海域。

曹妃甸是横亘在渤海里的一座带状沙岛，附近海域的地质、海况、气象条件非常复杂。甸中有三道大沟，沟槽曲折，水深流急，沟的两边是青皮铁板沙岗，十分坚硬。在这里航行要特别小心，稍有不慎，很容易碰撞沙岗造成事故。特别是遇到大风天气，会激起数米高的卷浪墙。从这里通过，犹如闯"鬼门关"。然而，这里又是汉沽与东北地区来往最近的一条水道，只要天气晴好，沿着大沟一会儿就能闯过去，可以少走很多海路。所以，尽管渔家都知道存在风险，可那些风篷船还是愿意走这条捷径。

船队顺利闯过了前几道关口后，很快就来到曹妃甸附近。真是天有不测风云，刚才还是微风拂煦，转眼间黑云铺天盖地猛扑过来。八九级的东风夹裹着雪花，把船队笼罩在一片昏暗之中。由驾长李焕才驾驶的大三号船虽已把篷落下，但大风还是把船刮得往前猛跑，在冲过甲板的大浪中上下颠簸，大桅发出"咔咔"的响声。突然，船身一阵剧烈抖动，船底被撞开两条大裂缝，海水迅猛地灌进来。李焕才凭借几十年的闯海经验，指挥船员赶紧抢修，并沉着机敏地操纵渔船顺势绕过沙岗。

天渐渐亮了，大风却丝毫没有减弱的迹象。大三号船上的人发现，沟对面的破船上和水里站着很多人，正在朝着这边摆手呼救。原来，这是村里同行的三条渔船被大风兜上沙岗后蹾碎了。已经受伤的大三号船也是自身难保，在此处停留后果将难以预料。但李焕才大喊："爷儿几个，老祖宗在看着咱们呐，赶紧下锚！"李焕才此时就像一根定海神针，他的话也抓住了大家一定要救人的那颗心。接着，他吩咐用一条粗绳把舢板与本船系牢放下去，副驾长李连丰和船员李焕羽抢先登上舢板。

小舢板在大风浪中行驶极其危险。然而，拼死救人的信念鼓舞着这两名渔家汉子，他们不顾一切地向失事渔船靠拢。一个大浪扑来，舢板扣斗儿、大橹也折断了。船上的人赶紧把小舢板拉回来，接好大橹，舢板又一次出发，但还是冲不过那道卷浪墙。那些躲在沙岗和破船上的人们，眼见着一次次地救援失败，在极度的恐惧与寒冷中，显得更加惊慌失措。

为了让遇险的人员放心，大三号船上的人不停地跺脚、摆手、呼喊，但那嘶哑的喊叫声，却被大风浪无情地吞噬了。这时，李焕才猛然想起，在庆祝大三号船整修完工出海时，曾留下一面红旗，便赶紧找出来，嘱咐船员把红旗挂在大桅上。遇险的人员看见红旗，知道大三号船没有放弃他们，这下就有了主心骨，忙把破船上的小红旗也找出来绑在竹竿上竖起来。此时，大旗、小旗遥相呼应，在咆哮的海风中飘摆着。

经过几次顽强冲击，小舢板还是闯不过那道卷浪墙。沙岗上的人们眼巴巴地瞅着大三号船，在风浪中像葫芦瓢一样起伏摇摆，遇险渔民的心也都悬在半空中，真是应了那句"是风刮三天"的渔家谚语。白天巨浪滔天，根本无法施救，而到了夜晚漆黑一片，更加不敢贸然行动。经过仔细观察分析，李焕才发现一个秘密：连续三个大浪过后，有片刻的平静。另外，连接大船与舢板的粗绳也影响舢板前进的速度。于是，他果断下令把板凳、舱盖板、木水筲等漂浮物间隔捆绑在绳子上，以减少绳索对舢板形成的阻力。大三号船采取这些措施后，抓住风力减弱的机会，再次放下舢板出发。两个人摇着大橹，左闪右躲，瞅准机会抓住间隙奋力冲上去，终于靠上失事的船只。舢板带来宝贵的干粮和水，同时，也带来驾长和船员们的誓言："只要船桅上的红旗还挂着，就是再危险、再艰难，也要把最后一个人救回去。"

整整7天7夜，大三号渔船就像 只方舟，拯救了25条生命。当挂着红旗的渔船驶近汉沽海域神堂庄的时候，在海岸边苦苦等候着的妻儿老小，揉着眼睛简直就像在梦里一样，他们冲上前去，与在鬼门关里搏斗并战胜了死神的亲人们紧紧地搂抱在一起，满面泪水的人们，禁不住大声喊叫起来，称李焕才驾长是大神堂真正的英雄！

雾海救险

姜茂树

　　1977年3月末4月初，乍暖还寒，正是治冷活田的好时节。神堂村组成了拖网船队奔赴山东海域进行捕捞生产。经过连续几昼夜的航行，顺利到达预定目标山东石岛港。这一天，经过修整，补充了燃料、给养后，船队起锚向黄海82海区第二小区开进，实施拖网作业。那时，船上还没有配备卫星导航、定位仪、测深仪等设备，只是凭借船用电报机、罗经、海图和探水铅锤与驾长们的航海经验去远海作业。当津汉渔016副船与015号主船，拖带着大型围网合力行进时，突然，一阵狂风袭来，掀起滔天巨浪，把新建造的大渔轮冲撞得就像两片小树叶似的飘摇不定。

　　大风刚刚刮过去，浓重的海雾接着便迎面扑来，海面上一片迷茫。就在老驾长陈家岐小心翼翼地操作着舵轮向主船靠拢时，一艘大型货轮驶过来，犹如闷雷炸响，渔船遭到猛烈撞击，被巨轮似钢刀般的船首拦腰切开，海水迅猛灌进舱内。在前门头舱休息的刘景善、刘宽永、刘仕富3个年轻人，瞬间便被甩进大海。船上那些还在睡梦中的人们，一边惊慌失措地向逐渐翘起的船尾跑去，一边紧盯着在海水中扑腾的伙伴儿。很快，大家就从噩梦般的恐慌中缓过神来，抄起竹篙，拿来绳子进行营救。几个大浪涌来，把眼看就要抓住绳索的落水者又推开了，几次努力都宣告失败。那3个人在大浪中拼命挣扎，时隐时现，随时都有被海水吞没的危险，急得船上的人直搓手、跺脚。眼看落水的人因寒冷和惊吓已是筋疲力尽，撑了大半辈子船的老驾长明白，面对这种状况光靠落水者自身的能力是很难救上来的，只有下去人送去绳索或直接抓住他们，救援才有可能成功。年轻的船员们争抢着要下海救人，有着丰富闯海经验的副驾长刘秀民，一边脱下棉衣，一边说："我水性好，我先下去。"驾长陈家岐一把将他拉住，命人取来两件救生衣为他穿好，又让人在他的腰上系牢两根绳子，这才把他放下船去。

　　刘秀民知道落水的年轻社员刘仕富不会凫水，并且已经无力再挣扎了，随时都有沉入海底的危险。此时，刘秀民感觉冰冷的海水就像有人在捻动万颗钢针似的刺透自己的全身，落水者距离渔船近在咫尺，却又好像在遥远的龙潭虎穴，在水深100多米的大海中，雾气蒙蒙，独自救助落水者的难度可想而知！

刘秀民手脚并用地划水，奋力扬起脑袋，尽量保持身体平衡。当他就要接近目标时，一个大浪袭来，又将他们冲开了，刘秀民被灌进一大口咸涩的海水，呛得好一会儿才缓过气来。此刻，寒冷的海水似要耗尽他全身的能量，又一个大浪涌过，他瞅准机会，使出仅有的一点力气拼命游过去，把救生衣套在了刘仕富身上，然后紧紧拽住对方已不会动弹的手臂。此时的刘秀民已无一点回游的气力，渔船上的人看到他已抓牢刘仕富，就一齐用力将他们拖拉上船。这时候，主船已发现副船被撞，老驾长刘宽堂忙下令把拖着网的钩机摘开，卸掉沉重的渔网，轻装全速冲向副船。这里是黄海海域，水深流急，常有大型海轮通过。

在黑夜大雾弥漫的陌生海域救人，本身就存在着极大的风险，也可能会发生像副船那样被巨轮切开的危险。但是，老驾长刘宽堂为了救人豁出去了，他命令拉响雾钟、打开红色警报灯、航行灯、作业灯和其他灯光；叮嘱看好机器千万不要熄火，保障救险船的动力和用电，并不断地调整船位；让全体船员边高声呼喊，瞪大眼睛仔细搜寻，不要错过任何一个目标。同时，刘宽堂果断命令报务员陈春全启动应急预案：开启无线电对讲设备直接喊话，及时把渔船遇险的情况报告烟台港监、黄渤海渔业生产联合指挥部等单位，请求救援。接到报警后的烟台港监部门、黄渤海渔业生产联合指挥部，迅速派出救援船只赶往事故现场。同时人民海军战备值班部门接到报警呼救后，立即出动快艇冲向事故海域。

神堂村船队在附近作业的津汉渔 001、002、031、032、045、046 号等渔船，收听到报警呼叫后，也都甩掉网具快速聚拢过来，及时加入搜救的队伍。这时，刘宽堂驾驶的 015 号渔船已将落水和被撞坏的 016 号渔船上的人员全部营救上来。人民海军的舰艇飞快赶到，载着 3 名已处于昏迷状态的受伤者，疾速驶向海军北海舰队威海基地的第四〇四医院。

当有人采访奋勇救人的刘秀民时，他却平淡地说："我们都是神堂人，曾经一起听着长辈们讲的那些祖训长大。我只琢磨着人命关天，赶紧救人，别的啥事还真没想过。"多么朴实的话语！神堂人传承老祖宗救人于危难之中的高尚品德，在大海里与死神顽强搏斗，创造出奋勇救人的动人事迹，将永远留存在村民心中！

海上女英雄

姜茂树

那是20世纪50年代人民公社化时期,渤海湾的渔业资源十分丰富,大渔汛接连出现,渔民的生产积极性很高,渔船数量不断增加,掀起一个又一个生产高潮。

妇女队长刘淑珍,和女青年王永芝、刘洪珍商量后,她们决定要带头上船。海上生活可不是一下子就能适应的,要摔打一阵子才能成为合格的船员。晕船,这是所有人需要闯过的第一道关口。一天,渔船正在拉网时突然变了天(那时气象预报很不及时、不准确),大雨倾盆而下,狂风劲刮,搅得天海混沌一片,几尺高的浪头猛扑过来,把小渔船冲撞得就像葫芦瓢一样。此时,刘淑珍头涨得似要裂开了,四肢无力,站不稳,并翻肠倒肚地呕吐不止,像是要把五脏六腑都吐出来似的。她蜷缩在船舱里,一个昼夜水米没进。等到渔船返回,站在陆地上,两条腿就像绑上沙袋、踩在棉花垛上似的晃晃悠悠,怎样回的家,她已记不清了,觉得就像是生了一场大病,一头扎在炕上,呼呼地睡着了。经过晕船折腾,虽然身体虚弱、身心疲惫,但她却没有丝毫地退缩。几天后,她说服了父母又勇敢地上了船。

繁重的劳动是出海妇女面临的另一个困难,打篷、打锚、撒网、捯网、装筐、卸货等,全是体力活。通过一段时间的锻炼,出海妇女已能在船上站立、拉风箱做饭,干那些最累人的重活儿了。不服软的刘淑珍,每次都抢着干、赛着干,丝毫不肯落后。社员们说,"晕船关"终于闯过来了。

这一天,刘淑珍所在的渔船,寻找到一个大鲙鱼群,一网上来两条船都装满了,驾长立刻命人挂上两面旗子(挂一面超千斤,挂两面超万斤)。海上收货的大船看到信号及时赶过来。渔场离家远,鲙鱼不易保鲜,打的鱼又多,就先用食盐腌好后再运回家。收货船驳货时,生产船上要有人员过去帮助装筐、入舱、撒盐等。

收货船刚刚靠好,刘淑珍就分开众人向大船跳过去。她的一只脚才踏上大船蜡子板的上头,还没站稳脚,一个大浪涌来,将两船推开,她不由自主地向后仰,"扑通"一声掉下去。站在收货船舷边的驾长、副驾长、揽头的(负责行船的船员)跟着也跳下水,迅速将她托出水面。船上的人伸手拽住胳膊把她拉上船。由于用力过猛，致使她的右胳膊脱臼。

这年的7月，全公社渔船到辽宁湾去扒蚶子，作为渤海公社妇女部副部长的刘淑珍，又带领部分社员到锦州小凌河的王家窝铺去干活。当时，天气特别炎热，扒来的蚶子必须当天加工完，否则就要腐烂变质。由于不分昼夜地连续干活，再加上水土不服，很多人都生病了。于是，她硬撑着发烧的身体，带头干起活来——挑起大筐从船上卸蚶子、煮蚶子、摔蚶子，保障来一船卸空一船、加工一船，终于如期完成蚶子生产、加工任务，创造了村里的最好收入。这一年，她被评为先进生产者。

刘淑珍凭着坚定的意志，一次又一次地战胜困难，逐渐适应了海上作业的特殊环境，带领众姐妹有力地支援了渔业生产，成为在大风浪里闯荡的带头人、海上生产的"半边天"，为建设神堂村做出了突出贡献。她的事迹被上级部门广为宣传，沿海的蔡家堡、双桥子、海沿子等渔村，迅速掀起一个上船支援渔业生产的热潮。这些事迹被载入汉沽区志，同时她还被选为河北省青年积极分子，光荣地出席了"全国青年社会主义建设积极分子代表大会"，受到敬爱的周总理、朱德、贺龙、林伯渠等中央领导的亲切接见。

如今，年届八旬的刘淑珍老人，回忆起当年见到周总理时的情景，仍难以抑制兴奋的心情，经常向晚辈讲起令她终生难忘的幸福时刻。

夜海救援

姜茂树

1970年4月，正是渤海湾毛蚶生产的旺季。那时一到拉蚶子季节，人们似乎都忘记了疲劳，不分昼夜地抢抓时间连轴干。这天傍晚，神堂村第二生产队的风篷船"大一号"，来到岐口唐家湾海域拉蚶子。刚过三更天，正当大家干得起劲时，天气突变，浓云贴着海面翻滚，八九级的大风把拉着网的大一号船刮得上下颠簸、左右摇摆，大篷角（篷面底端外角）快要挨到水面了。木船一会儿被托上浪尖，一会儿又被抛下浪底，船员们要抓住舱板才能站稳，情况十分危险。驾长刘景密急忙下令："起网、掉头，赶紧收港！"人们七手八脚地忙活起来，就在这时，有人大喊："快看，上风头有红灯和火把！"正在全神贯注地把着舵杆的刘景密，立刻意识到那是遇险求救的信号，他看到不远处果然有海灯和火把的红光，在狂涛中剧烈地抖动，同时还隐约听到断续的呼救声。

这里是渤海34区，水深达30多米，俗话说海上无风三尺浪。此刻，大风掀起的近二三米高的大浪，像一面墙似的平推过来，一下就把大一号船压进水里，好一会儿才又钻出来，大一号船也面临着沉没的危险。刘景密自幼跟随爷爷撑船，头脑灵活，勤学好问，积累了不少经验，20多岁时就当上驾长，领船作业是人们公认的一把好手，又在大海里闯荡这么多年，经历大小风险无数，但遇上这么突然、这么大的风暴，却还是第一次。

这时候也顾不得多想，捯起网已经来不及了，刘景密大声喊："救人要紧，快甩掉蚶子网，划樯（侧风Z字形往复行驶）顶上去！"在这么恶劣的天气里，没有机械动力的风篷船只靠自身的能力，要想返回上风头谈何容易，何况大一号船已是满载，行驶缓慢。在这么大的风浪里划樯走Z字形，船若横遭大浪，很可能会有船倾人亡的危险。刘景密思索片刻后果断决定："卸掉蚶子！"他吩咐船员严密封堵各舱口，同时拆除船两边的外邦蜡（起安全和围栏货物作用的木挡板），利用大浪涌上船再退去的水流和用铁锨往外推把蚶子带走的方法，减轻载重。

大一号船逆着风浪逐渐顶上来，到附近才透过夜色看清，那是一条门锭子船，头已扎进水中，后屁股在慢慢翘起，渔家人叫这是"钉橛子"了（钉木桩）。此时风还在不断加大，浪涛更猛了，这条船恐怕很快就会沉没，如不抓紧救援，人命难保啊！当大一号船就要接近那条船时，一个大浪涌过把他们冲开了。门锭子船的人们看到擦肩而过的大一号船时，都绝望地哭起来。那条船上的老驾长很冷静，他及时制止了船员的哭闹，叫人点起一个火把并晃动。刘景密看到后马上明白，也叫人点起火把晃动进行呼应并吩咐点亮备用海灯，让船员一起呼喊口号。遇险人员看到燃烧的火把和红灯后明白：这船肯定还会回来救我们的！

刘景密沉着镇定地指挥，但两次救援都未能成功，他把大家叫到一起商量该咋办。曾当过多年驾长的老船员李洪魁说："在这么大的风浪里救人，需要胆量、技巧和坚定信心。听老人们说过，遇到这种情况，得要绕到出事船的下风头，那里风浪稍平稳一点儿，容易帮靠。"于是，刘景密重新部署："只升小篷并让船员刘丙合守在船头，看好小篷，听口令随时升降；李洪魁帮着把舵；姜再洪搭桥板；刘丙良举火把报警照明；李秀民、刘仕清两个年轻人准备扔绳子；等两船靠拢后，大伙儿都到腰窝（船中心）处接应。"

一切安排准备好，大一号又向门锭子船靠近。真是艺高人胆大，就在大一号的船头快要和门锭子船相撞的一刹那，刘景密瞅准一个大浪涌过的平静间隙高喊："落头篷、扔绳子、搭桥板！"接着，他抓住机会猛一推舵，船头迅速一偏，擦着门锭子船边靠住。这时，就见两条绳子飞出，桥板也快速伸过搭好。遇险船的几名船员按顺序接连爬过桥板，登上了大一号船。与此同时，正在附近驶向渔港躲风的神堂村的另一条叫"大吊子"的风篷船，看到遇险求救信号后，也一边卸蚶子，一边顶着风浪赶过来。

这一次终于成功了。刘景密指挥大一号和大吊子船，载着获救人员连夜赶往塘沽海河防潮闸码头。事后，北塘村领导与获救渔民代表——红星大队青坨子庄的老驾长刘保生，专程来到神堂村，向村领导与大一号船驾长刘景密，敬送锦旗和感谢信。

冰海驰援

姜茂树

1972年正月初六刚过，人们还都沉浸在过年的欢乐气氛之中，村里就组织各生产队进行拉蚶子生产，这也是守海人传统的"打冷海"活计之一。第三生产队的年轻驾长李维胜驾驶刚建造的新一号机帆船，第一个破冰出海。初春的大海雾气蒙蒙，寒气逼人的浪涛推着大冰块横冲直撞，"削鼻割耳"的海风迎面扑来，让人睁不开眼、喘不上气。

这天，四更刚过，新一号船就从南河的大沽渔港起锚，冲开浮冰奔向渔场。就在快要行驶到河口附近时，正在聚精会神瞭望、搜索航道情况的大车（渔船上开机器的人）李维忠隐约发现前面好像有什么东西在晃动，他先是眨眨眼后又揉揉眼，费了好大劲儿才看清楚：有人站在一条歪斜的渔船舵楼上正摇晃衣服，便急忙扭头大声喊"驾长，前面出事了"，并趴在舱口叫醒还在熟睡的船员。

原来，这是一条被本地渔民俗称"大排子"满载蚶子的塘沽区灯塔生产大队的渔船，连夜返航时在这里遇险了。那时，除了队长船上有专门接收天气预报的电匣子和联络渔情的船用电台外，普通渔船还没安装这些设备，况且这里又是专供渔船行驶的老河道，导航设施少也很不完善。船只进出港，白天要凭船员注视、观察两岸的一些重要标识，夜间就只有依靠驾长的记忆和平时积累的航行经验了。当大排子船已顺利驶进河口时暴风骤起，渔船被风浪挟裹着撞在隐没于水中的防浪石墙上。驾长王荣景急喊快抢修，但此时船底已经被撞碎。很快，滔滔的海水便灌进舱内，眼瞅着船向一侧倾斜、下沉。

面对突起的大风浪，新一号船迅速转身返航。当发现前方有渔船遇险时，驾长李维胜边扳舵杆调转船头，边大喊："快救人，加大油门顶上去！"新一号船的驾长是第一次驾船来南河，对这里的水文地理情况还不太熟悉。到了附近他才发觉，救援现场的情况是那么复杂、恶劣、危险。坚硬的流冰板块围着渔船乱转，像大锉刀似的撞得船体咔咔直响，木船随时都有被锉伤、撞漏的危险，人们的手心都攥出了汗。七八级的东南风，涌起两米多高的大浪，撞在那道残破的石墙上，激起四五米高的水幕，铺天盖地地砸下来，不一会儿甲板上就铺了一层冰。新一号船驾长小心翼翼地操纵着渔船从侧面慢慢靠上去，可还没到跟前就被凶险的回头浪推开了,他们只好顺势划过。

这时天已大亮,那些眼巴巴地盼望、等待救援的人们,看到新一号船擦边驶过远去,以为这是要扔下他们不管了,顿时心生绝望,有人用脑袋磕碰扒杆,有人用手拍打围挡板,有人用小水筲敲击舱板,还有人跪在那里磕头祈祷,呼喊哭叫,此时大家渴望获救的欲望已达到了极点。大一号船的渔民兄弟看到此景,心如刀绞。副驾长刘宽付忙找来一根竹竿儿,撕下一块儿篷布绑好并向他们不断摇动,船员们也站在一起使劲跺脚、呼喊、摆手,有两人还脱下棉袄摇晃。遇险船上的人员看到这些信号后心中有了底,情绪逐渐稳定下来。

这时划回来的新一号船,冒着随时都有被掀倒的危险,从后面斜切大浪顶上去。就在两船相距十几米远时,有船员惊叫:"前面船边的水中,有时隐时现的乱石堆,如果我们再继续向前靠近,也会发生被乱石墩碎或两船相撞的危险!"于是他们不得不采取紧急闪躲的措施,这次营救又失败了。驾长与副驾长又一次简短商议后果断下令,只能使用在大排子船的上风头儿没有石堆的地方,迎风顶浪下锚撒缆绳、倒车、船尾慢慢接近的冒险办法了。于是船员们迅速找出备用的锚缆绳,在大锚上系牢来加固锚缆。

当新一号船试探着退行到预定的位置时,驾长李维胜大喊下锚、变倒车为正车、怠速顶住风浪的口令,然后吩咐船员做好救援准备:年轻机灵的刘孝堂扔绳子;胳膊粗力气大的刘宽付、李维忠送竹篙、体力单薄的李维生在船头看好锚缆,其他人站在船尾,等待往回拽绳子救人。一切准备稳妥后,驾长一声令下,上学时参加运动会曾取得投掷比赛能手的二车(大车副手)刘孝堂,为了保证第一投必须成功,他脱掉笨重的大皮袄,手攥绳子咬牙憋气,使出全身力气抬胳膊挥手绳子就飞过去了。由于船体摆动幅度大、用力过猛,他摔倒在结冰的甲板上,手臂受伤。大排子船驾长王荣景抓住这根救命的绳索,把它紧紧拴在露出水面的大桩上,使两条船牢牢地连在一起。与此同时,新一号的船员合力握住一根八九米长、比海碗口还粗的竹篙,顺势伸到遇险船上。紧接着,刘孝堂又扬起红肿的胳膊,狠劲甩出第二根、第三根绳子。大排子船驾长命人用第二根绳子系牢一根粗竹篙伸出,新一号的船员很快就拉过来。两根竹篙绑牢搭在两船之间,就这样在滔滔的冰海中,架起一座救援生命的桥梁。大排子船的人把第三根绳子拴在一个年轻人的腰部,并在他身上系好一条绳索,用以保障两船之间的救援往来之用。看到王荣景驾长冲着新一号船做出往回拉绳子的手势后,新一号船的人们瞪眼、鼓气一起用力,沿着两根竹篙搭成的桥梁把第一名被救人员顺利拽上船。就这样经过全体船员与死神的奋力拼争,终于把遇险的人员全部成功营救上来。

这时再看新一号船的所有人员,就像穿着一身冰甲,跟刚沾完的糖堆儿似的,每走动一步就会掉下许多冰渣儿。但他们全然不顾自己的手脚被冻得如同猫咬似的疼痛，忙把浑身是冰、瘫软在甲板上不断哆嗦的遇险人员安顿在船舱里，为他们换上干衣服，裹紧棉被；捅旺炉火、倒好热水、端来白酒、煮熟挂面……

此时，手把舵杆的驾长李维胜高喊："掉头，开足马力全速返回大沽码头！"

激战大决口

姜茂树

家乡神堂村，正处在渤海湾肘型弯的底部，旧时常遭受风暴潮的侵袭。在我很小的时候就常听老人们念叨："不怕西风下大雨，就怕东风过晌大潮急"的老话儿，说的是在大潮水的日子里，一旦遇上刮大东风时，就会比平日涨潮快、水头高、流速急、持续的时间也特别长，十有八九会引起海啸（风暴潮）。那时村前的海垱是用泥土堆成的，很不结实，每当遇到涨大潮的时候，人们的心都悬到了嗓子眼儿。

1965年（11月7日）农历十月十五立冬这天，恰逢天文大潮日。天空阴云密布，八九级的大东风一阵猛过一阵，刮得土飞沙扬天昏地暗。晌午过后，汹涌的潮水在强劲的大风助力下，铺天盖地地涌来——海啸真的发生了。

此时村内的壮劳力大都已出海进行渔业生产，只有部分社员和家属及老幼留在庄里。面对突发的险情，队干部立刻用大喇叭紧急动员。来村军训的部队官兵、驻村的海防哨所战士、村民、粮店职工、社教队员、评剧团员、盐场工人李玉友等人闻听后急速向海垱跑去。小学校长苏鸣鹤、杜玉华老师带领学生们也快速奔向海边。

潮水悬在头顶，就要和比房顶还高的海垱涨平了，大浪撞击海垱，激起一道道水帘子，发出令人胆战心惊的轰鸣。一些老渔民说："在大海里闯荡了这么多年，还真没见过这么凶猛的大海啸，按潮汐规律推算，看这来势，真正的高水头子还没到来呢。"

风在刮，潮在涨，一处低洼地段已经开始漫水，只一会儿的工夫就被大浪撕扯开一道几丈宽的大决口，发疯的水流直扑下来。大决口两边的泥土像快刀削面团似的在快速坍塌、扩大。

所有的人，都加快了抢运物料的脚步，可扔下去的泥土袋子，眼瞅着就被冲得打着滚儿地往前跑，人们急得连吼带叫搓手跺脚。老渔民陈三爷跌跌撞撞地爬上海垱，找到正在指挥的部队首长大声说："快想法子堵住这个大豁口，要不然全庄人的性命难保啊！"

大潮继续猛涨，风力还在不断加大，这更加剧了决口的扩大速度。此时，要想从岸上扔东西堵住它已是不可能了。海垱，随时都有崩塌的危险，整个村庄正面临着灭顶之灾！

就在这万分危急的时刻，指挥部决定："搭人墙。"话音刚落，就见解放军战士抱起装满泥沙的袋子，一个个纵身跳入急流。紧接着工人、社教队员、评剧团员也都争相跳下去。

天越来越阴，就像一口倒扣的大锅，把人和海全罩在里面。浓云翻滚，大风刮得人直打趔趄，无情的海水呼啸着横冲直撞。大浪没过站在决口里那些人的头顶，压得喘不过气来，尤其冬天的海水冰凉刺骨，人们不但要遭受寒冷的侵袭，还有随时被汹涌的狂风急流卷入大海的危险。

然而，在这危机时刻，面对大海啸的凶猛进攻，面对几十年未遇的险情，大家的心迅速凝聚在一起，人人向前，毫不退却！

一个正在生病的小战士，不顾医生的劝阻，拔掉正在输液的针头，一路急跑冲上海埝直接就跳入急流；女民兵姜茂芝跑上海埝，毫不犹豫地跳下去；学生李维兰、陈西全、姜茂英、李维连、李加所等也都纷纷跳进大决口中。

这时的海埝上下，到处都是趟着泥水肩扛泥沙袋子、喊着口号抢运物料的人群。那些老人、妇女、学生在海埝下紧张地运土装袋子。女社员李维玲赤脚在冷水里挖泥，由于心急用力过猛，把铁锹挖坏了，于是她扔掉铁锹就用双手来挖，十指都被磨出了血。

渔谚说"东风六月寒"，更别说眼下已是北方的冬天了，凉气直往人的心里钻。那些浸泡在大决口里奋战的人们已经很疲惫虚弱了，冻得嘴唇发紫，不停地打着冷战，被大浪冲撞的摇摇晃晃，已经有人快坚持不住了，随时都有倒下去的危险。就在这时，村民陈贺台、张文荣、杨恩芝老人眼含泪花端来姜汤、热酒、红糖水。与此同时，大决口里的女社员郭瑞华、张景珍脱下自己身上的棉衣和岸上传送下来的棉被、雨衣、棉袄、塑料布一起披在人墙最外层的邢惠奎、赵志信、郭丰道、杨才、史富强、牛立川等战士的身上。而战士们却把这些防水御寒的物品，硬是塞给了学生、民兵、社员。这些物品几经推让，最后全部铺在大决口两边的断面上。

一碗碗的热汤、热酒、热水温暖了人们的心窝子，大伙儿觉得浑身有了热乎劲儿，也增添了信心和力量。浪涛不断扑来，水流更加湍急，而人墙却在一层又一层地加厚，更密实坚固了。军民使劲挎紧臂膀，犹如一根根木桩，牢牢地钉在大决口里。他们用薄弱的身躯顽强地阻挡大浪的冲击，疯狂的急流终于平缓了。岸上的人们，抓住时机，拼尽全力把用渔网缠裹的泥沙袋子、石块、门板、苇草等大包小包一个又一个快速推下去。

大决口在迅速缩小，终于抢在最高潮位到来之前胜利合龙，村庄保住了！

如今，家乡的海埝也已砌筑成一道高大、宽厚的石墙，它能抵御更大的风暴潮侵袭。50多年前的那场"大海啸"早已成为人们记忆中的一瞬，但那时大家团结一致、不畏艰险，勇于同狂涛急流搏斗的精神，则成为神堂人追求美好生活的不竭动力！

永远难忘那支枪

王雅鸣

1960年4月,全国民兵代表大会在北京召开。汉沽盐场基干民兵刘忠信作为河北省的民兵代表荣幸地参加了会议(那时汉沽隶属于河北省管辖),并受到了毛主席的亲切接见。说到当时的情景,今年83岁的刘忠信仍记忆犹新。

1960年,刘忠信是汉沽盐场四分场一工区八卦滩的基干民兵,后来任民兵副指导员。他所在的工区条件艰苦,扒盐生产任务重。但他和全体民兵一道,白天生产,晚上巡逻,保证了全工区的生产和安全,成为先进民兵组织。为此,进京参加全国的民兵代表大会。大会召开的第六天,也就是4月23日,河北省代表团团长神采飞扬地说:"告诉你们一个好消息,下午毛主席要接见大家!"

下午3点,怀仁堂大门前。全国各地的代表团早已集合完毕,足有上千人。河北团的民兵代表按指定地点站好,分成了两队,每队三层,站成一个双"U"型,刘忠信站在了河北省代表团百十人中间段的最后一层。就在这时,怀仁堂的大门缓缓地开了,不知谁喊了一声"毛主席来了!"大家的目光唰地对准了大门口。果然,毛主席高大、魁梧的身影出现在人们的面前。顷刻间,怀仁堂里爆发出一片热烈的掌声。

大家看到,毛主席后边陆续走进来的是朱德、宋庆龄、邓小平、贺龙、罗瑞卿等国家领导人。刘忠信还是第一次近距离地看到毛主席,不禁心情激动,心跳加快。毛主席身穿灰色中山装,脚下是平底布鞋,红光满面,神采奕奕。既有伟人的风采,又显得平易近人。毛主席一边微笑,一边与大家招手致意,人们热血奔流,激情澎湃。

接见很快就结束了,刘忠信作为正式代表又来到怀仁堂里与毛主席等国家领导人合影。毛主席用湖南话问大家:"你们都是基干民兵吗?"大家异口同声地回答:"是!"声音整齐宏亮,回荡在大厅里。

工作人员安排毛主席坐在前面正中间位置,与来自全国的民兵代表一起合影留念。刘忠信知道,这是他们今生今世与毛主席最为珍贵的一次合影了。

刚回到驻地,团长又通知大家说,毛主席给你们发枪了,快去领吧!刘忠信飞快地跑到院子里，领到了属于自己的那支枪。这是一支扎有红绸子、崭新的五六式半自动步枪，枪号为：3016357，还有100发子弹。枪托上，还有一个大大的"赠"字。平日里，刘忠信总摆弄枪觉得没什么，但今天他手捧着这支枪，却感到沉甸甸的。

回到盐场，回到工作岗位，作为民兵副指导员兼枪支管理员的刘忠信，将这支枪当成了宝贝。除了在盐区生产和巡逻，一有空就拿出来进行精心擦拭和保养，把这支枪当成了自己的命根子。

2002年，刘忠信调到一个工区任书记，遂主动将枪捐赠给上级机关。至今，刘忠信还珍藏着一张大红的荣誉证书，上写道："刘忠信同志：你捐赠的56式步枪壹支（3016357号）持枪证壹枚、纪念章壹枚，已被中国民兵武器陈列馆收藏。特颁此证。"

这是一份永远的荣耀，也是一生中永远难忘的记忆！

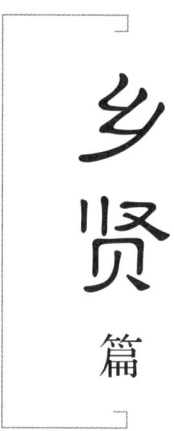

知州刘灼

王雅鸣

汉沽物华天宝，人杰地灵。在几千年漫长时光里，涌现出了许多历史名人。他们或一生为官，清正廉洁；或博学多才，学贯中西；或躬耕笃学，造福桑梓；或扶危济困，乐做善事，被人们称其为一代乡贤。白驹过隙，沧海桑田。每每想起，就会令人感怀不已。

刘灼，汉沽人，清乾隆壬申（1752年）中举人。父亲去世后，为了奉养老母，他同兄长刘炳靠开私塾为生，以微薄的薪酬赡养老母和弟弟上学，其弟学至庠生。

乾隆年间，汉沽最早只是一个村庄，称汉沽庄。在庄东头，有一座木桥架在小盐河之上。这是芦台古镇通往汉沽、营城、北塘唯一的陆路通道。公元1769年，村民共议改建为石桥。由崔鹤庚、冯时亨、肖国扶三人商量，诸亲友和庄内富户共助，捐助银两，历时三个多月，于夏初落成。桥长四丈五尺，宽一丈五尺，梁高一丈五尺，全是长条石结构。乾隆年间的《宁河县志》卷之十三"记文"中，刘灼撰写的《永济桥记》详叙了此事："汉沽村东口,旧有板桥,屡修屡缺,旋至朽坏,行人车马过此者惴惴焉惧有失坠……于乾隆三十五年孟春(公元1770年农历一月),鸠工创始,至夏初而落成……"

在《永济桥记》中,详细记载了造桥的规模和情景。"其梁高一丈五尺,阔如之,长则四丈有半,制取完固久远而已,无繁饰也。构造之日,余以事他往,崔翁骤得病未起,而肖翁又以务冗,未暇兼理。此三月中,督视匠工,筑篱舍,日两餐皆馈食,蚤作暮归,不辞况瘁者,实惟冯翁一人是任。桥既成,众不敢忘其劳也,爰命余为记,而名是桥曰永济云。"

乾隆丙戌年(1766年),刘灼被破格选拔到江南,做了一个见习知县。上任后干得非常出色,从而得到上司的器重,称他不仅是一县600里之才,还应有大用。果然,没过多久,刘灼很快就出任了安庆江防同知(同知的职衔比知县大,略高于通判)。经过一段时间的试用,他的职务再次得到升迁,上级又派他署理宿州事务,任为知州。刘灼在知州治理有方,清正廉洁,秉公办事。州府内外,一片清明。但也得罪了不少同僚和上司,他们视刘灼为眼中钉,肉中刺,于是向朝廷进谗言,皇帝偏听偏信,于是被奸臣弹劾而去职。正像史书上所记录的那样,"后因公被劾,识者惜之","而灼坦然也"。

回到家乡后,刘灼不为官场失意所影响,天天以诗酒怡情,调解邻里纠纷,热心公益事业,像修筑永济桥这类造福于民的事情更是热心参与,为乡亲们所敬重。

多少年来,永济桥成为小盐河故道上的一处风景,为人们所津津乐道。深深的车辙、厚重的桥面,让人们常常想起"车辚辚,马萧萧,行人弓箭各在腰"的繁华盛景。随着城市建设的发展,永济桥被有关部门移至河西公园内,供人们参观。那镌刻的美丽云纹,再现了经年的历史风霜;那桥面上留下的道道车辙,负载了沉重的历史印迹。刘灼在为永济桥作记的同时,还留下了一首诗:

凿石为桥鸠众工,
观成村口卧长虹。
三春尽费磨砻力,
数世应邀利济功。
环绕波流潆上下,
往来旅客接西东。
他年题柱何人手,
驷马高车气概雄。

原永济桥桥面

迁到河西公园内的永济桥

汉沽教育家崔以敬

王雅鸣

自晚清以来，汉沽崔氏"裕善堂"之家以盐渔为事业，传承耕读育人，成为汉沽地域上颇有名望的"书香世家"。而崔以敬就是汉沽崔氏第十五世传人，是"裕善堂"之家创始人。

汉沽崔氏祖籍江苏，明永乐二年由洪洞县分迁顺天府霸州、宝坻，嘉庆年由宝坻县崔家铺迁至芦台，其四世祖崔岿然于万历年间（1573—1620年）由芦台分迁汉沽。十五世曾祖父崔以敬在汉沽街建崔氏"裕善堂"之家。正门挂有一副楹联：博陵世族，东海名家。南门楹联上书：岂但盐渔为事业，从来耕读课儿孙。

崔以敬（1838—1941）字德舆，号少农。幼家贫，就读私塾，学习刻苦。12岁（1850年）考中秀才，后为副贡生。咸丰十年（1860年）设馆教书。咸丰十一年（1861年），曾任山西县主薄（正九品）。据《汉沽区地方志》中教育志记载："本境私塾教育起始年代无考，清咸丰十年前后，崔以敬在汉沽庄开办一所私塾，是今人所知最早的名塾。"

据记载，光绪初年，崔以敬开始仕四川酉阳直隶州州判幕僚。两年后，回乡教书，至80高龄离教，先后任教58年，培养学生200余名。汉沽庄后来的私塾先生多为他的学生。

随着洋务运动的深入，国人"废科举、办学堂"呼声日盛，办学之风兴起。光绪年间（1906年），崔以敬先将自己48年之久的"私塾"移入改建好的"三官庙"西厢房新教室，改名为"汉沽庄私塾馆"。

光绪三十四年（1908年），崔以敬与乡人杨小舟、刘德庵等人商议，以正殿和后殿的6间禅室斋房为基础，将设在"三官庙"的"汉沽庄私塾馆"改为"汉沽庄初等小学堂"。申报到宁河县政府得到批准后，他心情振奋，立志将学堂办好。学堂主要经费由崔氏家族的大户捐赠。在经费不足的情况下，他不仅以个人财力、物力慨然相助，并四处奔走，求助于本地乡绅、养滩户资助，为学校的筹建投入了很大精力。

在时任县长周登皞主持下，"宁河县汉沽庄初等小学堂"正式成立，当时被称为男女合班的"洋学堂"。小学所用的国文、修身等课文，是蔡元培、张元济等几位著名学者所编。课本内容高瞻远瞩，深入浅出，将近代思想、科学知识和历史典范有机地结合起来。彼时，设校董11人，校长崔术森，教员4名，招收学生40名，男女兼收。民国初年，学生增至80余人，校长崔仲云。其中，崔墨卿的长女崔乃然，人称"墨大姐"，是汉沽地区最早的女教师。

崔以敬不仅是该校的奠基人、创建人，又是校董之一。他支持并主张女孩上学，成为本地区男女合班最早的官立学校。对当初的教育思想、办学方向、知识传播产生很大影响。他是倡导新式教育的先驱者，为汉沽地区早期教育事业的发展做出了重要贡献，深受民众的尊重和爱戴。后人颂曰："建校伊始，筚路蓝缕。校舍无着，辟庙为堂。借神净地，启幼蒙稚。众绅捐资，奠基大业。"

现汉沽一小已建校百余年。一路走来，从原来的初等小学堂发展为汉沽完全小学、汉沽第一国民小学、汉沽小学、汉沽第一小学。校名几度变化，但教书育人宗旨不变。几代教师立足讲台，传教解惑，青蓝相接，弦歌不断。众多学子学有所成，出类拔萃，国之栋梁。其学生崔敬伯，8岁读私塾，是该校第一批毕业生。曾任中央金融学院教授、中央委员、中华人民共和国财政部税务总局副局长等职，成为汉沽人的骄傲！

1941年，崔以敬无疾而终，享年103岁。临终前，头脑清醒，叮嘱家人不请僧、道念经，葬礼要俭朴。出殡那天，崔氏族人男女老少皆穿孝服祭拜，人称：一街白。汉沽小学全体师生闻讯，全校停课，自愿列队为其辞灵、送殡，以表达对这位汉沽教育奠基者的绵绵思念！

在汉沽旧居百岁照

民国三十年十月十日（1941年10月10日），汉沽小学在宁河县的秋季联合运动会上取得总分第一名后师生合影留念。颁奖人是时任宁河县县长吕广田，照片背景为汉沽小学原校址（道光年间兴建的三官庙三层殿）。

乡贤篇

江南副主考戴彬元

王雅鸣

汉沽出文官。戴彬元,就是清朝末年的书法大家之一。书法造诣在民间有过"南黄(自元)北戴"之称。黄自元书法以间架结构九十二法著称于世,而戴彬元书法则集颜、柳、赵、欧超人之韵誉于市。他在光绪十二年写的《司空诗品》24首,曾经石印流传于世。其实,戴彬元清廉恤民之事在百姓中更有口碑,至今还在戴彬元的家乡——汉沽留庄村传为美谈。

咸丰十一年(1861年),戴彬元26岁时拔贡生,朝考一等,任户部小京官,候补主事,云南司行走(掌核云南之钱粮及各厂税课,并管漕政事务)。光绪五年(1879年)顺天乡试为13名举人。光绪六年会试256名进士,殿试二甲第一名,朝考一等,改授翰林院庶吉士,任朝廷编修。朝廷循"子荣父耀"之矩,为其父戴襄清加晋一品。因戴彬元广读博览,师承翰墨,有过人文采,书法之韵超人。特别是他在位期间清廉为官、体恤民情,留有甚好的口碑。因此,慈禧老佛爷封戴彬元为"太史第",赐匾额一块。

光绪十二年(1887年),由英国人操办的唐胥铁路向塘沽、天津方向延伸,计划横穿刘家庄,村民要遭拆房、毁田、平坟墓之大难。戴彰勋专程到京城向父亲诉说此事,恳求父亲出面协调。戴彬元表示,此事无力回天,但涉及到家乡父老的利益,一定要管。他找到直隶总督兼北洋大臣、中方代表李鸿章,背地里通融了英方工程师金达,改动了原设计方案,铁路线往北稍做移动,绕过了刘家庄。全庄民众感恩不尽,于是改刘家庄为留庄。此事在汉沽一直传为美谈。

光绪十一年(1885年)他任江南副主考,授奉直大夫。按照惯例,赴任期间,各地方官所敬贡的礼品或器物不计其数,凡便于携带的,作为主考官均可带走,或折款供奉。而戴彬元所过之地一无所取,别人问他,你这可破例了。他却说:"奉皇命选士,责任重大,贪得无厌怎能为人师表?"

戴彬元对取仕非常认真,大事都要亲自检查,经他手录取的,多是知名人士。戴彬元在京为官27年,身居皇职,掌握着一定数量的银两支配权力,家庭本该显贵。戴公墨守"君子喻于义"古训，凡是涉及到与自己有关联的事，从不动用官银，也未曾用朝廷银两做光宗耀祖之事，被一些官吏戏谑"痴戴""穷戴"。至戴1889年去世，戴家仍是1885年建的坐南朝北倒正房5间，后院各三间土木结构厢房，导致皇帝赐其"太史第"匾额竟无处悬挂。由于他积蓄无多，晚年解任后经济拮据，病困交加，一生仅存有大批图书。临终时叮嘱家人"卖书还清债务，不要亏欠一个债主"。终年54岁。

1944年，日本侵略者在蓟运河上拟修复线铁路，大批枕木被盗。日本鬼子包围了留庄准备大清查，一场惨案即将发生。日本军队头目率骑兵来到留庄，路过戴家门口时，忽见戴家门口悬挂着"太史第"的匾额。遂大吃一惊，即刻下马，列队敬礼，而后撤退，小留庄避免了一场血腥之灾。

民国年间，戴彬元的儿子戴彰勋在吉林督军孟恩远麾下当秘书。听说戴家建房缺乏资金，孟督军于是大笔一挥，从在天津建自己"将军楼"的经费中予以拨付，戴家才建起带穿堂屋的青砖房5间和临街门楼，左右摆放石狮子两尊，将清漆红木的"太史匾"悬于其上。

有谁能想到，这已是戴彬元去世40年之后的事了！

戴彬元乡试硃卷中的履历
（局部）

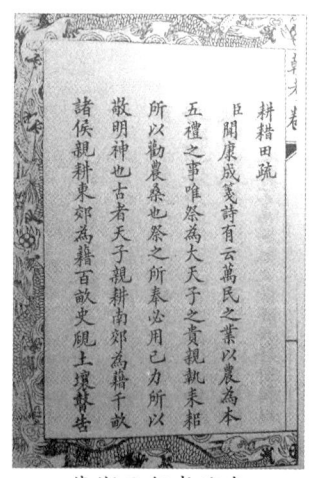

戴彬元朝考试卷
（局部）

戴彬元楷书奏章
（局部）

筑路诗人崔戟荣

王雅鸣

崔戟荣照

崔戟荣（1879—1939），汉族，字振三，是我国第一代著名铁路工程师。曾参与修建南满、京山、津浦诸铁路，曾与王节尧、茅以昇、邓聿光、姚荣伯、林兼之等建筑大师作为同仁共事多年。系汉沽崔氏"裕善堂"崔以敬之四子。

崔戟荣生于汉沽，在其父崔以敬（汉沽第一小学创办人）影响下，聪明好学，常用沙土秸秆练习写字。幼时学私塾，后考入开平武备学堂。毕业时成绩优异，选派赴德国学军事。已届登船之日，忽萌实业救国之念，幡然改辙，立即退掉船票。旋即投考山海关铁路学堂（唐山交通大学前身），攻读铁路建筑之学。因其会俄、日、德、英四国文字，又刻苦学习，成绩突出，深得德籍教师沙尔赏识。光绪二十六年（1900年）毕业，先后在沈阳、吉林开埠局、林西矿务局任工程师之职。

宣统元年（1909）参加修建浦北铁路。宣统三年在长春开埠局任职，参与建埠工程。

民国元年（1912），他受段祺瑞举荐，在国民政府交通部技术科工作。民国二年（1913年），参与修建亚洲第一坨——汉沽盐场坨地码头。

民国三年（1914年）任交通部技术科长时，为改善北京内、外城交通，崔戟荣受交通部委派与德国人罗思凯格尔共同改建、设计正阳门箭楼，添建水泥平座护栏和箭窗的弧形遮檐，月墙断面增添西洋图案花饰。1916年竣工后，在外观上保持古建筑外貌，建筑结构上有新的突破，遂成为北京著名的景观之一。

民国八至九年（1919—1920），被交通部临时派遣到顺直水利委员会，参与永定河裁弯取直工程。

1921年11月12日至1922年2月6日，九国华盛顿会议正式召开，在中、英、美三方的压力下，2月4日，中、日两国签订了《解决山东问题悬案条约》及《附约》，规定日军撤出山东省胶州湾，德租借地和青岛海关的主权归还中国，胶济铁路由中国赎回。国民政府以 5400 万马克从日本人手中赎回胶济铁路,交通部路政司司长沈琪派崔戟荣赴青岛接收。1923 年元旦,中日双方铁路主权交接仪式在青岛朝城路举行,中国政府收回了胶济铁路及其支线并一切附属财产,悬挂了八年的"日本山东铁路管理局"的牌子终于摘下,"中国胶济铁路管理局"随之揭牌。2 月 1 日起,又接管全路各站,并改回原站名。崔戟荣任中国胶济铁路局工程师。后任胶济铁路岞山工务段工程师;1928 年调至高密任胶济路正工程师、工务二段段长。

1928 年夏,山东东部大雨,崔戟荣担心路基冲毁,不顾雨大夜深,亲自随乘由青岛至济南过站客车查看路情。行驶至潍河大桥时,突然发现前方情况异常,让司机紧急制动。列车刚停,就听轰然一声巨响,大桥被山洪冲断,避免了一次车毁人亡的重大事故。为此,国民政府交通部、铁路局特颁发给他一枚二等银色嘉禾奖章和 300 银元奖金。像这样的奖章他有不下数十枚。

胶济铁路局招标修建潍河铁路大桥,日本承包商中标。为达偷工减料目的,开工前,日商准备了重礼送往岞山工务段,被崔戟荣当即拒绝。日本承包商称赞崔工程师,是第一个不肯收礼的中国人。

民国二十六年(1937 年),他调平绥路任工务处处长,兼改建八达岭盘山道总工程师。日寇侵占胶济铁路后,他坚持不为日本人做事,避难到山东高密聂家庄。日本人多次派人到聂家庄威胁、利诱,以月薪从 300 银元加至 400 银元为饵,邀其为日本人效力,均被其严词拒绝。1938 年夏,他告别聂家庄乡亲,辗转返回汉沽。民国二十八年(1939 年)重阳节与世长辞,留下绝笔诗作:"信笔聊成四句诗,再三日即重阳时。今岁登高去何处,村外玉沙山最宜。"

崔戟荣喜诗、书,文笔亦长,书法宗柳、赵,墨迹遍及胶东。留有诗集《翠槐堂诗集》,后人编辑出版为《筑路归来》。2016 年天津问津书院重新为其出版诗作,名为《翠槐堂诗集》。其中许多吟咏汉沽家乡风物的诗作耳熟能详。如《河岸盐坨》:

邑景玉砂名早标,
沿河堆垛接云霄。
乍来旅客遥瞻处,
疑是高山雪未消。

崔戟荣参与修建的前门箭楼

诗集《翠槐堂诗集》

一代宗师李汉章

王雅鸣

在汉沽,流传着许多李汉章见义勇为、匡扶正义的故事。其武学绝技人称"贴山靠"。

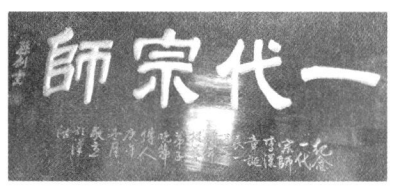

李汉章,1880年生于汉沽寨上,幼时随母习武,12岁拜宁河县丰台镇唐维禄为师,学习长拳及形意拳。年轻时,秉性刚直,身体健壮,因爱打抱不平而闻名。一次,他看到两名盐警调戏一个妇女就上前制止,反遭盐警毒打。李汉章奋起反击,将两名盐警打得抱头鼠窜。这时盐巡大队前来增援,李汉章沉着应战,又将盐巡大队20多人打得狼狈而逃,李汉章从此威名远扬。

不久,李汉章前往唐山避难,并四处拜师学艺。在北京程廷华家学习八卦掌时,与程门弟子比武,曾用"贴山靠"把影壁墙撞倒,人送外号"靠背熊"。程廷华遂正式收李汉章为徒,传授他"游身连环八卦掌"。

1934年,李汉章在一个脚行(扛人个儿)教武术,闻听一群日本浪人在长春设摔跤场,摔伤不少中国人。比赛规则是,画一个4米大的圆圈,比赛时,出圈者为输。中国人赢了,给一袋大米;若输了,自认倒霉。日本兵营里有个汉奸叫麻三,在长春一带为虎作伥,欺男霸女,无恶不作。逼得一个女孩上吊后,又用乱枪打死了闯入兵营找他报仇的女孩父亲。李汉章听说后,义愤填膺,决心要教训一下这个汉奸。一天下午,麻三竟带着3个日本武士找上门来,今天前来就是要与李汉章切磋武艺,一决高下。李汉章微微一笑,毫不犹豫地在生死文书签字画押。而后,吩咐徒弟说:"给我抹大油(猪油炼成的油脂)!"

这时,脚行外早就被人们围了个里三层外三层。长春的父老乡亲早就对小日本恨得咬牙切齿,今天终于盼到有人来替他们出口气了,心里非常高兴,同时也暗暗为李汉章捏了一把汗。这3个日本人人高马大,兄弟3人分别叫大力、二力和三力。大力擅长摔跤,号称常胜将军;二力精通空手道,战胜过许多高手,从未失过手;三力年轻力壮,拳跤俱精，比二人更胜一筹。此刻，李汉章不穿裤子，上身涂上大油，亮光闪闪，显得格外精壮。大力一照面，拱手行礼。李汉章不卑不亢，胸前抱拳给予回礼。双方一交手，大力上来就伸手拽李汉章，想来个"背口袋"。但李汉章浑身大油十分光滑，大力一抓一出溜。往返多次，大力有劲用不上，心里暗暗着急。几个回合下来，李汉章趁其不备，双手一较力，突然把大力扔了出去。周围群众一片叫好声！

不等大力爬起来，二力上前，左右开弓抽了他几个嘴巴子，骂道："你的废物的干活！"

二力蹿上来，几招过后，年过50的李汉章渐渐感觉力气有点不够用，身上出了一层白毛汗。但他稳住神，死死盯住二力的步伐和手里的动作，虚晃一招，突然用出形意拳中一个虎形，把二力打出了圈外。

三力恼羞成怒，"啪啪"照样赏给二力几个嘴巴后，狂叫着要继续大战李汉章。

这时，有人就说："你们车轮战啊，太不仗义了！"

三力一听，也觉得连续再打也是胜之不武，就同意稍后再战。这时，女孩的母亲拿来了饽饽，李汉章赶紧就着红糖水吃下，体力很快得到了恢复。一开打，李汉章觉得三力真不是浪得虚名，他吸取了兄弟俩的教训，说什么也不让李汉章近身，想拖延时间等李汉章疲乏后再出手。十几个回合过去了，李汉章感到有点力不从心，他在急切地想着怎样破解三力的计策。这时，有人在喊："用贴山靠呀！"贴山靠，是武术动作中的一个招式。它是将全身的力量运到背部，然后突然发力，达到出奇制胜的效果。就是这一声，提醒了李汉章，让他信心倍增。当两人转在一起时，李汉章突然近身，三力伸手去抓。李汉章气贯丹田，大吼一声"嗨——"随着他双膀一叫力，三力就觉得一座山崖突然坍塌在眼前，身体受到了巨大的冲击，他不由地噔噔噔倒退几步摔出圈外！麻三一看大势已去，就要逃跑，女孩的妈妈大喊："他就是仇人麻三！"李汉章怒火中烧，蹿上去一掌重重地打在了麻三胸口，他立时口吐鲜血栽到在地。日本人恼羞成怒，派出宪兵和警察抓捕李汉章。他在大伙掩护下，趁乱逃出长春，到范家屯继续为脚行的人教功夫。

1947年6月，李汉章回到汉沽。1948年底汉沽解放，他也迎来了自己的新生活。1957年，李汉章当选为政协汉沽市第二届委员，并担任天津化工厂厂警队武术教练。1962年因病去世。

1990年，汉沽区纪念李汉章诞辰110周年，孙氏太极拳研究会会长孙剑云为李汉章题写了匾额"一代宗师"。

一代宗师李汉章

汉沽灶首张廷惠

王雅鸣

在汉沽早期的滩契中,有一张汉沽灶首张廷惠购买盐滩的滩契,时间是民国八年(1919年)。透过这张滩契,撩开了汉沽民族工商业者兴业垦滩、艰苦置盐的一角,也让我们对汉沽灶首张廷惠这位民族工业者有了更多更深的了解。

立卖滩契人余庆堂,今有自置中沟第三十六号官滩一副,坐落张家大沟,滩名老虎洞,人工五名。因正用,烦中说允,情愿卖与张廷惠名下管业。言明卖价大洋贰仟伍佰圆整。其洋同中笔下交足不欠。所有滩中风车一架,滩铺三间,卤坑、冰窖、沟壕池埝、大小石磙、尺地寸土、家具,一切俱在卖价之内。自卖之后,倘有远近族人争竞为碍者,尽在卖主、中人一面承管,不与买主相干。恐口无凭,立此卖契存证。民国八年正月(1919年)。

清中期前,汉沽盐业滩灶户呈松散状,盐商多居天津,盐商遂从灶户中挑选"股实可靠,品优德良"者代为买盐。这种经纪人由于靠海发家,所以人称"发海人",也是后来"灶首"的前身。

张廷惠为寨上张氏家族第十五世祖,是汉沽第一大滩户"桐裕成"的第一代创业人。张廷惠家族自清嘉庆初年始经营盐业,原有盐滩10个。在弟兄5人析分家产时,张廷惠之父张长元分得"五工滩"两副,年产大盐两千余包。

清光绪十五年(1889)张廷惠开始自己经营滩业。他为人豪爽,重义疏财,辛勤节俭,忠实诚信,德望甚高。他先是充当汉沽地区的盐业"发海人",后又被公推为"灶首"。

彼时,汉沽所产原盐主要发给天津八大家之大盐商"益照临"与"益昌店"之李善人家。无论两家批购多少盐,盐船一到,准保按质按量如数交足,从无拖欠。清光绪二十一年(1895年)四月初三,汉沽沿海地区发生大海啸,滩地新盐原盐尽被冲化,坨内老盐亦存无多,原来盐价每百包盐约8两银,突飞涨至每百包盐价108两银。海啸前各滩户与盐商所定之约差价巨大。众滩户以"天灾不可抗"为由,提出退约退价,另按新价重新定约，盐商亦表同意。唯张廷惠非但不退约退价，反而照原价如数交盐，践履原约，并言"即已定约，即应遵守，赔赚乃我分内之事"。

"人无信不立"。张廷惠此举，在津众盐商中引起轰动。大家纷纷赞其恪守信用，崇尚商德。从此，张廷惠的"桐裕成"盐业渐渐发达起来，他以自己的诚信与辛劳奠定了"桐裕成"的发展基础。张廷惠任"发海人"、"灶首"数十年，诚信为本，殚精竭虑，"桐裕成"张家遂成为汉沽首富。

光绪三十二年（1906）二月廿一日，张廷惠牵头联合汉沽21户盐灶户上书芦台场署，造福乡里，兴办新学，成立了"寨上民立长芦小学堂"。百多年来，这座汉沽地区第一所现代小学堂，为家乡教育培养出了无数人才。

光绪三十四年（1908），光绪帝、慈禧太后先后死去，强令人民戴"双国孝"，并禁止一切响器，成兆才等人的莲花落遭到禁演，演员生存出现困难，被迫返乡。因无路费，一行人只好沿京奉铁路步行，沿途乞讨。在汉沽三官庙前献艺乞食时，张廷惠闻知，遂接众人至寨上庄张氏家祠安置。供衣食、请师傅、排新戏……

艺术贵在创新。在张家祠内长达两年七个月的时间里，张廷惠建议将莲花落改为"折出戏"，即按剧情分成场次，在唱腔上借"二人传"的平音唱法，还请来当时"庆贤"梆子班河北梆子鼓师宋冠英、"华盛楼"京剧鼓师张永德及梆子名演员张有（工武生，艺名小老儿）等名艺人，从剧本、锣鼓经、唱腔、化装、分幕表演等各个方面，对传统莲花落进行了全面、系统的艺术改革，完成了向戏曲形式的全面转化，戏班也改为"庆春平腔梆子戏班"。

在张廷惠助力下，汉沽"庆春班"使莲花落从内容到形式都有了质的变化。张廷惠十分欣赏11岁的小演员任善丰，将其收为义子后，很快确立了他主演的地位——即后来评剧界大名鼎鼎的旦角唱腔表演艺术的创始人"月明珠"。评剧经过脱胎换骨的改造后，以其社会化的内容、通俗易懂的艺术形式，博得了各阶层的观众，深受工人、市民及广大农民观众的欢迎。"庆春班"的成兆才、任善庆、月明珠等人，被后人奉为中国评剧的祖师与栋梁，汉沽亦堪称为评剧艺术的发祥地。因此说，作为民族工商业者的张廷惠，助力了评剧艺术的再生与发展，为评剧艺术走向全国做出了不可磨灭的贡献，在历史留下了浓墨重彩的一笔。

寨上张氏家祠自清末至解放初期，一直建有戏台、戏院，是汉沽地区戏曲表演的主要舞台（早期是唯一舞台）——先名"大众戏院"，后改"共和戏院"，是最先为评剧先人提供展示平台的场所。筱玉芳、芙蓉花、白玉霜、筱俊亭、碧艳艳、花淑兰等很多评剧名角都多次来这个剧场献艺演出。